Daniel Cordier

La victoire en pleurant

Alias Caracalla 1943-1946

Préface de Bénédicte Vergez-Chaignon

Gallimard

Daniel Cordier est né à Bordeaux en 1920. Maurassien, il milite à l'Action française. Révolté par l'armistice, il embarque le 21 juin 1940 pour l'Angleterre et s'engage dans les Forces françaises libres le 28 juin. Parachuté en métropole le 25 juillet 1942, il entre au service de Jean Moulin. Après la guerre, il s'oriente vers une brillante carrière de marchand d'art contemporain. À la fin des années 1970, choqué par les mises en cause de Jean Moulin, il entame une carrière d'historien-témoin pour défendre sa mémoire. Il est l'auteur de *Jean Moulin : L'inconnu du Panthéon*, *Jean Moulin : La République des catacombes*, *Alias Caracalla*, prix Renaudot essai, *De l'Histoire à l'histoire*, *La victoire en pleurant*, et d'un récit, *Les feux de Saint-Elme*. Daniel Cordier est décédé le 20 novembre 2020.

Daniel Cordier tel qu'en lui-même

Les lecteurs d'*Alias Caracalla* qui ont suivi avec passion les péripéties de la vie d'*Alain* vont retrouver dans la suite des Mémoires de Daniel Cordier le même bagarreur épris d'idéal et de sacrifice, le même témoin candide mais scrupuleux de la grande histoire, le même jeune homme sensible, avide d'art et de culture, le même timide trop fier pour ne pas souffrir de ses faiblesses, le même ami fidèle multipliant les rencontres avec des êtres d'exception.

La victoire en pleurant prend la suite d'*Alias Caracalla*, immédiatement après l'arrestation de Jean Moulin, en juin 1943, et accompagne Daniel Cordier jusqu'en janvier 1946, date de son départ des services secrets, motivé par la démission du général de Gaulle, chef du Gouvernement provisoire.

On le retrouve accomplissant son harassante besogne de pivot de la Délégation du Comité français de la Libération nationale, avec une lassitude croissante et au milieu de dangers toujours plus proches. On l'accompagne dans ses vacances improvisées ; dans ses conversations avec Jean-Paul Sartre, Albert Camus ou Raymond Queneau ; dans son internement en Espagne ; dans sa réintégration dans les services secrets à Londres, où il contribue de son mieux à la réussite du Débarquement ; dans son douloureux retour en France à l'automne 1944 ; dans ses fonctions cruciales au sein des services secrets, à l'intersection de la Résistance et du pouvoir politique. On l'entend s'entretenir avec Raymond Aron ou André Malraux. On est à ses côtés, quand il va au-devant de ses amis rentrant de déportation.

Il y demeure le même, avec sa loyauté, ses emportements, sa passion, ses doutes et, bien souvent, ses larmes.

*

À peine échappé de la fournaise de la France occupée, Daniel Cordier songea à replonger par l'écriture dans ce qu'il venait de vivre et qui lui était cher – pour reprendre ses mots. Doutant de ses capacités, happé par la poursuite de la guerre puis par la nécessité de se bâtir un avenir, refusant de capitaliser sur ce passé de chagrins et de gloire, il n'en fit rien. Il ne revint à ce projet qu'à l'aube de sa vieillesse, qui fut toute consacrée à l'histoire.

L'écriture de ses Mémoires l'enthousiasma. « Au fil de pages, confia-t-il, je pensais à moi, c'est-à-dire à l'élan d'une jeunesse empreinte d'assurance, de volonté et de passion. » Ce fut pourtant parfois une expérience douloureuse, parce qu'il y faisait le relevé des « plaies innombrables » qui jalonnaient son parcours. Et parce qu'il ne parvenait pas à se défendre du sentiment contristant qu'une vie peut finir par ressembler à une « longue trahison de l'espérance » des premières années. Le pari fou de sa jeunesse plaçait ces attentes très haut. Et si le bonheur d'avoir retracé ce « passé idéal » l'emporta, c'est parce que son engagement de 1940 dans le combat pour la liberté ne figura jamais au nombre de ses regrets.

Ces Mémoires, rédigés par à-coups sur près de quarante ans, sont hélas incomplets. Ils comportent des erreurs factuelles et des interversions de dates. Un comble pour un tel amoureux de chronologie qui a dédié la dernière partie de sa vie, avec l'impact qu'on sait, à établir la vérité historique ! On n'en sera toutefois pas surpris plus que de raison. Lui-même disait ne pas cesser de prendre sa mémoire en défaut, quand il la confrontait aux archives, et, même, avouait se surprendre, dans ses interviews ou ses témoignages, en flagrant délit d'approximation. Les Mémoires sont, après tout, un récit, un récit construit et choisi, qui redonne une cohérence au désordre et aux contradictions intimes inhérents à la vie.

C'est pourquoi nous nous sommes contentés de corrections mineures, pour laisser Daniel Cordier s'exprimer librement. Les inexactitudes sont simplement signalées en notes.

De même, nous ne nous sommes pas substitués à lui pour combler les manques qu'il avait laissés en suspens ou raconter les événements et les rencontres qu'il avait – apparemment – oubliés ou tenus pour sans intérêt. Il ne trouva pas le temps – ou l'inspiration – pour écrire les portraits, prévus sur un plan de travail ancien, de Georges Boris, Alexandre Parodi, René Pleven ou Paul Bastid. À notre grand regret, son entrevue avec le général de Gaulle, en juin 1944, n'est mentionnée qu'au détour d'une phrase, sa désignation comme compagnon de la Libération, le 20 novembre de cette même année, est passée sous silence, ainsi que son rendez-vous avec Gaston Gallimard, procuré par Raymond Queneau, pour envisager la publication du *Livre blanc* du BCRA, au grand émoi de l'éditeur…

Nous avons toutefois ajouté les documents qu'il souhaitait insérer, quand nous avons pu les retrouver, et apporté quelques éléments comme ses interrogatoires par les services de contre-espionnage français et britannique, en 1944, son rapport de fin de mission ou les documents établissant sa nomination comme compagnon de la Libération. Surtout, nous avons pu enrichir le manuscrit d'extraits des carnets intimes qu'il a tenus, irrégulièrement, toute sa vie. Ainsi reste-t-il bien l'auteur de ces Mémoires que nous disons inachevés simplement parce que nous aurions voulu en lire plus encore.

*

Je n'ai été que fort peu mêlée à l'écriture d'*Alias Caracalla*. J'en ai lu de premières moutures, en même temps que le manuscrit de ce qui deviendrait *Les Feux de Saint-Elme*, au début des années 1990. À cette époque, mon travail journalier au long cours, avec Daniel Cordier, consistait à préparer *Jean Moulin. La République des Catacombes*, qui parut en 1999.

Ce n'est pas sans embarras que je pris connaissance des versions de ces souvenirs qui faisaient de moi le témoin de la jeunesse de mon patron, sous tous ses aspects. Cela explique peut-être que nous eûmes à leur propos une des deux seules disputes qui nous aient opposés en dix années. Il prit mal le reproche peu diplomatique que je lui fis d'entrelarder trop fréquemment et trop longuement son récit de citations d'articles, rapports et autres télégrammes. Nous en restâmes là…

Du fait de ce « passif », j'ouvris, avec quelque appréhension, le manuscrit de la suite de ses Mémoires, après sa mort, survenue le 20 novembre 2020, qui pour ne pas être inattendue, marqua aussi le deuil d'une partie de ma jeunesse.

J'avais tort d'éprouver des craintes, car j'ai retrouvé Daniel Cordier dans sa vivacité, sa séduction, son engagement, sa drôlerie et sa sensibilité. Bien sûr, j'identifie des anecdotes. Mais bien moins qu'on pourrait le croire parce que, conformément à la promesse qu'il s'était faite à vingt-cinq ans, Daniel Cordier n'a jamais été un ancien combattant radoteur et donneur de leçons. Nous parlions au moins aussi souvent du présent et de l'avenir que du passé, tout historiens que nous étions.

Au contraire, donc, j'ai appris ici des détails, j'ai découvert des situations dont il m'avait à peine parlé. Or, même dans ces situations méconnues de moi, je le reconnais tout entier.

Je ris en le voyant accablé d'archives, parce que je sais quelle place centrale les archives vont prendre dans son travail futur… et quelle place tout court elles prirent dans ses maisons.

Constatant que le rapport qu'il écrivit en mai 1944 oublie de rendre compte de sa mission en France pour devenir un panorama de l'opinion publique, je retrouve exactement les idées de « topos » – selon son expression favorite – dont il aimait truffer ses ouvrages.

Je revis nos controverses sur François Mauriac, qu'il couvrait de reproches, quand je suis une grande admiratrice de son œuvre et de sa personne.

En lisant sa condamnation sans appel du maréchal Pétain (dont j'ai écrit bien plus tard la biographie), je me rappelle qu'il proclamait, pastichant à dessein les nazis : « Quand j'entends le mot Pétain, je sors mon fusil ! »

Je me revois dînant avec Stéphane Hessel ou avec Raymond Lagier – que nous continuions à appeler le capitaine Bienvenue ou le capitaine tout court, comme si nous étions membres du BCRA par procuration –, et je devine les traits de caractère de ces hommes de trente ans, qui perduraient l'âge venu.

J'apprends, sans y croire tout à fait, d'où provient la photo de Jean Moulin qui, du bureau de Daniel Cordier, est venue s'accrocher sur mon mur il y a plus de vingt ans.

Surtout, je suis bouleversée en revenant en sa compagnie sur les lieux de sa vie passée, qui furent aussi ceux où je vécus à ses côtés. Je reprends la route sinueuse de Pau à Bescat, parcourue à trop vive allure dans une voiture surchauffée. Je refais les manœuvres, que je redoutais, pour passer le porche. Je rentre dans sa maison d'enfance, au décor ressuscité sinon inchangé. Je parcours le hall, je monte les escaliers au tapis rayé. Je revois sa chambre, étonnamment étroite et sombre, sa vue sur le jardin et sur la montagne (à défaut d'avoir personnellement approché Alfred le pingouin). Je réentends la cloche de l'église, tellement fêlée, sonnant deux fois toutes les heures, nuit comprise.

Je m'émeus en lisant, au détour d'une phrase anodine, qu'en février 1944 la promenade de Daniel Cordier le menait après le déjeuner jusqu'à la librairie du casino de Juan-les-Pins, pour s'approvisionner en livres et en journaux. Car c'était exactement le programme quotidien qu'il accomplissait au même endroit, quarante-cinq ou cinquante ans plus tard, tous les débuts d'après-midi, tandis que, dans cette maison dominant la mer qui l'avait fait rêver jeune homme, nous soufflions un peu entre deux séances de travail. N'est-ce pas dire à quel point l'homme était déjà tout entier dans le jeune résistant « mis au vert », plein à la fois de convictions et d'incertitudes ?

Le ton, les tics d'écriture, la ponctuation fantaisiste, mais aussi l'humilité, la dévotion, la recherche assidue de sincérité et de vérité, le sens de l'autodérision, le goût de la découverte, l'amour de la liberté surtout, la nostalgie poignante enfin, tout me rappelle ici qui il était. *La victoire en pleurant* restitue à tous égards Daniel Cordier tel qu'en lui-même.

BÉNÉDICTE VERGEZ-CHAIGNON

LA VICTOIRE EN PLEURANT

Le 21 juin 1940, à l'âge de dix-neuf ans, Daniel Cordier quittait la France avec quelques camarades qu'il avait convaincus de poursuivre la guerre contre l'Allemagne. Ayant débarqué en Angleterre, celui qui était jusqu'alors un militant passionné d'Action française choisit de s'engager dans les Forces françaises libres du général de Gaulle. Après avoir suivi un entraînement militaire, se désolant de n'être pas encore sur le front, il se porte volontaire pour intégrer les services secrets de la France libre (le futur BCRA) et être envoyé en mission en France. À l'issue d'une formation de saboteur et de radio, il est parachuté en zone libre en juillet 1942, pour y devenir l'opérateur radio de Georges Bidault auquel Jean Moulin, représentant du général de Gaulle, a confié un bureau de presse et d'information. Mais lorsqu'il se présente à Jean Moulin, comme tout agent du BCRA arrivant en France, celui-ci choisit d'en faire l'organisateur de son secrétariat à Lyon, car il est presque dépourvu de collaborateurs et guère mieux doté de moyens matériels.

Commence alors pour Daniel Cordier – désormais connu sous le pseudonyme d'Alain – une vie intense de travail incessant au service de Rex. Les dangers de l'action clandestine sont encore accrus après l'invasion de la zone libre par les troupes allemandes, le 11 novembre 1942.

Dans ses fonctions qui, pour être discrètes, le mettent en contact avec les dirigeants des mouvements de Résistance et l'amènent à prendre connaissance de documents décisifs, Daniel Cordier assiste aux heurts très vifs entre des conceptions politiques et militaires différentes, voire rivales, aux difficiles négociations débouchant sur la création de l'Armée secrète et du Conseil de la Résistance, aux dissensions parfois violentes entre les envoyés de Londres en France, aux efforts répétés de Jean Moulin pour contenir les velléités d'indépendance des résistants à l'égard de De Gaulle, à la solitude, au danger, à la mort qui guettent chacun des protagonistes de cette entreprise qui paraît bien souvent désespérée. Il développe une admiration et une loyauté sans faille pour son « patron », dont il continue à ignorer la véritable identité et la vie d'avant-guerre. Il noue également des liens affectifs très forts avec sa petite équipe de courriers, radios et secrétaires.

En avril 1943, Jean Moulin, devenu « ministre en mission » et qui partage son temps entre Lyon et Paris, envoie Daniel Cordier créer dans la capitale le secrétariat de ce qui sera la Délégation générale de la France libre. Ce dernier continue à effectuer des allers-retours entre les deux villes, plusieurs fois par semaine. C'est ainsi lui qui se charge, le 14 juin 1943, d'avertir Jean Moulin de l'arrestation du général Delestraint, chef de l'Armée secrète. Il aura vu pour la dernière fois, le 19 juin, Jean Moulin, qui est arrêté à Caluire deux jours plus tard. Commence alors une nouvelle époque de l'histoire de la Résistance et de la vie de Daniel Cordier.

I

La vie d'après

juin – août 1943

Mardi 22 juin 1943, 18 heures 30

Fatigué après ma journée de travail, je suis assis sur un banc de la station du métro Châtelet. Comme tous les soirs, j'attends Limonti* qui m'apporte le courrier quotidien en provenance du secrétariat de Rex[1] à Lyon. Toutes les demi-heures, je rencontre mes camarades dans des stations échelonnées sur la ligne Porte d'Orléans-Porte de Clignancourt. C'est la méthode la plus efficace que j'aie trouvée pour voir le plus de monde en toute sécurité.

La rame sort du tunnel puis s'immobilise. J'aperçois Limonti dans le premier wagon et me lève tandis que, très pâle, il marche rapidement vers moi : « Le patron... » Avant qu'il prononce le deuxième mot, j'ai compris : « Arrêté ! »

Assommé, je recule et me laisse tomber sur le banc : l'inimaginable est survenu. Limonti s'assoit à

* Hugues Limonti [*Germain*] (1921-1988), le chef de mes « courriers ». [*Toutes les notes appelées par astérisque sont de l'auteur.*]

1. Jean Moulin, que Daniel Cordier désigne le plus souvent sous ce pseudonyme, même si, en 1943, son alias était devenu Max.

côté de moi : « Léopold[1] arrive de Lyon. La Gestapo a arrêté plusieurs personnes, hier, au cours d'une réunion en banlieue. On ne sait pas combien. Il paraît qu'il y a eu d'autres arrestations et que des locaux ont été perquisitionnés par les Boches. J'ai ce billet à vous donner. »

Une écriture inconnue l'a rédigé à la hâte : « Le porteur vous annoncera la catastrophe. Soyez très prudent dans vos contacts. Prévenez tout le monde. J'assure l'intérim et viendrai à Paris prochainement. Sophie[2]. »

Ma tête explose. Rex ! Je ne peux le croire et, en même temps, je le pressentais. Les métros se succèdent. Je reste prostré sur le banc. Limonti demeure silencieux. Le temps s'écoule, et je suis toujours assis. Mon prochain rendez-vous, avec Meunier[3], approche, je dois y aller. Lorsque la rame arrive, je me lève d'un bond, donne rendez-vous à Limonti à dix heures ce soir, au métro Raspail, et monte dans le wagon bondé.

À la station Saint-Michel, je cours vers Meunier, que je trouve en compagnie de Chambeiron[4]. « Nous étions inquiets de ton retard. » À voix basse, je prononce avec difficulté les deux mots fatidiques : « Rex… Arrêté. » Je ressens le besoin de rester en leur compagnie puisqu'eux, ils connaissent le « patron ».

1. Joseph Van Dievort [*Léopold*], recruté en décembre 1942, est l'agent de liaison interzone du secrétariat. Avec Hugues Limonti, Laure Diebold, Suzanne Moret, Georges Archimbaud, Laurent Girard, Francis Rapp et Hélène Vernay, il fait partie de l'équipe réunie par Daniel Cordier à Lyon (voir Daniel Cordier, *Alias Caracalla*, Gallimard, « Témoins », 2009, p. 586).

2. Claude Bouchinet-Serreulles [*Sophie*] (1912-2000), engagé en 1940 dans les Forces françaises libres, est l'aide de camp du général de Gaulle jusqu'en octobre 1942 où il intègre le BCRA. Il est arrivé en France le 15 juin 1943, pour devenir l'adjoint de Jean Moulin, en charge des questions militaires.

3. Pierre Meunier [*Marnais, Morlaix*] (1908-1996), qui appartint avant-guerre au cabinet ministériel de Pierre Cot en même temps que Moulin, est chargé des liaisons avec le Front national communiste et du travail administratif ayant trait au Conseil de la Résistance.

4. Robert Chambeiron [*Champion*] (1915-2014), qui avait lui aussi appartenu au cabinet de Pierre Cot avant-guerre, travaille avec Meunier.

Nous entrons dans une brasserie de la place Saint-André-des-Arts. Je leur déclare que l'évasion de Rex doit désormais occuper tout mon temps : je pars demain à Lyon. Meunier coupe mon élan : « Mais pour quoi faire ? » Il insiste : « Tu n'as pas le droit d'abandonner le secrétariat. La seule manière de venger Rex est d'assurer le triomphe de la Résistance, telle qu'il l'a créée. Et puis c'est toi qui possèdes la liaison radio et l'argent. Que se passera-t-il si tu disparais ? Ce n'est pas le moment de t'abandonner à tes sentiments, même s'ils t'honorent. Rex ne l'aurait pas accepté. » Il a raison. Je dois faire fonctionner le secrétariat. Évidemment, c'est ce que Rex me dirait. Je ne dois prendre aucun risque. Il faut que tout continue jusqu'à l'arrivée de son successeur. Je renonce à aller à Lyon, la rage au ventre et griffonne un billet pour Sophie : « Tout va bien. Je maintiens les liaisons et attends vos ordres. » Une page, déjà, se tourne : l'autorité a changé de nom.

Après avoir retrouvé Limonti comme prévu à la limite de l'heure du couvre-feu, pour lui remettre ma réponse à Sophie, je rentre seul chez moi par le boulevard du Montparnasse, en proie à la révolte et au chagrin.

Le travail continue

Pourtant, au matin, le travail reprend, fait de rendez-vous et de courses.

Parmi les réactions des résistants à qui j'annonce l'arrestation de Rex, je retiens les propos du communiste Georges Beaufils[1]. Il veut surtout savoir si

1. Georges Beaufils (1913-2002) a servi d'intermédiaire pour établir les premiers

j'ai de l'argent à lui remettre. À ma réponse négative, il s'exclame : « Avec le nouveau représentant de Londres, j'espère que le financement des communistes va changer. J'ai écrit à Grenier[1] qui est à Londres pour lui dire que c'est inacceptable. » Habitué à ses menaces, je suis d'autant plus serein que j'applique les consignes de Rex, qui ne cédait jamais aux exigences des communistes.

En revanche, une autre rencontre me laisse un chaleureux souvenir. En remettant à Menthon[2] son budget, je lui apprends la tragique nouvelle. Il me confie son regret : « C'est une perte irréparable pour la Résistance dont Rex était la conscience. Il a construit l'unité. Attendez-vous à ce que l'on s'acharne à la détruire. Heureusement la qualité d'une institution est de survivre à son créateur. Ses amis – dont je m'honore d'avoir été – ne l'oublieront jamais. C'était un juste. Dans la vie, ils ne sont pas nombreux ; en politique, ils demeurent des modèles. »

Je suis également touché par mes camarades qui ne masquent pas leur chagrin. Mais, pour nous tous, il y a une limite dans sa manifestation : les lois de l'action nous imposent, à chaque instant, la réorganisation du présent, surtout quand il est catastrophique. Si nous voulons que la Résistance dure et qu'elle soit victorieuse, toute notre énergie doit être concentrée dans le succès de notre action quotidienne.

---

contacts entre le Parti communiste et la France libre et représente régulièrement les Francs-Tireurs et Partisans (FTP) lors des négociations sur la fédération des groupes militaires de la Résistance.

1. Le député Fernand Grenier(1901-1992) est le représentant du Parti communiste auprès des différentes instances de la France libre. Il est à Londres depuis janvier 1943.

2. François de Menthon (1900-1984), universitaire et militant de l'Action catholique, est un des fondateurs du mouvement Liberté qui, en fusionnant avec l'organisation d'Henri Frenay, donne naissance au mouvement Combat. Il appartient au Comité général d'études (CGE) créé par Jean Moulin.

Dîner avec Pierre Kaan

Du fait de l'arrestation de Rex, j'ai annulé la réunion des chefs des deux zones qu'il devait présider à Paris, le 24 juin. Quand je rejoins l'un de ses plus fidèles collaborateurs, Pierre Kaan[1], il m'informe que les chefs des mouvements de Résistance n'en ont tenu aucun compte et se sont retrouvés entre eux pour organiser leur insoumission.

La disparition de Rex, après celle du général Delestraint[2], assure leur autorité. Les livraisons d'armes et surtout la distribution d'argent leur imposaient d'obéir. En arrêtant Rex, la Gestapo a brisé ce lien de dépendance. Désormais, la Résistance est libre. D'autant que nul parmi les représentants des chefs ne doute que d'Astier, Frenay et Lévy[3], qui sont à Londres depuis le 16 juin, imposeront au BCRA[4], à Philip[5] et au général de Gaulle lui-même cette indépendance qui est leur raison d'être depuis toujours.

1. Pierre Kaan [*Dupin, Brulard*] (1903-1945). Jean Moulin a confié à ce professeur de philosophie engagé dès l'été 1940 dans la Résistance la liaison avec le Comité général d'études. Il est devenu l'un de ses proches collaborateurs, secrétaire du Comité de coordination en zone occupée, puis chargé en février 1943 d'organiser le bureau parisien de la Délégation générale. La première rencontre entre Daniel Cordier et Pierre Kaan remonte au 7 janvier 1943. Ils ont depuis beaucoup sympathisé et Kaan est l'une des personnes que Daniel Cordier voit le plus souvent (voir *Alias Caracalla, op. cit.*, p. 602-606).

2. Le général Charles Delestraint [*Vidal*] (1879-1945) a été placé par le général de Gaulle à la tête de l'Armée secrète. Il a été arrêté le 9 juin 1943 à Paris (voir Daniel Cordier, *Jean Moulin. La République des Catacombes*, Gallimard, « La Suite des temps », 1999, p. 334-340).

3. Emmanuel d'Astier de La Vigerie (1900-1969), Henri Frenay (1905-1988) et Jean-Pierre Lévy (1911-1996), respectivement dirigeants des mouvements de zone Sud Libération, Combat et Franc-Tireur, qui viennent de partir pour Londres.

4. Le Bureau central de renseignement et d'action, c'est-à-dire les services secrets de la France libre, chargés des relations avec la Résistance. Daniel Cordier est lui-même un agent du BCRA en mission.

5. André Philip (1902-1970), qui dirige le commissariat à l'Intérieur du Comité français de la Libération nationale.

À Paris, Bourdet[1] et Blocq-Mascart[2] sont les plus ardents défenseurs de cette thèse. D'ailleurs, presque tous les représentants des mouvements de zone occupée sont d'accord avec eux, même si leur point de vue est plus modéré. Depuis plus d'un an, du fait des ressources réparties chaque mois par Rex, les chefs acceptaient ses ordres. Aujourd'hui, ils veulent imposer à de Gaulle leurs cadres et leur politique, d'autant qu'à Alger, où il est arrivé depuis peu, il doit partager le pouvoir avec le général Giraud au sein du Comité français de la Libération nationale[3].

En écoutant le récit de Kaan, je suis choqué des réactions qu'il me rapporte : pas un mot, pas une larme pour l'arrestation de Rex...

Leur projet de nouveau comité indépendant exprime en fait une réalité cruelle : le soulagement des chefs, provoqué par la disparition du « patron » dont ils estiment qu'il verrouillait leur liberté. Son successeur, à peine arrivé en France, pourra-t-il maîtriser cette révolte avant qu'elle devienne révolution ?

1. Claude Bourdet (1909-1996). Adjoint de Frenay, actif bâtisseur des Mouvements unis de Résistance (MUR) au cours de l'année 1943, il est le représentant de Combat au sein du Conseil de la Résistance.

2. Maxime Blocq-Mascart (1894-1965), l'un des fondateurs de l'Organisation civile et militaire (OCM), mouvement de Résistance de zone Nord. En pointe des critiques contre l'œuvre de fédération de Jean Moulin, il refuse en mai 1943 de siéger au Conseil de la Résistance pour marquer l'hostilité de l'OCM à la présence des partis politiques en son sein.

3. Le général Henri Giraud (1879-1949) est devenu en décembre 1942 commandant en chef civil et militaire dans les territoires coloniaux français qui ont repris la guerre aux côtés des Alliés. Un accord a été difficilement trouvé, faisant de lui et de De Gaulle, à partir du 3 juin 1943, les coprésidents du Comité français de la Libération nationale d'Alger, organe quasi gouvernemental.

Claude Serreulles, mon nouveau patron

Par l'intermédiaire de Joseph Van Dievort, mon courrier interzone, celui-ci me donne justement rendez-vous au parc Monceau. Nous devons nous retrouver à quinze heures, près d'une fontaine centrale, l'inévitable magazine *Signal*[1] à la main. C'est l'été. Les enfants jouent auprès de leurs mères ou de leurs gouvernantes, quelques vieux messieurs devisent en se promenant. J'ignorais ce lieu agreste au centre de Paris, qui est aussi l'heureux décor de rendez-vous amoureux.

À l'heure indiquée, je vois arriver un homme dont l'élégance britannique tranche sur la foule. Comme d'Astier ou Bourdet, il est grand, ce qui le distingue de l'ensemble des résistants, plutôt d'une taille normale, c'est-à-dire « petite ». La chaleur m'a fait enlever ma veste que je porte jetée sur mes épaules. Peut-être ma tenue inspire-t-elle confiance à Serreulles ?

« Alain », dit-il en me regardant et me tendant la main.

Après quelques pas, nous nous asseyons dans un lieu isolé. Je ne sais pourquoi cet instant me fait penser à nos récréations de lycéens au Jardin public de Bordeaux, en 1938, l'époque de Raba*…

« J'espère que vous n'avez pas eu de problème de sécurité ? »

Je le rassure : « En dépit de la liberté de déplacement

1. *Signal* est un magazine illustré allemand, diffusé en Europe occupée dans des éditions nationales. Facile à trouver en dépit des restrictions de papier, il est couramment utilisé par les résistants comme signe de reconnaissance.

* La boîte à bachot, à Bordeaux où j'ai achevé mes études. Elle était près de la rue Barennes. Comme elle n'avait pas de cour, après les cours, nous nous promenions au Jardin public.

qui existe depuis quelques mois entre les deux zones, il y a une relative étanchéité*. Quoique des liens se soient noués entre les chefs des mouvements grâce au Conseil de la Résistance, les organisations Sud et Nord demeurent indépendantes. Seul notre secrétariat possède, avec ses courriers, une liaison biquotidienne entre les deux zones.

— Rex, quand je l'ai vu, après mon arrivée, m'a parlé de vous. Nous devions travailler ensemble. »

Il me raconte brièvement qu'il a connu Rex lors de son séjour à Londres, en février 1943, quand il était lui-même volontaire pour venir en France. Lors de sa première tentative en avion, il y a un mois, il a été blessé par la DCA et, après un séjour à l'hôpital, il est arrivé la semaine dernière, le 15 juin. Il a eu deux longs entretiens avec Rex : « Il m'avait chargé des questions militaires et avait organisé à Caluire, où je devais me rendre, une réunion avec les chefs des branches militaires des mouvements. Par ma faute, je me suis trompé du lieu de rendez-vous. C'est donc le lendemain que j'ai appris par De Graaff[1] que la Gestapo avait arrêté tout le monde. Nous n'avons aucun détail. Seul Didot[2], qui était à la réunion sans y être invité, a réussi à s'évader. »

En entendant ce nom, je réagis : « Rex m'avait dit qu'il fallait se méfier de Didot ! »

Il semble étonné. Je lui raconte mon dernier

* La ligne de démarcation a été supprimée le 1er mars 1943. Les voyages entre les deux zones sont devenus libres.

1. Antoine, dit Tony, De Graaff [*Grammont, Maurice*] (1916-1999) a succédé à Daniel Cordier à la tête du secrétariat en zone Sud.

2. *Didot* est le pseudonyme de René Hardy (1911-1987), membre de Combat, chargé du plan de sabotage des voies ferrées. Arrêté le 7 juin 1943, puis relâché peu après par Klaus Barbie, il est soupçonné d'avoir provoqué l'arrestation de Delestraint (ce qui n'est pas le cas) et il a probablement permis le repérage par la Gestapo du rendez-vous de Caluire, auquel sa participation n'était pas prévue (voir *La République des Catacombes*, *op. cit.*, p. 717-807).

déjeuner à Lyon avec Rex et sa surprise en apprenant que Didot était libre, après que le général Delestraint avait été arrêté au rendez-vous qu'ils avaient ensemble à Paris[1]...

« Je comprends maintenant pourquoi tout le monde le soupçonne d'avoir livré la réunion de Caluire, répond Serreulles.

— Il est certain qu'après l'arrestation du général le 9 juin, celle de Rex le 21, la présence de cet homme est troublante.

— En tout cas, j'ai rencontré le commissaire Porte[2]. Je lui ai donné tous les pouvoirs pour mener son enquête à Lyon. J'espère que nous saurons bientôt la vérité. Quant à moi, arrivant de Londres pour être le collaborateur de Rex et, ayant le grade le plus élevé, j'ai décidé d'assurer son intérim afin de préserver la bonne marche de tous les services. Ce sera difficile en zone Sud qui subit, en ce moment, une hécatombe. »

Il me met ensuite au courant des problèmes de De Gaulle à Alger, des difficultés d'une entente avec Giraud et de la poursuite des discussions en vue de trouver un accord : « Ce sera long. Mais il est certain que le Général liquidera Giraud et deviendra le seul chef du gouvernement*[3]. »

Puis, à brûle-pourpoint : « À votre avis, existe-t-il ici un homme qui soit capable de remplacer

1. Voir *Alias Caracalla, op. cit.*, p. 885.

2. Charles Porte était commissaire de police à Chartres en 1939 quand Moulin y était préfet. Après plusieurs jours de surveillance de la prison de Montluc où étaient détenus les hommes arrêtés à Caluire et après avoir envisagé une attaque du train qui transporterait les prisonniers à Paris, Charles Porte abandonne l'entreprise faute de moyens matériels et humains. Le rapport de son enquête parvient à Londres le 27 juillet 1943 (*La République des Catacombes, op. cit.*, p. 468-470 et p. 723-725).

* Il faudra attendre le 9 novembre 1943 pour que de Gaulle devienne, à Alger, le seul président du Comité français de la Libération nationale.

3. Il s'agit en fait du 3 octobre 1943. Le 9 novembre est la date du remaniement du CFLN pour être plus représentatif de l'Assemblée consultative.

Rex ? » Je suis surpris par cette question étrangère à mes modestes fonctions. Sans réfléchir, tant la réponse me semble évidente, je réponds néanmoins : « Georges Bidault. »

Serreulles m'écoute avec attention. « Depuis l'origine, son amitié et son rôle auprès de Rex lui ont valu la confiance de tous. C'est le seul des collaborateurs politiques du patron qui était au courant des problèmes de la Résistance dans les deux zones ; de plus, grâce à son service spécialisé dans l'information, il a un contact régulier avec les responsables des mouvements. Rex a conçu le Conseil de la Résistance en accord avec lui et lui avait demandé de rédiger la motion, votée à l'unanimité lors de la première réunion du Conseil puis envoyée à Londres. Avant la guerre, Bidault connaissait Brossolette[1] et Philip. Enfin, grâce à son radio personnel, il a une relation quotidienne avec les services de Londres. »

Serreulles ne répond rien et commence à me poser des questions sur l'organisation de mon travail et les personnes avec qui j'ai des contacts. Je lui réponds et j'ajoute que je lui ai pris deux rendez-vous : l'un avec Pierre Kaan, l'autre avec Pierre Meunier, dont je lui explique les fonctions respectives.

Je souligne enfin que les transmissions radio sont *le* point noir permanent : elles ne fonctionnent pas en zone Nord et sont surchargées en zone Sud et cela en dépit de mes réclamations auprès de Londres, renforcées par les plaintes de Rex. Je lui parle à ce propos de Cheveigné[2], que j'ai connu en Angleterre,

1. Pierre Brossolette (1903-1944), qui s'est opposé très vigoureusement aux instructions de Moulin et à la création du Conseil de la Résistance, est alors à Londres, intégré au BCRA.

2. Maurice de Cheveigné (1920-1992) a gagné l'Angleterre où Daniel Cordier l'a connu en février 1942. Recruté par le BCRA, il est considéré comme un opérateur radio exceptionnel. Parachuté en France en mai 1942, il est rattaché à partir de septembre 1942 à

qui est le meilleur radio et qui dépannait tous les services.

« De Graaff m'a dit qu'il a été rappelé à Londres le 17 juin*. J'avais également l'ordre de vous renvoyer en Angleterre. Par ailleurs, Rex avait refusé de rencontrer celui que le BCRA voulait mettre à votre place, Drouot[1]. Rex m'avait touché un mot de cette affaire... En tout cas, je vous garde. »

Durant la conversation, j'observe cet homme élégant, d'une dizaine d'années plus jeune que Rex. Il écoute avec attention mes propos, multipliant les questions et s'informant des détails. En présence de l'insoumission des mouvements, que va-t-il faire ? Dernier arrivé, ne connaissant personne, aura-t-il l'autorité pour maintenir la subordination des mouvements organisée par Rex ?

Dans l'après-midi, je lui présente Kaan et Meunier qui lui expliquent les détails de leur activité auprès des chefs de mouvements et leurs problèmes actuels.

En fin d'après-midi, Serreulles, que je n'ai pas quitté, me demande de visiter le bureau de Laure Diebold[2]. Je suis surpris car jamais Rex n'a eu cette curiosité, ni posé aucune question sur le travail du secrétariat**. Mais je m'abstiens de toute remarque

---

Jean Moulin, dont il devient le radio principal. Il assure aussi les transmissions pour Bidault et d'autres services.

* Après six mois de mission en France, les agents étaient supposés regagner l'Angleterre. C'était une règle rarement appliquée pour les radios, car ils étaient malheureusement arrêtés après quelques mois d'émission.

1. Le lieutenant *Drouot*, pseudonyme de Georges Lecot, chef de la section code du BCRA, a été envoyé en France en mai 1943, chargé de mettre au point les liaisons radio de la Délégation (zone Nord).

2. Laure Diebold [*Mado*] (1915-1965). Lorsque Daniel Cordier la rencontre le 9 août 1942 et l'intègre au secrétariat de Jean Moulin à Lyon, cette Alsacienne a déjà un passé actif de résistante au sein d'une filière d'évasion pour prisonniers de guerre puis d'un réseau de renseignement. Elle s'est installée à Paris en avril 1943 (voir *Alias Caracalla*, *op. cit.*, p. 376-377 et p. 552-553).

** C'est à l'automne 1942 que, alors que j'étais retenu par une grippe dans mon lit, Rex m'avait demandé de faire venir Laure Diebold (avec sa machine à écrire) chez les

et nous allons chez mademoiselle Dourne, 8, rue Vavin, où Laure Diebold travaille[3]. Je lui demande de montrer à Serreulles toutes les archives que nous conservons. C'est la première fois qu'une personne étrangère découvre ce lieu de travail, mais, encore une fois, il a tous les droits puisqu'il est le nouveau patron. Je suis pourtant effrayé quand il m'annonce qu'il viendra tous les matins à neuf heures dans cet appartement : il a l'intention d'y donner ses rendez-vous parce qu'il trouve l'endroit agréable et spacieux ! Quoiqu'accablé, je ne dis mot. Mais, durant le dîner qu'il m'a demandé de partager avec lui, j'essaie de lui faire comprendre ma surprise : « Avec Rex, j'étais libre d'organiser le secrétariat comme je l'entendais, et surtout dans un lieu inconnu de tous. »

Amicalement, il me répond : « Je constate que les craintes exagérées de Londres rendent votre travail plus difficile. Les jours que j'ai passés en zone libre m'ont révélé que vous perdez un temps précieux dans des cloisonnements inutiles. Si nous voulons gagner la guerre, nous devons mieux organiser notre temps et nos lieux de rencontre. »

Serreulles rencontre la Résistance

Les uns après les autres, je présente à Serreulles les cadres des mouvements de zone Nord. Il est surpris par Maxime Blocq-Mascart, un des chefs

---

Moret (chez qui j'habitais à l'époque) afin de lui dicter un long courrier. [*Voir* Alias Caracalla, op. cit., *p. 551.*]

3. Voir *Alias Caracalla*, p. 811. Dans ce livre, Daniel Cordier donne l'adresse du 26, rue Vavin et évoque brièvement l'architecture remarquable de cet immeuble. Toutefois, dans son interrogatoire par le service de contre-espionnage du BCRA en mai 1944, il parle du 8 bis, rue Vavin, qui pourrait aussi correspondre à la brève description qu'il a faite de la façade (voir *infra*, p. 53, et Annexes n° 3, p. 302).

de l'OCM, qui lui annonce sans ménagement : « La Résistance est majeure et nous n'avons plus besoin d'un tuteur ! » Il lui révèle même la tenue d'une deuxième réunion des résistants « libres », la semaine prochaine. Lorsque Serreulles lui demande d'y assister, il lui répond froidement qu'il « n'est pas chargé de le convier[1] ». Il en va de même avec les autres chefs de la Résistance et Serreulles découvre ainsi les effets de l'arrestation de Rex.

À l'occasion de notre dîner, durant lequel il s'étonne de ces propos, je me permets de lui signaler que cette arrestation représente, pour les chefs, l'occasion exceptionnelle de récupérer leur liberté. Je lui rappelle (ce qu'il semble ignorer) qu'avant la création du Conseil de la Résistance, la volonté manifestée par les mouvements de zone Sud était de s'unir à ceux de zone Nord afin de créer un Comité directeur de la Résistance en France. De surcroît, après la première réunion du Conseil de la Résistance, Rex avait été obligé de régler le problème délicat de la contradiction que ce Comité directeur instaurait avec les directives de Londres : les chefs des mouvements des deux zones étaient huit, tandis que la direction collégiale du Conseil de la Résistance devait être constituée de cinq membres seulement. Rex devait donc négocier l'exclusion de trois représentants. C'est pour résoudre cette difficulté qu'il avait programmé la réunion qui s'est malgré tout tenue, hors de la présence d'un représentant de la Délégation[2].

À son issue, les participants ont rédigé un projet de

1. Voir Claude Bouchinet-Serreulles, *Nous étions faits pour être libres. La Résistance avec de Gaulle et Jean Moulin*, Grasset, 2000, p. 310-311 et Rapport de Sophie [Serreulles], 12 juillet 1943 (Archives nationales, 3AG2/397).

2. La représentation de la France libre auprès de la Résistance en France, regroupant les services centraux tels que les liaisons radio, aériennes ou maritimes, la gestion des fonds, les logements, les faux-papiers, etc.

réorganisation de la direction de la Résistance qu'ils vont expédier à Alger par l'intermédiaire de Simon[1] de l'OCM. Ils ont décidé d'imposer à de Gaulle leur conception, en refusant la présence au sein des instances dirigeantes de la Résistance d'un représentant de Londres ou d'Alger. Ils acceptent seulement que de Gaulle en soit nommé « président d'honneur » et ambitionnent, ni plus ni moins, que de mener librement leurs troupes et de prendre le pouvoir à la Libération. Serreulles décide d'annuler cette deuxième réunion et me demande d'organiser, dans un lieu sûr, une nouvelle rencontre avec les huit chefs des mouvements. Elle se tiendra rue Saint-Jacques, dans une des salles de la Société de géographie. Je reconnais le style de Rex qui n'a jamais cédé devant les oukases de la Résistance des chefs : ce détail est prometteur.

Alors que je lui demande à quelle date il veut réunir le Conseil de la Résistance, Serreulles demeure silencieux, puis précise : « Je rencontrerai tous les représentants du Conseil, mais séparément. » Je ne comprends pas pourquoi il ne le réunit pas sous sa présidence provisoire, en attendant que de Gaulle désigne le successeur de Rex à sa tête. Mais je ne dis rien et n'ose le questionner.

Première réunion du « Comité directeur de la Résistance »

C'est finalement présidée par Serreulles que se tient la réunion des chefs des deux zones qui donne une

1. Jacques-Henri Simon (1909-1944), représentant de l'OCM au sein du Conseil de la Résistance.

existence officielle à ce nouveau Comité directeur de la Résistance voulu par les chefs des mouvements. Serreulles est-il conscient que cet organisme peut devenir le concurrent du Conseil de la Résistance ?

Au cours de cette réunion, Serreulles organise plusieurs commissions dont il désigne les présidents. Cela lui est facile parce qu'en présence d'un représentant de Londres, les résistants n'ont d'autre choix que de s'incliner puisque, financièrement, leur survie dépend de lui. Pourtant, profitant du refus de Serreulles de réunir le CNR* tant que de Gaulle n'a pas désigné son nouveau président, Pierre Villon[1] lui a fait parvenir, par Meunier, un texte dont il réclame la publication dans tous les journaux clandestins : c'est une motion préparée par les communistes, que Rex avait refusé de discuter au cours de la première réunion du Conseil au mois de mai[2]. Elle consiste à faire du CNR une institution, non seulement représentative et délibérative, mais un véritable exécutif, seule habilité à parler au nom de la France résistante. Les communistes, conscients qu'en Algérie, de Gaulle s'éloigne irrésistiblement de Paris, entendent occuper le terrain en faisant feu de tout bois.

Jean-Paul Sartre

Pierre Kaan, avec qui je travaille maintenant tous les jours, me demande de rencontrer un de ses amis, professeur de philo qui, comme Cavaillès[3], souhaite

* Ce sont les lettres qui, après la mort de Rex, désigneront progressivement le Conseil *national* de la Résistance.

1. *Pierre Villon*, pseudonyme de Roger Ginsburger (1901-1980), est membre du Parti communiste et porte-parole du Front national qu'il représente au Conseil de la Résistance.

2. Voir *La République des Catacombes*, *op. cit.*, p. 387-391.

3. Jean Cavaillès (1903-1944). Mathématicien et philosophe de renom, il a été

« faire quelque chose » dans la Résistance. Il désire faire la connaissance d'un homme de Londres afin de lui expliquer la politique qu'il entend mener et d'être financé et armé comme les autres mouvements. Je signale à Kaan que je n'ai aucun pouvoir dans ce domaine et qu'il doit présenter cette demande à Serreulles.

« Surtout pas ! me répond-il. Étant donné les opinions de mon ami, il souhaite rencontrer un "militant" qui connaisse la réalité vécue par les résistants et non l'apparence que les chefs cherchent à donner de leur action. Vous verrez, ajoute-t-il, il est très gentil. »

C'est dans le square de l'Abbaye (à côté de l'entrée de l'église Saint-Germain), qu'il me présente à Jean-Paul Sartre. L'homme est petit, tête nue, et il fume la pipe ; je relève le détail parce qu'il est rare pour un homme de cet âge (il semble être du même âge que Rex). En dépit de mon absence de compétence, je dois avouer que je suis heureux de rencontrer un écrivain, certes peu connu mais que j'admire depuis ma découverte de ses ouvrages à Inchmery[1]. Il appartient au monde imaginaire de ma jeunesse, lorsque je rêvais de connaître des écrivains dont les œuvres me permettaient de vivre des heures lyriques*. Pour

---

membre du Comité directeur de Libération en zone occupée, avant de prendre la direction du réseau de renseignement Cohors-Asturies. Après une première arrestation en septembre 1942, il parvient à s'évader et gagne Londres en février 1943, puis revient en France. Il sera arrêté le 28 août 1943 et emprisonné à Fresnes. Il sera exécuté en février 1944.

1. Inchmery est le centre de formation et d'entraînement des agents de la France libre, où Daniel Cordier séjourne d'août 1941 à janvier 1942. La découverte de *La nausée* et du *Mur*, grâce à Michel Pichard, élève de Sartre au Havre, est évoquée dans *Alias Caracalla*, *op. cit.*, p. 268-269.

* Mes camarades à qui j'ai parlé du *Mur* ignorent tout du livre et de son auteur. À Paris, j'avais rencontré Raymond Queneau qui le connaissait. Son jugement m'avait passionné (parce qu'il est lui-même écrivain et lecteur chez Gallimard), c'est lui qui a fait publier Sartre : « Je suis heureux que vous l'ayez remarqué, c'est un écrivain de première impor-

la première fois de ma vie, un professeur m'écoute attentivement, tout en m'assurant que son œuvre n'a pas l'importance que je lui accorde.

Nous partons à pied, descendons par la rue des Saints-Pères, marchons le long des quais, puis revenons par la rue de Seine et la rue Jacob*. Il m'expose son projet de créer un mouvement de Résistance. Sa voix métallique, modulée par une pensée maîtrisée, rend lumineux son propos. Je l'écoute en toute confiance grâce à la simplicité du contact direct qu'il établit. En lui répondant de mon mieux, je suis heureux d'intéresser un homme de cette qualité. J'éprouve auprès de lui un sentiment de sécurité, même quand je discerne un point de désaccord. Afin de ne pas rompre le bonheur de l'écouter, je refuse d'exprimer les doutes que je conçois en entendant son projet. Au bout d'un moment, il me questionne sur mon itinéraire militaire depuis 1940 et la vie des premiers volontaires en Angleterre. Après lui avoir répondu, je lui avoue le plaisir que j'éprouve : « En vous rencontrant, cela me rappelle un ami que j'ai connu à Londres et que j'admire. Il est également professeur, je ne sais si vous le connaissez : il s'appelle Raymond Aron[1]. »

Son visage s'éclaire : « Si je le connais ! Nous étions camarades à Normale. Que fait-il là-bas ? »

Je lui explique qu'à l'automne 1940, il a fondé à Londres, avec des amis, la revue *La France libre*. Il

---

tance. Vous pouvez tout attendre de lui. » [*La rencontre avec Queneau semble toutefois postérieure à celle avec Sartre. Voir* infra *p. 36.*]

* Je rappelle que Paris avait perdu environ un million d'habitants, que les automobiles ayant disparu, la ville était devenue un grand village. En dépit des Allemands, la guerre marquait une curieuse liberté. Spécialement rive gauche où, dans le carré Saint-Germain-des-Prés, boulevard Saint-Michel, boulevard du Montparnasse, pour une raison inconnue, il n'y avait presque pas d'Allemands.

1. La première rencontre avec Raymond Aron remonte au 18 juillet 1940, à Delville Camp. Voir *Alias Caracalla, op. cit.*, p. 136-139 et p. 307-308.

la dirige avec une équipe indépendante à l'égard de l'entreprise militaire du Général et distincte de son action politique. À ma surprise, Sartre exprime sa méfiance à l'égard du général de Gaulle.

« Je ne connais pas la question comme Aron, mais j'aurais tendance à penser de même. C'est la raison de notre rencontre : nous ignorons tout du Général, mais un militaire qui fait de la politique, ce n'est pas bon pour la liberté. La Résistance d'accord, mais à condition que sa victoire ne soit pas celle du fascisme que nous combattons. Avec des amis, nous sommes décidés à plonger dans l'action, mais nous avons besoin d'être aidés matériellement dans notre combat : faire sauter des camions et des trains, tuer des Allemands... Enfin résister authentiquement. Mais, nous voulons nous tenir à l'écart de toute politique, libérer la France sans faire le jeu des communistes ni des gaullistes. »

J'essaie de lui expliquer que, dans la Résistance, il y a des mouvements différents et que le représentant du Général a pour objectif de les rassembler afin de coordonner leur action, sans que ne s'en créent de nouveaux. « Entre les réseaux de renseignement militaires, les journaux sans mouvement, les mouvements sans journaux, les maquis, enfin l'Armée secrète, il y a un éventail complet de possibilités.

— Je sais, répond-il. Moi-même je donne des articles aux *Lettres françaises*[1]. Mais ce que nous voulons inventer, c'est un groupe qui mène des actions militaires contre l'occupant, mais qui soit simultanément un groupe de réflexion préparant l'après-libération : quelque chose comme un "corps

1. Journal clandestin du Front national des écrivains.

franc intellectuel". J'aimerais vous faire rencontrer quelques amis et avoir votre avis et votre soutien. »

Puisqu'il s'agit d'être un « ami », je suis curieux de ce projet et je lui donne mon accord. Pierre Kaan me convoquera dès que la date de la réunion sera choisie. Toutefois, j'insiste à nouveau auprès de Sartre au sujet de l'existence du représentant du Général, qui seul a un pouvoir de décision en la matière : « Arrivé à ce stade, ce ne sera plus de mon ressort car je n'ai personnellement aucune autorité politique ou militaire.

— C'est sans importance. Au point où nous en sommes, je préfère avoir votre avis. »

Les Mouches font de la Résistance

J'évoque avec Pierre Kaan cette rencontre avec Sartre. Je suis sous le charme d'avoir découvert que l'auteur de *La Nausée* et du *Mur*, que j'admire, fait preuve d'une telle simplicité et d'autant d'attention aux autres.

« Vous serez peut-être plus étonné encore quand il sortira son œuvre philosophique, que nous attendons tous comme un événement. »

Je ne souffle mot de mon ignorance philosophique qui limite l'avenir de cette relation. Par contre, je lui fais part de mon embarras au sujet de la réunion que Sartre prépare avec des écrivains. Elle n'est pas de mon ressort, parce qu'elle m'attribue, dans la Résistance, un pouvoir que je n'ai pas. « Vous qui connaissez mes modestes fonctions, vous comprenez ce que je veux dire. Sartre, comme beaucoup d'autres, se fait des illusions sur ce que je représente : il suffit d'arriver de Londres pour être une autorité. C'est vrai pour certains, pas pour moi. »

Il me rassure d'une manière pressante : « Non, les "autres", comme vous dites, ne se trompent pas. Vous êtes un témoin important à cause de votre engagement de juin 1940 auprès du Général. Vous savez bien que nous n'étions qu'une poussière de résistants à cette époque. Être parti pour Londres à ce moment-là : vous êtes une curiosité. »

Je lui annonce mon intention d'aller voir *Les mouches* dont j'espère beaucoup.

« Je redoute que vous ne soyez déçu. Il y a certains passages étincelants. Mais je ne suis pas sûr que la mise en scène mette son texte en valeur. Il a d'ailleurs été éreinté par toute la presse. »

Je réagis vivement : « De la part des collabos, c'est plutôt bon signe ! »

Mais il conclut : « Je crains malheureusement que ce ne soit pas la seule raison... »

Le dimanche suivant, plutôt que de dîner, je vais au théâtre, la troisième fois de ma vie à Paris*.

Il n'y a pas de rideau et, de la place élevée où je me trouve, je domine la scène encore dans l'ombre. Quand on frappe les trois coups, la salle est presque vide. Même si elle est composée de quelques jeunes, je suis triste pour l'auteur et les acteurs. Dès le début de la pièce, les costumes, les décors gris uniformes me surprennent. Je suis étonné par la nouveauté de cette mise en scène qui me semble plus audacieuse

* C'est la troisième fois que je vais au théâtre à Paris. La première fois, j'avais quinze ans, mes parents m'avaient emmené au théâtre de l'Œuvre pour voir une pièce de Moravia, *Le mépris*, qui m'avait intéressé bien qu'ils l'aient trouvée mauvaise. Je n'avais vu que des pièces classiques, dont j'étais friand, et des opéras qu'aimait mon père. La deuxième fois à Paris, ce fut aux Folies-Bergère pour voir une revue dont Mistinguett était la vedette. Je fus enchanté par sa célébrité et par l'enthousiasme du public. [*Il y a une confusion car le roman d'Alberto Moravia,* Le mépris, *n'a été publié qu'en 1954.*]

que celle de *La guerre de Troie n'aura pas lieu*, vue à Lyon. J'écoute avec bonheur son texte, dont certaines répliques me transportent*. J'en retiens deux que, le lendemain, je cite à Pierre Kaan : « Est-ce que je connais des raisons de vivre ? Je ne suis pas, comme elle, désespéré, parce que je n'attendais pas à grand-chose. Je suis plutôt… étonné devant cette vie qui m'est donnée – donnée pour rien », et l'autre de Clytemnestre à sa fille : « Tu es jeune, Électre. Il a beau jeu de condamner celui qui est jeune et qui n'a pas eu le temps de faire le mal[1]. » En dépit de quelques longueurs, je retiens une violence contenue, une tension permanente et un climat étouffant qui ressemblent à ceux de la clandestinité.

Pierre Kaan me répond : « Je suis heureux de votre réaction car, personnellement, je trouve le texte meilleur que la pièce. Dites-le à Sartre quand vous le reverrez, ça lui fera plaisir : c'est un "four" noir qui va être retiré de l'affiche ! »

Nouvelle mise en place du travail

Jour après jour, le travail avec Serreulles s'organise. Chaque matin, à neuf heures, notre premier rendez-vous est, hélas, au secrétariat. Installé dans un confortable fauteuil du salon, Serreulles commence à lire le courrier que je lui apporte. Il trie les textes auxquels il veut répondre et ceux qu'il me donne après les avoir annotés : « Vous répondrez. » Il garde pour la fin les rapports et les journaux clandestins : « Je les lirai en détail chez moi. » Quelle différence avec Rex !

* Curieusement, à quatre-vingt-seize ans, c'est toujours mon opinion.

1. En fait, la première citation est extraite de *La nausée*. Voir *infra* « Pages des carnets intimes », 28 juillet 1943, p. 245.

Après une heure environ, ses rendez-vous commencent à arriver, tandis que je le quitte pour les miens qui sont dans tout Paris. Nous nous revoyons pour déjeuner à treize heures et, à nouveau, le soir pour dîner. D'ailleurs, il me donne le numéro de son téléphone personnel où je peux l'appeler…

J'ignore les mots qui conviennent à cette nouvelle existence : disons que je suis effrayé. Ne va-t-on pas vers la catastrophe ?

La jeunesse au pouvoir : Défense de la France

Un groupe d'étudiants diffuse un journal clandestin de qualité, *Défense de la France*. Ils ont une importance réelle dans la Résistance, mais ne s'intègrent dans aucun des organismes dirigeants ; surtout, ils n'arrivent pas à se faire reconnaître par la France libre qu'ils ont longtemps ignorée. Les mouvements homologués de la Résistance dressent en outre des obstacles contre ces intrus, en empêchant qu'ils intègrent le Conseil national de la Résistance*[1].

Notre première entrevue s'effectue en haut des Champs-Élysées, dans le café où j'avais retrouvé Limonti lors de mon arrivée à Paris.

J'y rencontre les trois fondateurs : Jurgensen[2],

* Jusqu'à la Libération, la sélection initiale de Jean Moulin ne fut jamais modifiée.

1. La Voix du Nord, Défense de la France et Résistance intègrent toutefois le CNR en décembre 1943. Fondé en août 1941 par des étudiants de la Sorbonne, le groupe Défense de la France est devenu l'un des plus importants mouvements de Résistance de la zone Nord. D'orientation chrétienne, le mouvement s'organise autour de la diffusion de son journal, qui connaîtra le plus fort tirage de la presse clandestine (100 000 exemplaires diffusés en 1943, 450 000 en janvier 1944). Après avoir soutenu la politique de Pétain supposée limiter les conséquences de la défaite et préparer la revanche en sous-main, puis le général Giraud, le groupe s'est rallié à de Gaulle en juin 1943.

2. Jean-Daniel Jurgensen (1917-1987). Après avoir créé un petit groupe résistant, il

Salmon[1] et Viannay[2] (tous légèrement plus âgés que moi). Nous sympathisons immédiatement.

Une chose me surprend, à la lecture de leur journal : ils furent pétainistes, puis giraudistes et surtout très méfiants à l'égard de De Gaulle qu'ils condamnaient ! J'en suis choqué et je m'explique avec Viannay, qui semble le plus engagé dans cette politique. Ce grand garçon, ardent et charmeur, ressemble à un chef scout. La sympathie que j'éprouve pour sa nature généreuse et son goût de la vérité me rend indulgent pour son adhésion à Pétain : « Il y a d'abord ma famille, mon éducation, mais aussi l'enthousiasme des Français pour cet homme qui avait été leur honneur et qui les rassurait. » Je n'ai rien à objecter puisque, lorsque je rencontre cette équipe, elle est devenue gaulliste.

Mais cette conversation me révèle, une fois de plus, la distance infranchissable entre les résistants métropolitains et le choix radical de mon engagement avec de Gaulle. Pour les volontaires de Londres, la cassure avec nos familles et notre milieu social a occulté notre passé politique. Notre engagement sous les ordres de De Gaulle est un engagement pour la victoire par les armes. Pour les résistants, le quotidien est d'abord de survivre à la faim, à l'Occupation, à l'humiliation de notre défaite. Dans ma biographie, il manque évidemment deux ans de vie avec les

rejoint en 1942 Défense de la France, dont il intègre le comité directeur. Il sera une cheville ouvrière de l'unification de la Résistance non communiste.

1. Robert Salmon (1918-2013). Étudiant normalien, il fonde avec Philippe Viannay le journal *Défense de la France* à l'été 1941. Il contribue au ralliement au général de Gaulle. Il sera le délégué de Défense de la France au Conseil national de la Résistance à la veille de la Libération.

2. Philippe Viannay (1917-1986). Étudiant en philosophie, il est à l'origine du journal *Défense de la France* à l'été 1941. Sans condamner explicitement le régime de Vichy, il évolue progressivement vers un soutien actif au général de Gaulle. Après avoir longtemps privilégié la mobilisation politique et spirituelle plutôt que l'action directe, il intègre les FFI en 1944.

Français. Pour cette raison, depuis mon parachutage en France (fin juillet 1942), quelque sympathie que j'éprouve pour les résistants, je me sens différent.

La Résistance intellectuelle tente d'exister

Au début du boulevard Saint-Germain, j'ai rendez-vous avec Pierre Kaan dans un vaste appartement, à la décoration désuète. Quand nous arrivons, en plus de Cavaillès et Sartre, qui sont des amis de Kaan, il y a déjà plusieurs personnes que je ne connais pas. Il me présente à Jean Paulhan, dont je suis heureux de faire la connaissance, et à Raymond Queneau, dont il fait grand cas, louant en particulier son roman *Gueule de pierre*[1]. Nous nous asseyons en demi-cercle face aux deux fenêtres donnant sur le boulevard. Je suis à la droite de Sartre et de Kaan. Quelques inconnus nous entourent.

Sartre me présente : « J'ai enfin trouvé un homme qui peut établir une liaison avec Londres et nous fournir de l'argent et des armes. » Je suis gêné qu'il m'attribue un pouvoir que je n'ai pas. Par timidité, je ne rectifie pas. Heureusement, le sujet de la réunion n'est pas celui-là. Il s'agit de créer une sorte de commando idéologique, composé avec les amis du milieu qu'il fréquente : des intellectuels.

Pour ouvrir la séance, Sartre me donne la parole et je répète le jugement que j'avais déjà formulé. Il me répond :

« En fait, dans la Résistance, il n'y a rien qui ressemble à notre projet.

« Oui, vous avez des groupes armés, maquis ou

1. Paru en 1934.

Armée secrète, qui vont livrer une bataille pour libérer la France. Mais ce sont des soldats et ils n'ont pas nécessairement de projet politique après leur victoire. D'autre part, il y a les journaux qui expriment une idéologie diffuse qui n'est pas la même pour tous. Enfin, il y a des "cahiers" comme ceux du CGE[1], de Libération ou de l'OCM, qui ne sont pas rédigés par des résistants combattants. De Gaulle estime, au contraire, que la situation est telle que pour donner une valeur aux idées, il faut que ceux qui les défendent soient d'abord des combattants.

« La Résistance dans sa forme actuelle est négative. Il faut créer un mouvement positif, c'est-à-dire le structurer autour d'une doctrine et d'une action véritablement guerrière. »

Sartre explique alors la raison de cette réunion : « Cette guerre engage notre civilisation qui risque de périr. Les intellectuels sont les premiers menacés et doivent donner l'exemple de l'engagement physique dans cette bataille qui est celle d'une dictature de la barbarie contre la liberté. Nous devons participer à cette lutte, non seulement par nos écrits mais par une violence maîtrisée : c'est elle qui donnera à nos idées le sceau de l'authenticité. »

Il sort de sa poche une feuille de papier sur laquelle il a pris quelques notes. Il désigne son mouvement, Le Noyau, comme le cœur de toute action et de toute idée. Je reconnais, au cours de son exposé, les objectifs et les idées de Pierre Kaan que Sartre a évoqués lors de notre premier entretien : déficience de la

1. Le Comité général d'études a été créé en juillet 1942. Chargé de préparer les projets de reconstruction de l'après-guerre, l'organisme réunit au départ neuf experts. Publiant à partir d'avril 1943 *Les Cahiers politiques*, il en vient à acquérir au cours de l'été 1943 un statut remarquable, car il appuie la Délégation en élaborant le nouveau cadre administratif de la Libération, non sans susciter de l'hostilité de la part des mouvements de Résistance.

Résistance officielle du fait de sa désorganisation, de son inaptitude à l'action secrète et des ambitions personnelles de ses chefs, dont les préoccupations politiques se sont substituées à l'esprit civique et à la volonté de vaincre.

« Si la situation en France est déplorable, la direction du général de Gaulle n'est pas meilleure à cause du conflit Giraud-de Gaulle, de l'incompréhension des "émigrés" à l'égard de la situation réelle en France, de la volonté d'Alger d'imposer des critères politiques contestables aux unités miliaires. Le tout se traduisant par le désir de "manœuvrer" les mouvements au lieu de créer une "force neuve".

« Le but du Noyau est donc de se consacrer aux actions de guerre : coups de main, sabotages, exécutions de traîtres, c'est-à-dire de revenir à l'esprit défini par l'appel du 18 juin 1940.

« Pour réaliser ces objectifs, la première tâche est d'organiser un réseau de liaisons efficace entre les résistants, de rechercher des terrains d'opérations, de parachutages et d'atterrissages d'avions alliés, accompagnés de caches pour les armes. Simultanément, il faut recruter des militants, établir des plans de destruction des voies ferrées, d'installations industrielles, constituer une liste noire en vue d'exécutions immédiates ; enfin, organiser l'évasion de prisonniers. »

La voix de Sartre, son exposé lumineux et sa passion froide lui donnent une force de conviction contagieuse. En l'écoutant, je retrouve l'enthousiasme du début de ma mission : cet homme évoque les objectifs pour lesquels je me suis entraîné durant un an, mais que je n'ai jamais eu l'occasion d'exécuter.

L'originalité de son entreprise est la participation de tous à un projet politique ultérieur. J'observe

Sartre quand il parle. Son visage possède une sorte de rayonnement en dépit de la disgrâce de son regard, souligné par les lunettes qu'il porte. De plus la clarté de sa pensée est servie par une voix au timbre captivant qui m'a immédiatement séduit.

Après cette première réaction, due surtout à son charisme et à ma sympathie pour lui, je dois cependant reconnaître que ses propositions sont banales et conformes aux plans que, depuis un an, j'entends exposer en France, sous de multiples formes. Mais, seuls mes camarades du BCRA, les radios, les saboteurs et les officiers de liaison, Fassin[1], Schmidt[2], Griès[3], Goujon[4], les accomplissent brillamment.

Que peuvent accomplir ces hommes (pour moi, très âgés), assis dans ce salon bourgeois ? Je ne doute pas de leur courage, qui est évident, mais le sabotage et les exécutions, c'est un travail de jeunes… Depuis plus d'un an que j'appartiens à cette toile d'araignée, je suis bien placé pour connaître les difficultés et le peu de résultat des efforts de tous. Sartre a demandé à ses invités de s'exprimer chacun à leur tour. Tous

1. Raymond Fassin (1914-1945). Parachuté le 2 janvier 1942 avec Jean Moulin, il sert tout d'abord comme agent de liaison auprès du mouvement Combat. Il est chargé par le BCRA de l'organisation d'opérations aériennes à partir de l'été 1942 et dirige le service des opérations aériennes et maritimes jusqu'en mars 1943. De retour à Londres en juin 1943, il est envoyé en septembre comme délégué militaire régional dans le Nord. Dénoncé, il sera arrêté à Paris en avril 1944, et mourra en déportation.

2. Paul Schmidt [*Kim*] (1917-1983). Évacué après la bataille de Narvik, il décide de rester en Angleterre, où il s'engage le 1er juillet 1940 dans les Forces françaises libres. Daniel Cordier fait sa connaissance à Delville Camp en septembre (voir *Alias Caracalla*, *op. cit.*, p. 173-174). Il est parachuté par le BCRA le 3 juin 1942, devient officier de liaison de Jean Moulin, et participe à l'organisation des parachutages et de l'action militaire du mouvement Libération. Il contribue à Lyon à l'installation et la constitution du secrétariat de Daniel Cordier, auquel il présente Jean Moulin (*ibid.*, p. 330-331, p. 368-370). En mars 1943, il devient chef national du Bureau des opérations aériennes (BOA), en charge de l'organisation de l'ensemble des parachutages en zone Nord.

3. Michel Pierre Griès (1922-1981). Instructeur saboteur formé en Angleterre avec Daniel Cordier, parachuté le 22 juin 1942 près de Clermont-Ferrand (voir *Alias Caracalla*, *op. cit.*, p. 220).

4. *Goujon* est le pseudonyme d'André Jarrot (1909-2000), un saboteur du BCRA qui réussit un nombre exceptionnel de sabotages stratégiques de septembre 1942 à avril 1944.

sont d'accord sur un principe : créer une nouvelle organisation au service d'une guerre efficace. J'observe que chacun l'assortit d'un discours théorique dans lequel il redessine l'organisation de ses rêves. Pourtant, il y a deux problèmes prioritaires que personne n'évoque : comment établir une liaison permanente avec la France libre et l'état-major allié ? Comment trouver l'argent et les armes ?

Ils envisagent de créer une revue clandestine, laboratoire de réflexion politique qui exprimera un projet politique libéral pour la Résistance. Avec un large sourire, Sartre ajoute : « C'est la raison de la présence de notre camarade Alain parmi nous. Grâce à lui, nous avons la liaison indispensable pour le soutien logistique. » À la fin des exposés, il me demande mon avis, mais je suis intimidé par la présence de tous ces hommes (je n'ose écrire camarades) beaucoup plus âgés que moi, savants et souvent très connus. Tout le monde me regarde avec sympathie, mais je suis gêné à cause de ce que Sartre leur laisse espérer, qui n'est pas dans mes attributions. Cavaillès, qui connaît la vérité sur mon rôle (c'est Rex qui m'a présenté à lui), ne fait aucun commentaire[1]. Peut-être croit-il que j'ai des possibilités qu'il ignore.

Que puis-je promettre ? Rien qui soit dans le sens de leur espérance. Pourtant, ils attendent un mot d'encouragement, que je leur donne : « Dès que vous aurez commencé à vous organiser, je vous communiquerai toutes les liaisons nécessaires. » Cela ne veut rien dire, mais leur donne l'assurance que leur entreprise n'est pas vouée à l'échec. Sartre me remercie d'un sourire : ma déclaration authentifie son projet.

1. La première entrevue avec Jean Cavaillès a eu lieu le 13 mai 1943 dans les jardins du Trocadéro (voir *Alias Caracalla*, *op. cit.*, p. 822-823).

Puis chacun s'exprime à son tour sur la réalisation de son projet. Sartre les a invités à faire des propositions concrètes. En premier lieu, le recrutement, et chacun d'ouvrir son carnet d'adresses en cherchant quelques noms à proposer. Je suis horrifié par cette vision, me souvenant que le carnet de Frédéric[1] a fait arrêter des dizaines de personnes ! Je me demande si je n'ai pas été imprudent d'accepter cette invitation… Pour eux, au contraire, cette recherche de la première structure est excitante, car elle les plonge dans « l'action immédiate ». En même temps, c'est une détente après cette heure d'exposé théorique. Cela permet de jeter des ponts de l'un à l'autre, car beaucoup des noms proposés sont connus d'une ou plusieurs personnes, et font parfois l'objet de discussions animées.

Ces discussions ne me concernent plus, elles font partie de la vie interne de leur organisation et je fais signe à Kaan que nous devons partir. Après les avoir salués chaleureusement, nous quittons l'appartement les premiers, puisqu'il a été prévu de sortir par deux ou trois.

Nous marchons sur le boulevard Saint-Germain et Pierre Kaan me demande ce que je pense de cette réunion. Je sais que le projet, dont il me parle depuis six mois, lui tient à cœur. Je le sens heureux d'avoir pu réunir des hommes qui, tous, ont une existence parmi les intellectuels. Il touche au but et je ne me sens pas le droit de le décourager : « Merci de m'avoir fait inviter. C'est une expérience passionnante. Dans quinze jours, ils vont commencer leur travail. »

1. Il s'agit d'Henri Manhès, dit Frédéric (1889-1959). Officier, ancien combattant de la Première Guerre mondiale, il a rencontré Jean Moulin au cabinet de Pierre Cot, ministre de l'Air. Il a aidé Moulin à obtenir un faux passeport en février 1941. Ce dernier en fait son représentant en zone occupée en 1942. Il a été arrêté par les Allemands le 3 mars 1943.

La prochaine réunion à laquelle je suis convié doit avoir lieu à la mi-août.

« Mais, votre impression ? »

Je ne sais comment éluder sa question : « Ce sont des hommes éminents et leur réussite aura un grand retentissement. C'est la première fois que l'on tente ce genre d'expérience... »

Perçoit-il quelque chose de ma réserve ? Il me serre la main : « À demain comme d'habitude. Dix-neuf heures trente, pour dîner au Catalan... »

Dès le début de cette réunion des amis de Sartre, mon opinion était faite : dans la Résistance, tout le monde veut recommencer à zéro pour faire mieux que son voisin. Mais ils oublient tous les pépins de la réalité. En disant cela, je pense toutefois à ma déception lorsque j'ai vu les héros de mon enfance se dégonfler : Gide, Martin du Gard, Valéry. Au moins, tout ce que j'ai entendu aujourd'hui m'est sympathique. Je reconnais les discussions que j'ai eues, en 1940, avant mon départ de France. Cela me rappelle aussi la fièvre de nos réunions de l'Action française, lorsque nous montions des coups dans l'exaltation d'un avenir à portée de main. Nous étions tous animés par la volonté de vaincre l'Allemagne, puis de modifier l'avenir de la France par une révolution politique. Si j'étais libre, je m'engagerais à leurs côtés, car ce qu'ils projettent m'intéresse plus que mon travail quotidien au secrétariat. Mais il y a, dans la Résistance, tant de groupes, avec tant de projets politiques de droite ou de gauche, que je ne comprends pas pourquoi ce nouveau groupe minuscule ne peut se joindre à un de ceux qui existent déjà. Est-il raisonnable de créer un nouveau mouvement, quand il existe des mouvements et des journaux qui, tous, revendiquent une originalité idéologique et une force partisane ; qui, par nécessité (liaisons, argent, armes), sera obligé de s'intégrer dans une coalition qu'il rejette par principe ? Je n'ai aucun pouvoir pour engager une discussion avec Sartre sur ce point. C'est pour cela que je me contente de répéter que je suis à sa disposition pour le mettre en relation avec le représentant du général de Gaulle. Mon attitude est dictée par mon expérience. Depuis mon arrivée en France en 1942, j'ai vu des groupuscules surgir régulièrement, dont il est difficile d'évaluer la puissance réelle. J'ai déjà eu affaire à France d'Abord, au Crib, au Vercors, au groupe Veni, à Lorraine, aux groupes rassemblés autour de journaux comme *Le Père Duchesne* ou *Le Coq enchaîné*, etc. Plus Rex s'efforçait de rassembler ces initiatives émiettées de la Résistance, plus elles se multipliaient... Ce phénomène est encore plus sensible en zone Nord qu'en zone Sud. Je l'ai observé avec *Le Coq enchaîné* ou *Le Père Duchesne*, dont Farge[1] dit merveille.

En fait cette agitation sympathique est, faute de militants et de moyens, vouée à la stérilité et à une disparition rapide.

André Montaut à son tour...

Au mois de juillet, je retrouve Serreulles à Lyon. Il m'annonce l'arrestation de Montaut. Cette nouvelle est un choc : il faisait partie des dix-sept garçons qui, en juin 1940, avaient choisi de quitter la

1. Yves Farge (1899-1953). Pacifiste et socialiste, journaliste au *Progrès* de Lyon, il intègre Franc-Tireur en novembre 1942 et participe au Bureau d'information et de presse dirigé par Bidault. En janvier 1943, il tente d'organiser un premier maquis dans le Vercors et entre à cette occasion en contact avec Daniel Cordier (voir *Alias Caracalla*, *op. cit.*, p. 621-623, et *De l'Histoire à l'histoire*, Gallimard, « Témoins », 2013, p. 78-80). Il deviendra membre du comité directeur du Front national à l'automne 1943.

France avec moi pour combattre les Boches. Lors de notre engagement dans la France libre, le hasard du choix m'avait laissé avec Bott, Berntsen et lui, avec qui j'avais fait mes classes[1]. Pourtant, j'avais ignoré son adhésion au BCRA jusqu'à la minute où je le découvris dans la camionnette qui nous emmenait à la gare de Camberley. Comme il n'était pas officier, il logeait dans une autre partie du camp. Mais je le rencontrais régulièrement lors de nos dîners entre camarades, à l'hôtel du village d'Exbury, près d'Inchmery, notre lieu d'entraînement. Un jour de mai 1942, il disparut comme il advenait à chacun d'entre nous : il avait été parachuté en France.

La suite de son histoire est dramatique.

Il avait été choisi pour être le radio du capitaine René-Georges Weill[2], chargé par la France libre d'établir la liaison avec le Parti communiste. Malheureusement, à la sortie de la gare de Lyon, la valise du capitaine est ouverte par le service de contrôle du marché noir qui la trouve remplie de thé, de café, de coupons de tissu anglais, entre autres denrées compromettantes. Montaut et son capitaine l'abandonnent et s'enfuient en courant, chacun de son côté. Heureusement, ils ont un rendez-vous de secours à la station de métro Grenelle. Lorsque Montaut arrive, il découvre, au loin, son capitaine entouré de policiers. Quelques secondes plus tard, celui-ci tombe mort entre leurs mains : il a croqué sa pilule de cyanure.

Malheureusement, Montaut ne possède aucune adresse de secours et aucun lien avec la Résistance. Que faire ? Après deux ans d'exil en Angleterre, il

1. Voir *Alias Caracalla*, *op. cit.*, p. 142.

2. René-Georges Weill (1908-1942). Capitaine de réserve, avocat, engagé dans les Forces françaises libres en 1940, il fut parachuté en France par le BCRA le 28 mai 1942 et mourut le lendemain.

décide de rejoindre sa famille à Pau où il est obligé, vu son âge, d'effectuer son service dans les Chantiers de la jeunesse. Depuis notre départ de France, ses parents sont en relation avec ma famille qui apprend ainsi son retour. Quelques semaines plus tard, lors d'une visite de mon ami D.*, mes parents lui en parlent. C'est ainsi que, lorsque je revois ce dernier, à Toulouse, en septembre 1942, il me demande mon adresse à Lyon. Et, en février 1943, quand Montaut achève son temps dans les Chantiers, il vient, grâce à cette information, reprendre son travail de radio (combien précieux) parmi nous à Lyon[1].

Hélas il y est arrêté en juillet 1943 et personne n'est capable de me dire comment et pourquoi[2].

* Un de mes camarades de l'Action française à Bordeaux.

1. Dans *Alias Caracalla*, Daniel Cordier a daté ces retrouvailles du 4 mars 1943 (p. 678-680).

2. Arrêté dans des circonstances encore obscures par la Gestapo en juillet 1943 – la date exacte est elle-même incertaine –, André Montaut fut enfermé au fort de Montluc, puis à la prison de Fresnes. En novembre 1943 il fut déporté à Mauthausen, où il est mort le 2 juin 1944.

II

La chute

août – octobre 1943

Déménagement du bureau

Toute mon organisation se complique le jour où mademoiselle Dourne (qui nous héberge rue Vavin depuis des mois) retrouve un de ses amis envoyé par Londres, qui l'engage pour organiser son secrétariat.

Pour éviter la cohabitation dangereuse de deux réseaux dans un même local, nous quittons son appartement. Heureusement, Jacqueline d'Alincourt[1] a rapidement trouvé un nouveau local, moins central, hélas. Il est situé en face du lycée Janson-de-Sailly, dans une maison particulière, qui fait l'angle de la rue de la Pompe et de la rue de Longchamp et qui possède deux entrées : l'une rue de Longchamp, avec la loge du concierge, l'autre rue de la Pompe, avec un seul appartement au premier étage : c'est celui que je loue. Laure s'installe dans cette vaste pièce, avec sa machine et ses dossiers. Hélas Serreulles y établit son bureau, où il reçoit tous les responsables. C'est là que je le retrouve chaque matin

1. Jacqueline d'Alincourt [*Violaine*] (1919-2009) a intégré en mars 1943 le secrétariat de la Délégation en zone Nord. Elle est chargée de trouver des locaux et des logements (voir *Alias Caracalla*, *op. cit.*, p. 742-743).

pour prendre ses ordres avant de rencontrer dans Paris mes rendez-vous volants.

Je ne dis rien, mais je suis effrayé par cette organisation : combien de jours peut-elle durer ?

Un homme de Londres découvre le problème du CNR

Jacques Bingen[1] arrive en France le 15 août, envoyé par Londres pour diriger la représentation de la zone Sud, tandis que Serreulles est confirmé à son poste en zone Nord. Il révèle à Serreulles la cause de son échec à faire nommer Georges Bidault comme président du CNR[2]. André Philip, explique-t-il, ne veut absolument pas de lui comme représentant du Général en France. Le candidat qu'il a proposé à de Gaulle est l'ancien préfet de Lyon (dont il était député), Émile Bollaert[3], révoqué par Vichy. De plus, le choix de Bidault, homme de la Résistance métropolitaine, ne correspond pas non plus à la volonté du Général, qui se rappelle les mises en garde de Rex au printemps 1943 : « Pour l'emporter sur Giraud, le pouvoir du Général doit être imposé par la France libre. » Pour que le CNR ne puisse s'ériger en pouvoir face au Général, Rex, doté du titre de ministre en mission, avait été nommé président du CNR. La

1. Jacques Bingen [*Cléante*] (1908-1944). Arrivé à Londres le 12 juillet 1940, il a dirigé le service de la Marine marchande de la France libre avant d'intégrer le BCRA à l'été 1942. Il était proche de Jean Moulin, qu'il a découvert lors de son séjour à Londres en février-mars 1943.

2. Serreulles a suggéré continûment la nomination de Bidault à la tête de la Délégation, en remplacement de Moulin. Ainsi, dès le 12 juillet 1943 : « Je continue à penser qu'il ne saurait être fait un meilleur choix. Je regrette seulement que votre décision quelle qu'elle soit se fasse attendre » (*La République des Catacombes*, *op. cit.*, p. 484-485).

3. Émile Bollaert (1890-1978). Préfet du Rhône révoqué par Vichy, il s'était engagé dans la Résistance en 1941 à Paris.

nomination de Bidault, qui n'appartient pas à la France libre, remettrait cet équilibre en question. Aussi Bingen interroge-t-il Serreulles : pourquoi, dès son arrivée, n'a-t-il pas pris la présidence provisoire du CNR, comme il l'a fait pour les deux Comités de coordination ?

La raison en est matérielle : Serreulles ne connaissait pas suffisamment le fonctionnement de la Résistance pour prendre cette responsabilité majeure. Lors de sa rencontre personnelle avec chaque membre du CNR, il leur a laissé entendre une nomination prochaine. Mais, deux mois plus tard, rien n'a été réglé par Alger.

L'avenir du Conseil national de la Résistance

Pour que le rassemblement des résistances puisse agir et s'exprimer, il lui faut un chef. Sans Rex, le Conseil de la Résistance est un corps sans âme, sévèrement jugé, y compris de l'intérieur. J'en prends conscience en entendant les plaintes de ses membres et surtout de Bidault.

La disparition de Rex nous a rapprochés. Avec lui, j'ai parfois l'illusion que mon patron est toujours présent. Pour la gestion des affaires quotidiennes, Bidault se retrouve avec moi en terrain familier, ce qui lui manque avec Serreulles ou Bingen.

La méfiance de Bidault se comprend : Serreulles lui a très vite annoncé qu'il le proposait à de Gaulle comme successeur de Rex. Il lui a suggéré de prendre immédiatement ses fonctions, afin de ne pas laisser vacant le pouvoir gaulliste sur la Résistance. Serreulles a pris ce risque avec d'autant plus de conviction que Bidault possédait, par sa fonction d'informateur de Londres, tous les contacts avec les chefs de la Résistance. En outre, il avait un code et un radio personnels pour communiquer avec Londres. Ces particularités ont toutefois les plus grandes conséquences, que je mesure semaine après semaine. Bidault envoie quotidiennement à Londres la masse des informations politiques qu'il a l'habitude d'adresser. Mais il ajoute désormais des télégrammes pour suggérer d'adopter telle ou telle mesure dans la direction de la Résistance. Or, ces textes sont rédigés dans un code qui est celui d'un responsable de la France libre, ce qui lui donne d'ores et déjà l'autorité d'un délégué.

Ma fonction m'amène à lire, puisque je les code, tous les textes que Serreulles adresse à Londres. Ceux qui visent à obtenir la désignation de Bidault sont de plus en plus pressants. Mais, sur ce point, je vois bien que Londres ne lui répond jamais.

Que se passe-t-il là-bas ? Les instructions adressées par le BCRA à Serreulles, le 9 juillet, ont confirmé que de Gaulle (désormais en Algérie) désignera son futur représentant avec les mêmes pouvoirs que ceux de Rex. Alors, puisque tout le monde est d'accord, pourquoi rien ne se fait-il ?

Tandis que le temps passe, la situation se désagrège en France. Bien que Serreulles ait pris de sa propre initiative toutes les mesures conservatoires, il s'inquiète de ce silence qu'il interprète comme un désaveu de son action. Il réclame régulièrement des éclaircissements, pendant que Bidault, lui, juge ce silence comme un affront personnel infligé par le général de Gaulle. Il en est d'autant plus humilié que, lors de sa nomination, Serreulles lui a fait prendre une position officielle. Il est conscient qu'elle peut apparaître, vue de Londres, comme un forcing pour obtenir un poste qu'il n'a, en fait, jamais sollicité. Au fil de nos rencontres, j'observe la déception puis l'irritation croissantes de cet homme désavoué publiquement. Parfois, il me demande s'il y a des nouvelles. Je l'informe que Serreulles n'a jamais eu de réponse à ses propositions. Bidault en est choqué car Serreulles, ne sachant plus que dire, n'a pas tenu au courant le principal intéressé, ni les autres membres du CNR... qu'il n'a toujours pas réunis.

L'élection

C'est alors qu'une initiative, comme un feu attisé par le vent, prend forme dans la Résistance. Dès lors que de Gaulle ne se donne pas la peine de désigner son représentant, le CNR, puisqu'il est majeur, élira lui-même son président. Il prouvera qu'il n'a nul besoin du Général pour devenir « l'exécutif de la Résistance ». Cette réaction de mauvaise humeur – celle des socialistes en particulier – est stimulée par la création par les mouvements de zone Sud du Comité directeur des mouvements des deux zones, qu'ils s'efforcent de transformer en organisme unique dirigeant la Résistance. C'est une véritable machine de guerre contre le CNR, que les mouvements de la zone Sud n'ont jamais accepté, parce qu'ils le considèrent comme l'usurpation de leur légitimité. Le temps presse. Si le CNR veut ne pas être neutralisé par ce nouvel organisme, il lui faut affirmer son existence.

C'est l'avis de Copeau[1] que je rencontre souvent

1. Pascal Copeau (1908-1982) a succédé à Emmanuel d'Astier à la tête du mouvement

à Paris : « Le Général n'a peut-être pas compris la situation ici. Nous sommes à son égard dans une dépendance financière, mais nous sommes aussi conscients de notre légitimité. Le CNR est une assemblée représentative : il n'est pas naturel qu'elle ne choisisse pas son président. Serreulles tente de nous persuader d'attendre sagement le bon vouloir du Général. Cela suffit, nous allons lui montrer que le jeu se joue à égalité dans un partage réel du pouvoir. Nous allons élire notre président. »

Observant au jour le jour l'évolution de cette situation, Bidault qui, jusque-là, a prêché la soumission à de Gaulle, change de camp durant le mois d'août : il arrête d'envoyer à Londres ses télégrammes de délégué de la France libre et rejoint les partisans de l'élection du président du CNR par ses membres.

Voyant que ses demandes sont demeurées lettre morte, Serreulles, lui aussi, change de camp. Le 30 août 1943, il réussit à faire élire Georges Bidault président du CNR[1]. Il compte que Philip, mis devant le fait accompli, se ravisera afin de ne pas séparer les deux fonctions de représentant du Général et de président du CNR.

De ce jour, de Gaulle perd le contrôle politique de la Résistance.

Libération (Sud), qu'il représente au sein des Mouvements unis de Résistance puis du Conseil national de la Résistance.

1. Dans *La République des Catacombes, op. cit.*, p. 640, cette élection est datée du 29 août 1943.

Loisirs

Après l'élection de Bidault, Serreulles m'annonce que « toute la Résistance part en vacances » et me propose de prendre également des congés. Je suis étonné mais ravi. N'est-ce pas la première fois qu'un agent de Londres a huit jours de vacances en France ?

Je m'installe à Vernon, près de Paris, dans un petit hôtel à l'excellente cuisine.

Depuis mai 1942, date de mes dernières vacances sur la côte sud de l'Angleterre, je n'ai pas arrêté mon travail, car la règle m'impose, pour me reposer, de rentrer en Angleterre. Avec Rex, il n'en fut jamais question et moins encore avec Serreulles qui ne cesse de répéter qu'il a besoin de moi. Heureux de m'arrêter quelques jours, je garde le contact par l'intermédiaire de Limonti qui vient me voir tous les jours, avec le courrier.

Depuis l'Angleterre, je n'ai pas lu un roman. Pour être sûr de me changer les idées, je choisis *La Chartreuse de Parme*. J'avais découvert Stendhal en Angleterre et lu *Le Rouge et le Noir*, et surtout son *Journal* qui m'avait passionné, car je suis un lecteur enthousiaste de ce genre d'ouvrages.

Le reste de la journée, je me promène. Sortant du village, je traverse le pont conduisant à la forêt dans laquelle je me perds délicieusement[1].

1. Voir *infra* « Pages des carnets intimes », 21 août 1943, p. 246.

Une rentrée tendue

Serreulles et Bingen reçoivent des instructions de Philip indiquant qu'Émile Bollaert est bien désigné par de Gaulle comme son représentant et président du CNR, parce que, écrit-il : « Bidault ne fait pas le poids[1] »...

Mes rapports personnels avec Bidault me font commettre alors une faute. Trompé par nos relations du temps de Rex, je lui ai donné une copie du télégramme de Londres. Bidault comprend soudain que Serreulles s'était imprudemment avancé en proposant son nom. Il exhale sa mauvaise humeur contre de Gaulle : « C'est un procédé inadmissible. Nous savons tous ce qu'il a fait, mais aujourd'hui sa légende, c'est nous. Il se conduit avec un mépris dont il se repentira un jour. Puisqu'il n'a pas daigné nommer un successeur à Rex, c'est la Résistance qui l'a désigné ! »

Bidault fait aussi état de son indignation auprès de Serreulles. Avec raison, Serreulles me reproche d'avoir montré le télégramme à Bidault. Conscient de ma faute, je lui offre ma démission qu'il refuse.

Ces faits humiliants sont, pour moi, une leçon de politique : naïvement je n'ai jamais cru que Bidault puisse faire état de sa source en la brûlant.

Les communistes profitent de cette situation. Pierre Villon, représentant le Front national, est un remarquable manœuvrier et veut battre le fer tant qu'il est

1. Daniel Cordier pense sans doute à une lettre de Philip à son adjoint à Londres, Georges Boris, de septembre 1943, qui comprend plusieurs directives que ce dernier doit transmettre à Serreulles (voir *La République des Catacombes*, *op. cit.*, p. 504). La phrase exacte concernant Bidault est la suivante : « Rousseau [Bidault] est bien gentil, mais il n'a tout de même pas l'envergure nécessaire pour assumer une Direction d'ensemble de ce genre. »

chaud. Puisqu'il est dangereux de réunir souvent les dix-sept membres du CNR, il diffuse un projet d'organisation, proposant la constitution d'un bureau restreint siégeant en permanence pour régler tous les problèmes. Mais il prend soin de sembler respecter l'organisation prescrite par de Gaulle, dont le représentant doit présider la commission permanente*.

Le départ de Kim

Dans le courrier, je trouve, à la mi-septembre, une lettre de Schmidt (Kim), qui m'annonce son départ pour Londres. Il y a un an et demi qu'il est en France, ce qui est excessif pour un agent du BCRA occupant des responsabilités vitales pour la Résistance. Notre rotation était, en principe, prévue tous les six mois au maximum… Le qui-vive permanent dans lequel nous vivons devient à la fois nerveusement insupportable et dangereux pour notre mission. D'autant qu'à son poste d'officier de liaison avec Libération, Schmidt a eu des difficultés incessantes avec ses interlocuteurs. Elles étaient aggravées par ses opinions politiques d'extrême droite, dans un milieu principalement socialiste.

Schmidt est l'un de mes plus anciens camarades de la France libre. Nous ne nous sommes guère quittés. Lui parti, je me sens seul. Les autres agents de Londres, mes camarades radios, sont déjà arrêtés ou rentrés en Angleterre, comme Cheveigné. Il est

* Pour éviter le problème de sécurité posé par des réunions plénières à dix-sept personnes, l'idée était de constituer un bureau permanent de cinq membres représentant les huit mouvements de zones Sud et Nord. Chacun des membres devait avoir un contact régulier avec deux autres représentants. Ce bureau devait comporter, sous la présidence de Bidault, Saillant, Copeau, Blocq-Mascart et Villon.

vrai que je n'ai, avec aucun résistant, le même lien qu'avec les « hommes de Londres », comme ils nous appellent. L'écœurement dont Schmidt me fait part est celui de tous les anciens. Notre quotidien avec les résistants tend à participer de l'écroulement de notre rêve de revanche, édifié en Angleterre par de Gaulle.

Un passage de sa lettre me surprend :

Il ne me reste plus personne à présent avec qui je puisse parler de Rex et là-bas il n'y aura plus personne pour savoir ce que dans notre vie il peut représenter. J'ai vu Marnais [Meunier] *l'autre jour qui m'a dit qu'il y avait peu d'espoir pour que nous le revoyions un jour. Tu ne peux savoir combien j'en suis peiné et pour moi et surtout pour notre pays. Je souhaite qu'un jour, au moins pour illustrer sa mémoire, quelqu'un dise quel homme il était. C'est une tâche à laquelle je souhaite que tu penses car je sais que tu diras ce qu'il convient : tu as été de nous tous celui qui aura été le plus longtemps le plus près de lui*.*

Je réalise, à la lecture de cette lettre, que lorsqu'il était arrivé que Meunier me dise qu'il n'y avait plus d'espoir de revoir Rex vivant, je ne l'avais pas cru. Car je supposais qu'il n'en savait pas plus que nous. Je m'étonne de la confiance que Schmidt a en moi pour illustrer la mémoire du patron. Je pense que, parmi les chefs des mouvements, d'autres ont plus d'autorité et surtout de talent pour le dire. Bien

* Dans sa lettre datée du 11 septembre 1943, Paul Schmidt ajoute les mots suivants : « Je n'ai pas eu le plaisir de te revoir avant mon départ et je le regrette car j'aurais aimé te serrer la main et te dire que tu comptes parmi les amis que j'ai peine à quitter. Ils sont peu nombreux, tu le sais, et par-dessus mon écœurement ils me donnaient quand même goût à continuer à participer à l'œuvre à laquelle, nous deux, savons avoir tout donné, sans grandes conditions [...] Très amicalement tien. Paul. »

que nos sentiments soient semblables, je n'attache aucune importance à ce projet.

Par ailleurs, la fin de sa lettre comporte un leitmotiv que l'on retrouve souvent dans les correspondances des camarades de juin 1940 :

> *Voilà mon cher Michel* [Cordier], *je m'en vais, mais je te demande de savoir être assez sérieux pour ne pas trop tirer sur la ficelle et savoir te garder pour un travail plus important que celui que nous faisons et qui en sera le deuxième épisode, à savoir la reconstruction de notre pays sur des bases solides et honnêtes autant que faire se peut dans le cadres des affaires politiques.*

En l'occurrence, il fait allusion à mes anciennes opinions d'extrême droite qu'il partageait[1].

Old school et Modern style

Peu après mon retour de congés, Serreulles me demande de me présenter chez Émile Bollaert, nommé représentant du général de Gaulle, pour organiser nos liaisons quotidiennes. Je lui rends donc visite à son domicile au 26, rue Vavin. Curieusement, c'est dans cet immeuble à façade de céramique blanche qu'il y a quelques mois, j'avais installé Laure et mon secrétariat, au premier étage...

L'ancien préfet habite un appartement spacieux donnant sur la rue. Il me fait entrer dans la pièce où

1. Paul Schmidt avait été militant avant-guerre du Parti populaire français (PPF) de Jacques Doriot (voir *Alias Caracalla*, *op. cit.*, p. 368).

il travaille, meublée d'un très beau bureau-cylindre, placé contre le mur, près d'une large fenêtre. Il me fait asseoir près de lui tandis qu'il s'installe devant son bureau. Il me semble très âgé, probablement l'âge de mon grand-père Gauthier*. En tout cas, depuis le général Delestraint, il est le plus âgé de tous les résistants que j'ai rencontrés... Comme lui, c'est un homme d'une urbanité indulgente et démodée. Ce qui accentue son âge, c'est son pince-nez aux verres ronds et son costume strict et sombre, dont le style élégant me rappelle Victor Bouyjou, mon autre grand-père.

Aimablement, il me questionne sur mon passé et mes fonctions. Je lui retrace mon itinéraire depuis mon parachutage, il y a plus d'un an. Curieux de tout, il m'arrête sur tel ou tel fait en me posant une question précise. Cela ressemble aux questions posées par Serreulles. Mais avec lui, je savais qu'il comprenait à demi-mot les événements, les problèmes et les chefs que j'évoquais. Il cherchait seulement à parfaire, dans la pratique, une connaissance acquise à Londres. En revanche les questions et les réactions de Bollaert m'étonnent. Plus j'avance dans mon récit, plus il est évident qu'il n'a pas la moindre connaissance de la Résistance... La nature de notre engagement et le sens de notre combat semblent lui échapper. Il paraît si étranger à notre univers qu'il m'est impossible de croire qu'il occupe les mêmes fonctions que Rex. Bien que son accueil soit plein d'égards pour mes modestes fonctions, je suis inquiet pour les ordres du Général qu'il doit faire accepter.

* C'était inexact car il n'avait pas atteint l'âge de la retraite et mon grand-père était dans sa quatre-vingt-quatrième année !

Je m'en ouvre à Serreulles après l'avoir rejoint. Philosophe, il me répond : « Tout s'apprend. C'est ce que nous allons essayer de faire avec lui. »

Je m'enhardis à lui dire, tant je suis choqué par ce personnage d'un autre temps : « Il me semble pourtant qu'il y a des choses qui ne s'apprennent pas : les raisons de notre engagement. »

*

Peu après, l'arrivée de Brossolette à Paris ressemble à un tremblement de terre.

Lors de mon déjeuner avec lui organisé par Bidault six mois auparavant, j'avais été séduit par son intelligence et son immense culture*. Mais le conflit avec Rex au sujet de ses initiatives intempestives contre le Conseil de la Résistance m'a laissé un souvenir exécrable. D'autant qu'elles étaient accompagnées de critiques injustes à l'égard de Rex et de ses collaborateurs, dont j'étais[2]. Je ne doute pas qu'après la disparition de mon patron, le télégramme réclamant mon rappel à Londres émanait de lui. Aussi, en apprenant son retour à Paris, j'espère ne plus avoir de relation avec lui.

Au nouveau bureau du 129, de la rue de la Pompe, je découvre que Serreulles a construit, pendant mon absence, un secrétariat autour de Laure, avec des personnes que je ne connais pas. Le personnel, une dizaine d'agents de Londres, vient le voir chaque jour. Tous ont des secrétaires et des

* Bidault, qui était une relation de Brossolette à l'École normale supérieure, connaissait le personnage et tenait à avoir un témoin à cette rencontre du 12 février 1943. [*Voir aussi* Alias Caracalla, op. cit., *p. 646-650.*]

1. Daniel Cordier fait référence au projet de réorganisation des services lancé par Passy, avec le soutien, si ce n'est l'inspiration, de Brossolette, le 25 mai 1943, et qui prévoyait le rappel de Daniel Cordier à Londres (voir *La République des Catacombes, op. cit.*, p. 513).

courriers : ce lieu de passage n'est plus *mon* secrétariat, quand bien même j'ai davantage de travail qu'auparavant

La rue de la Pompe

Le 25 septembre au matin, j'arrive comme d'habitude à huit heures et sonne à la porte de la rue de la Pompe. Après mon coup de sonnette, je n'entends pas Laure quitter son bureau, avec ses semelles en bois qui martèlent le parquet lorsqu'elle marche, ni appuyer sur le bouton qui ouvre la porte d'entrée au rez-de-chaussée. Aujourd'hui, aucun bruit. C'est la première fois depuis notre installation. Est-elle en retard ?

Je suis saisi d'un sentiment de panique. J'ai envie de fuir en courant, loin d'ici. Simultanément, je me sens ridicule de vouloir partir sans raison. Quand je raconterai cette folie à mes camarades, ils se moqueront de moi ! Pourtant, dans ma tête, il n'y a plus rien que le silence menaçant de la sonnette et celui de la rue. Sans plus réfléchir, je quitte le pas de la porte et je tourne dans la rue de Longchamp dans laquelle je me mets presque à courir. Arrivé avenue Victor-Hugo, une centaine de mètres plus loin, j'oblique brusquement à droite en direction de l'Arc de Triomphe. Après quelques secondes, je me retourne pour vérifier que je ne suis pas suivi, puis m'engouffre dans le café qui fait l'angle de l'avenue avec la rue de la Pompe. À cause de la chaleur, toutes les portes-fenêtres sont ouvertes sur le trottoir. Afin de me donner une contenance, je commande un café. Mon cœur bat à tout rompre et j'ai quelque difficulté à mettre mes idées en ordre. Pourtant, après cet arrachement précipité, j'ai le sentiment d'avoir été victime d'une hallucination et d'avoir commis un acte ridicule. J'ai honte.

Lorsque je suis calmé, je fais quelques pas sur la terrasse du café qui borde le début de la rue de la Pompe et regarde sur le même trottoir, en direction de mon bureau, distant d'une centaine de mètres. Je vois alors mon camarade Pierre Pery[1] (chef du service des opérations aériennes) poussé à l'intérieur par deux hommes armés tandis que, le long du trottoir d'en face, est stationnée une traction-avant Citroën noire, que je n'avais pas remarquée à mon arrivée. Durant cette lutte entre les trois hommes, une femme arrive sur le trottoir opposé, tenant un petit garçon d'une main et de l'autre, son sac de provisions. Elle passe à quelques mètres de la lutte silencieuse, tourne un instant la tête pour regarder cette scène étrange et poursuit son chemin, tandis que je rentre dans le café.

Pour prévenir Serreulles, je l'appelle au téléphone chez lui. Une voix de femme me répond calmement qu'il vient de partir. Je suis saisi par l'angoisse : comment puis-je l'avertir pour l'empêcher de rejoindre le bureau ? Il n'est pas encore neuf heures et j'ignore les rendez-vous qu'il a avant le nôtre. La topographie des environs du bureau est bonne pour la sécurité, mais elle présente un inconvénient dans le cas présent : il y a cinq voies d'accès qui se trouvent proches de deux croisements successifs. Notre sécurité exige que nous changions souvent nos habitudes et que nous ignorions le maximum de choses de nos camarades,

1. Pierre Pery [*Gustave, Nard*] (1912- ?). Ayant rejoint Londres par l'Espagne en 1941, il intègre le BCRA. Il est parachuté en France au début de 1943 et entre au service du secrétariat de la Délégation générale en zone Nord. Après son arrestation rue de la Pompe, il est déporté à Buchenwald en janvier 1944, dont il revient en avril 1945.

si bien que je ne connais pas le chemin qu'il choisira pour venir au bureau. Je décide donc de m'installer à la terrasse du café qui me permet de contrôler l'avenue Victor-Hugo et la rue de la Pompe. Ce sont deux possibilités sur cinq… J'attends une demi-heure, mais dois me rendre à mon premier rendez-vous avec Limonti, pour qu'il prévienne tout le monde de cette catastrophe. Je gagne donc la place Victor-Hugo, où nous avons rendez-vous près de l'église Saint-Honoré-d'Eylau. Une question m'obsède : comment la Gestapo a-t-elle pu découvrir notre bureau ? Une des personnes qui connaît l'adresse a-t-elle été arrêtée avec des papiers compromettants ? A-t-elle parlé ? L'un d'entre nous a-t-il été filé ? Serreulles a-t-il pu s'échapper ? Le coup de téléphone chez lui m'avait rassuré provisoirement : la voix de femme ne me demandait pas de venir, il n'y avait donc pas de piège. Et qu'en est-il de Bingen[1] ?

Arrivé au lieu de rendez-vous avec Limonti, c'est une autre catastrophe que je constate : il n'est pas là ! Après un moment d'attente, je réalise qu'il ne viendra pas. Après mes rendez-vous avec des chefs d'opérations aériennes qui, eux, ne sont au courant de rien, je retrouve Pierre Kaan place du Trocadéro pour notre rendez-vous de midi. Lui aussi ignore tout car, heureusement, il ne connaît pas l'adresse du bureau. Je lui raconte cette matinée et lui demande de maintenir ses liaisons avec des rendez-vous de rattrapage car, si Limonti est arrêté, toutes nos liaisons sont à renouer une à une… Après notre déjeuner, je retrouve Meunier et Chambeiron, sains et saufs. Quel soulagement ! Car eux connaissent le

1. On pourra comparer ce récit des événements à celui fait par Daniel Cordier en mai 1944, lors de son interrogatoire par le contre-espionnage britannique. Voir Annexe n° 2, p. 287.

bureau. Nous nous écartons à grands pas de l'endroit où nous nous sommes retrouvés, comme si la Gestapo devait surgir à l'improviste sur tous les lieux de nos rencontres. Après la joie de nous revoir (alors que mutuellement nous nous étions crus arrêtés), ils me racontent leur aventure. Chambeiron est venu en reconnaissance au bureau, où il avait rendez-vous avec Serreulles. Il a vu la traction-avant en stationnement. Aussitôt, il a rejoint Meunier par une autre rue et tous deux sont partis très inquiets des suites de cette affaire. Parmi tous leurs rendez-vous, personne n'a rencontré Serreulles. À mesure que la journée avance, je suis de plus en plus inquiet et triste sur son sort, n'ayant toujours aucune idée de la manière dont la Gestapo nous a trouvés. Serreulles n'a-t-il pas été la première victime ?

À la fin de la journée, j'ai abandonné presque tout espoir de le revoir. Il me semble qu'il est tombé, comme Rex, dans le piège d'une rencontre avec des résistants, puisque c'est toujours par eux que les arrestations arrivent !

J'avais rendez-vous pour dîner avec Serreulles : faut-il prendre le risque de me jeter dans la gueule du loup ? Si après l'arrestation de Limonti, je tombe moi aussi, il faudra des semaines avant de rétablir tous les contacts, car je suis seul à tenir toutes les liaisons entre mes mains. Le rendez-vous de rattrapage avec Serreulles est à dix-neuf heures, place de la Comédie-Française, au pied de la statue de Musset. Le spectacle commence à dix-neuf heures quinze, c'est donc une heure de grande affluence qui permet de nous rencontrer, tout en nous perdant au milieu de la foule très dense. Sur mes gardes, je surveille de loin le lieu, attendant l'arrivée de la Gestapo au rendez-vous. Pourtant, il n'y a pas de

Citroën visible alentour. Peut-être se sont-ils garés dans les rues avoisinantes ? Soudain je vois arriver Serreulles qui sort de la librairie Delamain qui se trouve en face. Il traverse la rue pour acheter son journal et se dirige vers la statue. Mon cœur bondit de joie : il est sain et sauf. Est-ce un miracle ou une hallucination ? Élégant, désinvolte, souriant, il me rejoint et m'annonce calmement : « Allons dîner. » Nous ne pouvons rien dire au milieu de la foule qui se presse autour de nous. Quand nous sommes assis dans un coin du restaurant, il me dit : « Je ne croyais pas vous revoir ce soir.

— Moi non plus !... »

Je le regarde comme une apparition, tant je suis heureux (presqu'incrédule) de le voir sain et sauf. Je lui raconte ma matinée et ce que j'ai vu. Serreulles pensait que Pery avait été arrêté car il l'avait attendu à son rendez-vous et ce dernier n'était pas venu.

Je lui raconte alors ma crainte pour lui et mon attente au café. Il me répond calmement comme à son habitude : « Ce matin, je venais du métro Pompe et, arrivé devant le bureau, deux hommes qui étaient devant la porte m'ont fait signe de venir. J'ai traversé et ils m'ont demandé mes papiers. "Vous cherchez quelqu'un ? leur ai-je demandé poliment. — Pourquoi vous avez traversé la rue ? — Mais parce que vous m'avez fait signe de venir"... »

Ils lui ont rendu ses papiers, sans commentaire, et l'ont laissé partir. Je ne suis guère étonné : qui soupçonnerait Serreulles d'être résistant ? Moi-même, j'ai parfois des doutes : son élégance, alliée à son flegme britannique, lui donne la nonchalance bienveillante d'un diplomate insoupçonnable. Impossible de faire un lien quelconque entre lui, un maquisard ou un poseur de bombes ! Surtout dans ce quartier, où il fait partie du décor. Nous essayons de faire le point : le bureau a été pris avec les archives récentes et très probablement Laure et Pery sont arrêtés. J'ignore le sort de Limonti. J'en aurai la certitude demain matin à notre rendez-vous de huit heures trente. C'est la première fois, en treize mois, qu'il rate un rendez-vous. Peut-être y a-t-il eu d'autres arrestations et je crains le pire...

J'attends impatiemment de vérifier plusieurs rendez-vous. Pour Joseph Van Dievort, je dois demander à Lambert[1] s'il l'a vu et le repêcher par lui. Je connais la boîte aux lettres de Jean Baudry[2], notre radio, et lui fixe un nouveau rendez-vous. Par ailleurs, je dois rencontrer Jacqueline pour les logements. Quant aux autres, j'ai un rendez-vous de secours, place du Trocadéro à neuf heures. Il a été donné à tous, en cas de rupture de nos contacts.

Mon inquiétude majeure demeure la même : comment les Allemands sont-ils arrivés au bureau ? Faute d'en connaître l'origine, je crains d'autres arrestations. Heureusement personne ne connaît le logement de Serreulles, ni le mien (à l'exception de Pierre Kaan). En attendant de savoir la cause et l'étendue du désastre, il faut remédier au plus pressé : trouver un bureau et reconstituer un secrétariat, trouver une secrétaire-dactylo et, suivant les arrestations, un ou plusieurs nouveaux courriers.

Serreulles me demande de lui indiquer une liste de gens à prévenir et me charge des autres. Je lui signale que j'ai demandé à Kaan d'avertir les membres du CGE et du Comité de coordination zone Nord. Je me

1. Pierre Lambert [*Jourdain, Maraicher*] (1901-1973) a pris en charge le secrétariat de la Délégation en zone Sud après l'arrestation de Jean Moulin.

2. Jean Baudry [*Fernand*], radio de marine, recruté en France et formé par Maurice de Cheveigné.

charge de Bourdet, Copeau et Avinin[1]. Par ailleurs, il faut prévenir tout le monde que, durant les quelques jours qui arrivent, les rendez-vous seront plus espacés (à cause de l'absence de courriers et de l'impossibilité d'effectuer le travail de secrétariat). Serreulles rédige alors un télégramme pour Londres que j'expédierai par la zone Sud, si je ne retrouve pas Baudry[2].

Les rendez-vous manqués

Le 26 septembre 1943 fut le jour le plus inquiétant de ceux que j'ai vécus en France. À chaque rendez-vous, le scénario est identique : j'arrive, j'attends à la périphérie et, après un moment, personne ne venant, je repars vers un nouveau rendez-vous, où se déroule souvent, hélas, la même scène[3].

Toute la journée, je me rends à mes rendez-vous avec la plus extrême méfiance. Si l'une des personnes arrêtées a noté le lieu de rendez-vous, la Gestapo y sera ! Le rendez-vous avec Limonti, place Victor-Hugo, est le premier d'entre eux. Je suis parti après trente minutes, envahi par la tristesse. C'est la deuxième fois qu'il manque un rendez-vous : il est donc arrêté. Depuis des mois, ce garçon est

1. Antoine Avinin (1902-1962). Il participe à la fondation du mouvement Franc-Tireur fin 1941. Chef régional des Mouvements unis de Résistance à Toulouse, il a remplacé Jean-Pierre Lévy à la tête de Franc-Tireur et comme représentant du mouvement au sein du CNR.

2. Daniel Cordier fait sans doute référence au rapport rédigé par Serreulles le 7 octobre 1943, qui informe Londres des arrestations opérées par la Gestapo et de leurs conséquences (voir *La République des Catacombes, op. cit.*, p. 509-510).

3. Neuf personnes furent arrêtées les 24-25 septembre 1943 : Pierre Marchal, délégué militaire national, qui se suicida, Jacqueline d'Alincourt, Hugues Limonti, Laure et Eugène Diebold, Pierre Pery, Georges Archimbaud, Francis Rapp et Laurent Girard. La Gestapo saisit deux serviettes de documents contenant les câbles échangés depuis juillet, et les rapports de Serreulles de juillet, août et septembre 1943 (voir *La République des Catacombes, op. cit.*, p. 508-510).

devenu un ami. En dépit d'un travail harassant, je ne l'ai jamais entendu se plaindre. Il n'a jamais eu une minute de retard. Quelle que soit l'heure de nos rendez-vous, il est toujours là. Je ne comprends pas comment il a pu être arrêté, car il est d'une prudence extrême : il est l'homme invisible qui, pour moi seul, retrouve toujours son corps. Je suis plus sûr de lui que de moi-même, de sa discrétion, de sa fidélité et de son courage. Aujourd'hui, où est-il ? Peut-être torturé ou même mort à cause de son dévouement infatigable et de son courage à toute épreuve. Avec Laure, il est la clé de voûte de mon équipe qui s'effondre. En fin de matinée, c'est Fernand[1] qui ne vient pas, en dépit du mot que j'ai glissé dans sa boîte aux lettres. Lui aussi est donc arrêté...

L'après-midi, j'ai rendez-vous à quatorze heures, au métro Solferino, avec Jacqueline. Parce qu'elle travaille avec Limonti, j'espère avoir quelques nouvelles de mon équipe. Je guette de loin sa venue, je suis tendu de toutes mes forces comme un magicien pour la faire surgir de partout. Mais, après un moment, elle ne vient pas.

Cependant, une présence inquiétante la remplace. Je suis arrivé boulevard Saint-Germain, sur le trottoir en face de la station Solferino. Je marche comme un flâneur qui regarde les vitrines. Puis, à l'heure dite, je fais une station prolongée devant celle qui est face à l'entrée du métro, espérant voir apparaître Jacqueline. Dans l'immense glace du magasin qui me sert de miroir, je vois, de l'autre côté du boulevard, un homme assis sur le banc à côté de la sortie du métro. Il enlève lentement son chapeau,

1. Fernand est le pseudonyme de Jean Baudry, déjà évoqué *supra*.

qu'il pose sur ses genoux en regardant avec attention l'intérieur. Je m'imagine qu'une photo y est cachée. C'est un procédé que nous utilisons en mettant les plis secrets dans la doublure. J'ai compris : c'est la Gestapo ! Et mon cœur se met à battre très, très fort. Lentement, je poursuis mon lèche-vitrines jusqu'à la rue de Bellechasse, dans laquelle je tourne, accélérant le pas, en réfrénant mon envie de courir jusqu'à la rue de Lille. Je tourne rue du Bac où j'entre chez un marchand de journaux. J'y reste un long moment pour choisir des journaux et des revues, puis ressors en me dirigeant rapidement vers le quai Voltaire. Sans doute ai-je pris de vitesse l'homme sur le banc qui n'a sans doute pas donné l'alerte, de crainte de ne pas avoir repéré le bon résistant : je lui tournais le dos.

En revanche, pour moi, la preuve est faite : tout le secrétariat est arrêté ! C'est plus inquiétant dans la réalité que je ne le pressens dans ma tête. Si mon chagrin est immense de perdre d'un coup ces camarades avec lesquels je vis quotidiennement depuis plus d'une année, dans l'immédiat, il y a un fait plus grave : je n'ai plus personne pour effectuer le travail. Combien de jours me faudra-t-il pour renouer tous les contacts ? D'autant que toutes les boîtes aux lettres de nos correspondants ne sont plus relevées et que les rendez-vous, les rapports et les documents doivent s'y entasser. Sans compter les télégrammes de Londres que peut-être Fernand aurait dû y mettre.

Les catastrophes que subissent régulièrement les mouvements et auxquelles, par miracle, le secrétariat a échappé depuis plus d'un an, voici qu'elles se sont abattues sur moi qui, aujourd'hui, reste seul. Je suis atterré, mais nullement abattu. Comme chaque fois que la Résistance essuie un coup dur, cette blessure a le mérite d'exalter ma volonté de vengeance.

Mais où trouver de quoi reconstruire un secrétariat ? Le soir, au dîner, j'en parle à Kaan. Il connaît un local près de la Bastille. Si, malheureusement, il est loin du centre de nos activités, il est sûr et il me donne les indications pour le visiter le lendemain.

Reconstruction du secrétariat

Une autre personne peut m'aider, Roger Vailland[1]. Je lui demande s'il connaît une secrétaire. Il n'a personne sous la main, mais me signale une fille qui pourrait devenir courrier. Il me donne rendez-vous pour le lendemain, à dix-huit heures, devant le cinéma Weber, rue Royale[2].

Ce soir-là, Vailland arrive, accompagné d'une jeune femme très élégante, vêtue d'un ravissant manteau de fourrure (rare) et portant un magnifique sac en crocodile qui ressemble à une mallette. Comme Serreulles (mais avec un autre style), elle est si voyante qu'en la regardant, on pense à tout, sauf à une militante clandestine. Son regard rieur et farouche ajoute à son étrangeté. En tout cas jamais dans la Résistance, je n'ai rencontré une femme aussi élégante ni aussi singulière, d'autant qu'elle est bretonne ! Ma première surprise passée, je lui pose les questions habituelles : je sens sa détermination. En

1. Roger Vailland (1907-1965). Journaliste et écrivain, il s'engage au service du BCRA à la fin de l'année 1942. Il fait du renseignement, organise les parachutages et l'accueil des émissaires venus de Londres. Il en vient à travailler avec Daniel Cordier au cours de l'année 1943. Son roman *Drôle de jeu*, publié en 1945, offre un portrait vibrant de l'activité résistante et des tensions entre le BCRA et les Francs-Tireurs et Partisans communistes. On y reconnaît la figure de Daniel Cordier sous les traits de Caracalla.

2. Peut-être le cinéma La Royale ou la brasserie Weber, tous deux situés rue Royale.

faisant les cent pas, je lui explique les tâches qu'elle aura à accomplir et lui indique les rendez-vous du lendemain où je la présenterai à tous mes correspondants. Elle a l'air heureuse de changer de métier.

Le lendemain, Vailland (toujours lui !) me présente un garçon de mon âge qu'il me recommande chaudement : Jacques-Francis Rolland[1]. Il est étudiant, d'un abord rieur, chaleureux et d'une intelligence qui paraît brillante. Malheureusement, le travail modeste que j'ai à lui offrir est largement en dessous de ses capacités, mais les liaisons, en dépit du manque d'intérêt de ce travail, sont dans cette guerre d'une importance vitale. L'accident de mon réseau en est la preuve : tout est paralysé. En dépit de mes explications, il a assez d'humilité pour accepter cette tâche. Puis, par Kaan, j'embauche un autre courrier, André Tencé, garçon de vingt ans dont le père est général. Par la suite, il me présente Jolly, un garçon d'une famille de diplomates.

Mais je n'ai toujours pas de dactylo.

Je reçois un mot des parents de Limonti, à qui j'ai annoncé l'arrestation de leur fils : ils me proposent d'embaucher leur fille Dominique pour remplacer son frère. J'accepte avec émotion et je suis comblé de découvrir qu'elle est dactylo. Je l'installe aussitôt dans le nouveau bureau de la Bastille où elle devient la secrétaire de Serreulles, de Bingen et de moi-même.

Deux semaines après la catastrophe, le travail a repris, bien que je sois inquiet de ces réparations dans l'urgence.

Malheureusement les coups durs se poursuivent.

1. Le jeune communiste Jacques-Francis Rolland (1922-2008) appartient alors au réseau de renseignement Mithridate avec Vailland.

Le plus grave est ma découverte que Morinaud[1], qui a été envoyé de Londres pour prendre le commandement de l'Armée secrète, a été arrêté et s'est suicidé le 23 septembre.

C'est Jacqueline qui lui avait trouvé la chambre dans le grand appartement dans lequel il a été arrêté. Je découvre le pire : ce logement près de la Madeleine a été sous-loué par une dame qui est une indicatrice. Morinaud avait eu l'imprudence de laisser dans sa valise tous les papiers de sa mission. Elle a fouillé sa valise et l'a dénoncé. Mais ce n'est que le début. En enquêtant, je reconstitue cette chaîne du malheur : Jacqueline, qui travaille sous son véritable nom et donne partout son adresse, avait loué cette chambre à cette dame dont l'amant appartient à la Gestapo[2]. Aussitôt la police allemande s'est rendue chez elle, rue de Varenne et l'a arrêtée. Hélas, elle y conservait les quittances de loyer de tous les logements qu'elle nous procurait : d'où la cascade d'arrestations qui détruisit mon secrétariat ! Je suis atterré par cette imprudence et ne comprends pas que cette jeune femme, après avoir été formée à la clandestinité par Ayral[3], ait pu oublier les consignes les plus élémentaires de la sécurité : vivre sous un faux nom, brouiller les pistes dans les agences immobilières, conserver les papiers compromettants dans un autre lieu que celui où elle vivait, etc.

1. Pierre Marchal [*Morinaud, Masséna, Hussard*] (1902-1943).

2. Daniel Cordier donnera son témoignage le 14 mai 1945 dans la procédure menée par la cour de justice de la Seine contre cette logeuse dénonciatrice, qui sera condamnée à mort puis graciée en mai 1946.

3. Jean Ayral (1921-1944) a été parachuté en juillet 1942 avec Daniel Cordier et François Briant. À partir de novembre 1942, il a développé à Paris le réseau d'action Pal et est entré en contact avec les principaux mouvements de Résistance. En mars 1943, il est chargé par Jean Moulin d'organiser le Bureau des opérations aériennes, en zones Nord et Ouest. Arrêté le 27 avril 1943, il parvient à s'évader de façon spectaculaire avant de rejoindre Londres (voir *Alias Caracalla*, *op. cit.*, p. 309-311 et p. 742-744).

Après avoir fait cette découverte, j'offre de nouveau ma démission à Serreulles parce qu'en tant que chef de Jacqueline, je m'estime responsable de son activité*. Il la refuse pourtant : « Théoriquement vous avez raison. Dans une armée régulière, cela peut se justifier. Mais dans la clandestinité, il est impossible de contrôler le travail de chacun des agents dont chacun a sa propre responsabilité. Si l'imprudence de Violaine vous était imputable, il n'y aurait plus un seul chef de mouvement puisque tous sont décimés en permanence par la légèreté, l'imprudence ou la trahison de l'un de leurs subordonnés. »

Brossolette contre la Délégation

Les conséquences politiques de cette affaire sont catastrophiques pour ce qu'on appelle désormais la Délégation. Pierre Brossolette est l'artisan de cette offensive, car il ne supporte pas de voir Serreulles et Bingen occuper des fonctions dont il estime qu'elles lui reviennent de droit. Aussi entame-t-il contre eux une campagne acharnée en direction des services, des mouvements et du BCRA[1]. Un jour où je rencontre Pichard[2] (un de mes camarades de Londres responsable du Bureau des opérations aériennes), j'ai la stupeur de l'entendre m'annoncer que Brossolette lui a donné l'ordre de couper les ponts avec le

* Ce fut la troisième fois que j'offrais ma démission alors que je ne l'avais jamais fait. Était-ce le signe d'un désaccord profond avec Serreulles sur sa gestion de la représentation du Général ? Ou n'était-ce de ma part que le besoin de me reposer ?

1. Voir *La République des Catacombes*, *op. cit.*, p. 507-528.

2. Michel Pichard (1918-1989) s'est engagé dans les Forces françaises libres, en août 1941, et a été affecté au BCRA (voir sa rencontre avec Daniel Cordier, *Alias Caracalla, op. cit.*, p. 268-269). Parachuté en France en janvier 1943, il est tout d'abord officier de liaison avec l'OCM, avant de rejoindre le Bureau des opérations aériennes, dont il devient le chef en juillet 1943.

secrétariat parce que je suis *brûlé*. Un télégramme de Serreulles tente de rétablir les choses, car supprimer tous ses contacts, c'est détruire sa mission puisque c'est lui qui distribue l'argent et répercute les directives de Londres à toute la Résistance. Cet isolement est plus grave à l'égard des mouvements et des partis puisqu'il amplifie le désordre. Brossolette reprend particulièrement les accusations déjà formulées du temps de Rex, « d'esprit de clan » (un mot qu'il affectionne, sans doute parce qu'il décrit l'attitude des résistants qui, sans le moindre ordre de mission, sèment un désordre absolu).

L'effet est hélas désastreux sur la Délégation. Déjà éprouvée par la disparition de Rex, elle est dorénavant combattue par Brossolette qui veut la détruire.

Heureusement ces critiques sont sans effet sur mon propre travail. La fonction que j'occupe m'a mis à l'abri de ces calomnies auprès des résistants que je connais : aux uns et aux autres, j'apporte, chaque jour, les fonds dont ils ont besoin.

Toutefois, à Londres, elles réussissent. Brossolette parvient à obtenir le rappel de Serreulles[1]. Mais il est victime de son action. En dépit de Passy, son admirateur et son protecteur, le général de Gaulle réclame aussi son retour afin d'avoir une explication à Alger, avec lui et Serreulles[2].

1. Voir *La République des Catacombes*, *op. cit.*, p. 528.
2. *Ibid.*, p. 531-532. Un télégramme daté du 12 novembre 1943 prescrit le rappel de Brossolette et Serreulles, le voyage de Bollaert pour prendre contact avec le général de Gaulle, et le maintien sur place de Bingen.

INTERMÈDE

René Bouyjou, mon père...

Parmi les rendez-vous manqués de mon existence, celui avec mon père fut tragique.

À l'automne 1943, je vois à Paris Christian C.*, un camarade d'avant-guerre, que je veux embaucher au secrétariat de Jean Moulin. De Bordeaux, il est venu passer le week-end avec moi : « Ma mère m'a donné un avis paru dans *La Petite Gironde,* annonçant la mort de ton père. » Surpris, je corrige : « Il s'agit sans doute de mon grand-père Victor Bouyjou. — Je ne me souviens pas... Peut-être as-tu raison. » Après avoir fouillé son portefeuille : « Je ne le trouve pas. »

En attendant le retour de Christian, prévu pour dans quinze jours, je pense à cette nouvelle chaque jour davantage tout en tendant à la croire fausse.

Finalement, quand je le revois, Christian m'apporte l'entrefilet du journal : « Monsieur et Madame Victor Bouyjou remercient leurs amis qui leur ont témoigné leur sympathie à l'occasion de la mort de leur fils René, disparu en sa 48e année[1]. »

* C'était un de mes camarades d'études chez « Raba » à Bordeaux, en 1938.

1. René Bouyjou avait en fait cinquante-deux ans. Dans *La Petite Gironde* du 22 octobre 1943 a paru l'avis de décès suivant : « M. et Mme Victor Bouyjou, M. Daniel Bouyjou, Mlle Adeline Bouyjou, les familles Oramali et Domecq (d'Espagne), Mme Hubert, sa

Je suis brouillé avec lui depuis le 1er janvier 1940 parce qu'il a refusé de me donner son autorisation pour m'engager dans l'armée*. Mais le temps a passé… Depuis trois ans, je fais la guerre et mon futur n'est plus de participer à la bataille, mais de revoir mon père pour lui demander pardon. Dans mon journal intime du 13 juillet 1941, j'avais écrit : « À la lecture d'un passage du *Pénitencier*[1], je pense à mon père – après mon départ que s'est-il passé ? Est-ce bien cette figure rébarbative que l'on s'est plu à créer** ? À travers ce maquillage, il y avait sûrement un homme de qualité. Pourquoi suis-je incapable d'imaginer qu'il peut souffrir par ma faute ? Je lui en offris tant de causes, surtout ma rupture de 1940 ! »

Lui aussi, sa vie a commencé par la guerre déclarée au mois d'août 1914. Il avait exécuté auparavant deux ans de service militaire, de 1912 à 1914. Un an plus tard, en 1915, laissé pour mort sur le front, il est fait prisonnier par les Allemands jusqu'à la fin de la guerre, en 1918[2].

---

dévouée infirmière, et tous ses nombreux amis ont la douleur de vous faire part du décès de M. René Bouyjou, négociant en café, survenu le 19 octobre, 31 rue Boudet, leur fils, père, neveu, cousin et ami. Les obsèques ont eu lieu dans la plus stricte intimité. » Les remerciements se trouvent dans l'édition du 30 octobre 1943 : « M. et Mme Victor Bouyjou et toute leur famille, dans l'impossibilité de répondre individuellement à toutes les personnes qui leur ont témoigné leur sympathie lors des obsèques de leur fils M. René Bouyjou, les prient de trouver ici l'expression de leurs vifs remerciements. Messes dans l'intimité. »

* Je n'avais que dix-neuf ans à l'époque où la majorité était à vingt et un ans.

1. Il s'agit du tome 2 des *Thibault* de Roger Martin du Gard.

** Dans la famille de ma mère.

2. La fiche matricule de René Bouyjou peut être vue sur le site des Archives départementales de la Gironde. Elle indique qu'il est né le 30 août 1891 à Bordeaux, qu'il s'est engagé volontairement pour trois ans, le 4 novembre 1909, au 18e régiment d'infanterie de Bordeaux. Son service militaire s'est achevé le 4 novembre 1912. Il a été mobilisé au 144e régiment d'infanterie le 2 août 1914 et fait prisonnier le 16 septembre 1914. Son rapatriement est noté au 3 avril 1919.

Il aurait voulu devenir architecte – c'était un remarquable dessinateur. Mais une fois libéré, il abandonna son projet car son père, Victor Bouyjou, voulut l'associer à l'importante affaire d'importation de café qu'il avait développée seul pendant la guerre.

En 1919, mon père épousait ma mère[1]. C'est pourquoi je naquis à Bordeaux, le 10 août 1920.

Un des plus anciens souvenirs qui me reste de mon père se situe aux environs de ma troisième année : il me tient dans ses bras en se promenant dans l'entrée de notre maison*. Il me raconte *Le Petit Chaperon rouge*, dont la fin tragique provoque toujours mes interminables sanglots. Cependant, dès qu'il a terminé, hoquetant à travers mes larmes, je réclame qu'il recommence.

Je n'avais pas cinq ans lorsque ma mère découvrit que mon père l'avait trompée. Elle divorça et vint habiter, avec moi, chez ma grand-mère Gauthier**. Le juge autorisa mon père (toujours accompagné de mes grands-parents Bouyjou) à passer quelques rares et brefs après-midi avec moi[2].

En septembre 1928, ma mère se remaria, à Pau, avec Charles Cordier. C'est alors que mon père gagna son dernier procès contre elle et devint le seul responsable de mon éducation.

En 1929, à Pâques, il me mit en pension à Saint-Elme. Ce collège de dominicains se trouvait à Arcachon, à deux cents kilomètres de Pau, où habitait ma mère. Tous les quinze jours, l'après-midi du dimanche, elle avait un droit de visite au parloir,

1. Le 23 octobre 1919.
* À Bordeaux, 17, rue Ernest-Renan, ancienne rue Terre-Nègre.
** 35, rue de Tivoli à Bordeaux.
2. Le jugement de divorce est prononcé le 31 octobre 1925.

durant deux heures. Quant aux vacances, elles furent partagées en deux parties : la première avec ma mère, du 1er juillet au15 août, la seconde avec mon père, du 15 août au 2 octobre*.

Avec lui et mes grands-parents Bouyjou, nous partions pour Luchon, où ils faisaient une cure de trois semaines. Puis, avec mon père, nous nous installions chez des amis à Arcachon jusqu'à la rentrée des classes. Je prenais mes repas avec lui et l'accompagnais sur le bateau qu'il avait acheté pour pêcher. Dans cette petite ville de vacances, je découvrais la liberté. Tous les jours, grâce au confortable vélo offert par mon père, je retrouvais quelques camarades externes du collège qui vivaient à Arcachon toute l'année. En revanche, pour les vacances du jour de l'An et de Pâques, nous demeurions à Bordeaux. C'est là, en 1931 (je n'ai pas encore onze ans), qu'éclata un drame dont le souvenir atroce demeure encore présent dans ma mémoire.

Pour les fêtes du Nouvel An et de Pâques, mon père et moi déjeunions avec mes grands-parents Bouyjou dans un cabinet particulier d'un grand restaurant de Bordeaux. Afin de me faire participer à cette réunion familiale, mon père m'interrogeait sur mes jeux, mes lectures, mes camarades. Ce jour-là, j'en arrivai à évoquer les vacances de Noël que je venais de passer avec ma mère. J'évoquais Carcassonne où nous avions assisté à la messe de Minuit, puis, le lendemain, visité la ville avant de poursuivre notre voyage en auto vers Nice. À quelques kilomètres de là, nous roulions sur une départementale étroite et mon beau-père tentait de dépasser un autocar. Nous roulions vite et il toucha l'arrière du véhicule. Sous

* Il en était de même pour les vacances de Noël et de Pâques.

la pluie, nous fîmes un tête-à-queue parfaitement réussi. À mon âge, je trouvais cet événement très sportif ! Toutefois, après l'arrêt du car, le visage apitoyé des voyageurs me fit comprendre que nous avions failli être victimes d'un tragique accident. À ce point du récit, enthousiasmé par la virtuosité de la conduite de mon beau-père (que j'admire), je conclus : « Heureusement grâce à l'adresse de "papa", nous avons fait un superbe tête-à-queue... » À peine ce mot prononcé, je perçus la stupeur de mon père et de mes grands-parents – hélas trop tard – et je stoppai net mon récit. Tendrement, mon père corrigea : « Tu veux dire Charly ? » Révolté par cette réflexion qui interférait dans ma vie privée, je criai presque : « Non ! Charly est mon père ! » Aussitôt mon père s'effondra en sanglots, tandis que ma grand-mère Bouyjou se levait pour le consoler et que mon grand-père me conseillait doucement : « Embrasse vite ton père en lui demandant pardon. Tu lui as fait un immense chagrin... » Hélas, j'ai toujours eu un caractère buté... Conscient de la catastrophe que j'avais déclenchée, je m'enfermai dans un silence opaque. Le temps qui suivit fut interminable et atroce. L'éloignement depuis plus de cinq ans de cette famille avait fermé mon caractère : je les considérais, tout au plus, comme une relation obligée. Car l'élégance et le charme de Charles Cordier, les pièces de théâtre qu'il avait écrites et fait jouer à Paris, les courses automobiles auxquelles il avait participé, enfin la passion de ma mère pour lui, tout m'encourageait dans cette idée qu'il était authentiquement mon père. D'ailleurs, ma mère m'avait dit, le jour de son remariage : « Dorénavant, c'est Charly ton papa... »

Après ce repas interminable et inachevé, nous

quittâmes vers seize heures le restaurant et nous nous promenâmes sur les allées Tourny : buté, en silence, je marchais seul devant cette famille Bouyjou qui n'était pas la mienne !

Jamais par la suite mes grands-parents, ni mon père, n'évoquèrent ce drame.

Pourtant, seul à Paris, en ce jour d'automne 1943 où j'apprends la mort de mon père, je suis brusquement et profondément bouleversé, car j'avais le projet, après la guerre, de revoir mon père pour lui demander pardon…

Mes grands-parents Bouyjou demeurèrent toujours des étrangers. Mais, au fil des années, mon père s'était installé dans mon intimité. Je devrais dire dans le secret de mon existence, car jamais je ne l'évoquais chez ma mère. La musique, qu'il m'avait fait découvrir, était un lien intime et profond entre nous. Dès mon installation à Saint-Elme, ma voix de soprano m'avait fait recruter par le chœur qui chantait derrière l'autel. Mon père m'avait fait donner des leçons de piano. Enfin, à partir de mes treize ans, il m'emmenait au Grand Théâtre de Bordeaux où, pour la première fois, j'assistai à deux opéras : *Paillasse*, suivi de *La Bohème*. Dans ma mémoire, cette première soirée est inoubliable parce que, grâce à elle, j'ai découvert la musique… que j'attendais inconsciemment.

Mon père avait une voix de baryton et parmi son répertoire figuraient des airs d'opéra. Il possédait en outre une impressionnante collection de disques d'opéra (78 tours). Le lendemain de cette première soirée, je fis jouer des airs de *La Bohème* sur le phonographe de la salle de bains. Le plaisir que j'éprouvais en écoutant ces chants l'encouragea à m'associer à sa passion. Désormais les vacances de Noël et de Pâques à Bordeaux furent consacrées aux soirées du Grand Théâtre, dans l'immense loge des mélomanes auxquels il appartenait. Ainsi, au jour le jour, se créa, avec lui, ce lien profond qui ne fut brisé qu'avec sa mort.

Il avait une autre passion : la peinture, découverte dans les musées d'Europe au cours de ses voyages. Lorsque j'eus quatorze ans, il se réjouit de passer avec moi une journée à Paris et m'annonça que nous irions visiter le Louvre afin de me révéler la peinture. Hélas, nous arrivâmes un mardi et, devant les portes closes, nous apprîmes que c'était le jour de fermeture du musée.

Dans les domaines littéraire, culturel et politique, mon père était un libéral : jamais il n'est intervenu dans l'orientation de mes opinions. Et jamais il ne s'opposa aux Fleurs de Lys dont j'ornais ma boutonnière.

En 1936, je fus mis à la porte de Saint-Elme. Mon père ne fit aucune remarque et choisit Saint-Genès, son ancien collège à Bordeaux, dont je fus également renvoyé l'année suivante. Pour achever mes études, il m'installa alors chez « Raba », une boîte à bachot, près du Jardin public de Bordeaux.

Le 3 septembre 1939, lorsque la guerre fut déclarée, je devais présenter l'oral de mon bac. Mais tout cela n'avait plus aucune importance, puisque l'unique but de ma vie était de « devenir un homme », en faisant moi aussi la guerre*. L'autorisation de mon père était toutefois nécessaire puisque j'étais mineur.

* Tous les anciens combattants (cinq millions en 1939) avaient le même discours vis-à-vis des adolescents : « Tu auras le droit de parler quand tu auras fait la guerre ! »

Le 1er janvier 1940, très en avance sur l'heure du déjeuner, je sonnai au 17, rue Ernest-Renan*. Mon père ouvrit la fenêtre de sa chambre au premier étage et, me reconnaissant : « Je descends t'ouvrir. » En entrant dans sa chambre, j'entendis quelqu'un descendre rapidement l'escalier, tandis qu'il se penchait sur la rampe et criait : « Au revoir Marie » (le prénom de sa femme de ménage), tandis que la porte de la rue se refermait violemment. Je m'installai dans un fauteuil près de la tête de son lit et il s'assit, en robe de chambre, devant la table où il s'occupait de sa très importante collection de timbres.

« Je suis venu te voir ce matin, parce que je ne comprends pas pourquoi tu refuses de me donner l'autorisation de m'engager dans l'armée ? » Il répéta alors ce qu'il m'avait déjà écrit dans une longue lettre et ajouta ce qu'il m'avait dit dans une seconde missive : « En attendant ta mobilisation, tu vas t'installer ici pour travailler avec moi dans notre affaire**. »

Ce furent les mots que j'appréhendais. Je m'écriai alors : « Puisque tu refuses mon engagement, je ne te reverrai jamais... » Je me levai et me dirigeai vers l'escalier dont je dégringolai les marches, tandis qu'il se penchait sur la rampe (toujours en robe de chambre) en criant : « Je te maudis, Dany, tu entends, je te maudis... » Sur ces mots, je claquai la porte de la rue et m'enfuis, courant presque, jusqu'au coin de la rue Mondenard, puis je marchai rapidement vers la station de tramway. Lorsque celui-ci démarra, je regardai la rue vide, à cause du Premier Janvier, et me sentis soudain libéré...

* Où j'étais né le 10 août 1920.

** Comme je l'ai dit précédemment, il possédait avec son père une affaire d'importation de café dont mon grand-père dirigeait le bureau de Bordeaux, tandis que mon père voyageait en Europe pour la vente.

Je rentrai à Pau, chez ma mère, sans expliquer les raisons de mon aller-retour si rapide. Toutefois, le jour suivant, Charles Cordier me questionna affectueusement sur mon voyage. Je ne répondis pas, car les relations avec mon père (aussi mauvaises soient-elles) ne le regardaient pas.

Je m'installai alors à Bescat dans ma « vraie » famille, où j'attendis ma mobilisation qui devait intervenir le 15 juillet 1940. Je dois avouer que les mois que j'y passai furent parmi les plus heureux de ma jeunesse*.

Aujourd'hui mon père est mort. Je comprends l'homme qu'il a été et que j'aurais dû admirer et aimer... Surtout, jamais plus, je ne pourrai lui demander pardon.

* Le 17 juin 1940, à douze heures trente, le maréchal Pétain changea mon destin. Engagé en Angleterre le 27 juin 1940 dans la petite armée formée à Londres par le général de Gaulle, la régularité de ma vie militaire fut parfois troublée par le souvenir de mon père.

III

Drôles de vacances

décembre 1943 – mars 1944

Dans le collimateur de la Gestapo

Un événement décisif survient ce jour-là[1] : la sœur de Limonti reçoit, de la prison de Fresnes, un billet que son frère a glissé dans le linge qu'il lui donne à laver chaque semaine. Les Allemands lui ont montré ma photo au dos de laquelle est écrit « Michel », un de mes pseudos parisiens. Elle fait partie d'un ensemble de photos qu'après l'affaire de la rue de la Pompe, j'ai données au service des faux papiers pour obtenir une nouvelle identité. Malheureusement, avant d'avoir pu les utiliser, le service est tombé à son tour et les photos de nombreux résistants (dont les miennes) sont désormais entre les mains de la Gestapo.

Le pire, pour moi, est que, grâce à tous les papiers saisis, les Allemands ont reconstitué l'organigramme de la Délégation. Mon nom, « Michel », est au centre, en raison de mes fonctions de secrétaire du patron*.

1. Daniel Cordier a écrit « 20 décembre 1943 » dans son manuscrit. Ses carnets intimes et son interrogatoire par le service du contre-espionnage du BCRA à Londres semblent situer plutôt cet événement au début de janvier 1944. Voir *infra* Annexe n° 3, p. 298.

* Lorsqu'en 1980, j'ai commencé à rassembler les documents pour mes Souvenirs, j'ai

Tous les chefs de la Résistance risquent d'être arrêtés à cause de moi : il est hors de question que je poursuive mon travail. Ma connaissance de la zone libre et de la zone occupée représenterait pour les Boches une aubaine car, si je parlais, je risquerais de donner le nom des responsables civils et militaires de la Résistance des deux zones... peut-être même les moyens de les arrêter. J'ai ma pilule de cyanure, qui ne me quitte jamais, mais aurai-je le courage de l'avaler... pour mourir* ? Comme tous les résistants, j'ignore quelle serait ma conduite face à la torture. Or, si je parlais, ce serait une catastrophe d'une tout autre ampleur que celle de la rue de la Pompe.

Aussitôt, je décide de demander à Bingen[1] de me relever de mes fonctions pour me permettre de rentrer à Londres. Mais Bingen ne connaît pas encore bien les chefs des mouvements et des partis et a besoin de quelqu'un auprès de lui qui organise, en toute sécurité, ses liaisons directes. En dépit de ce rôle, dont je vois l'importance pour le nouveau délégué, je pense qu'il n'est pas prudent que j'aie de telles responsabilités, même si ce travail est limité à peu de personnes (mais tous des dirigeants...).

Bingen s'accroche

Bingen me convoque au bureau de la Bastille, où je ne suis plus retourné depuis quelques jours.

---

découvert cet organigramme de toute la Résistance : effrayant ! [*Le document auquel fait allusion Daniel Cordier n'a pas été retrouvé.*]

* Lorsque j'en parlais avec mes camarades, aucun de nous n'était assuré de la prendre immédiatement. Finalement, deux seulement, beaucoup plus âgés que nous, la prirent : Georges Weill et Jacques Bingen.

1. Jacques Bingen demeure seul délégué depuis le rappel de Serreulles.

Il m'accueille avec cette élégance mondaine qui tranche dans la Résistance.

Il m'explique une situation que je connais déjà : la bataille à couteaux tirés avec les bureaux de Londres, sa volonté de résister à l'hostilité de Passy et de Brossolette. Depuis des semaines, il se bat sous mes yeux et j'ai constaté son courage et son intelligence tactique. Il est convaincu que de Gaulle n'est pas au courant des manœuvres de Passy-Brossolette et il espère durer suffisamment pour que le Général intervienne et rappelle chacun à son devoir. Ami de Manuel[1], il est sûr de vaincre.

Lorsqu'au cours de ces épuisantes batailles, il observe ma révolte ou mon écœurement, il rit gentiment de ma naïveté : « Vous êtes un enfant. C'est ce qui fait votre charme, mais si vous continuez, la vie vous mangera tout cru ! Depuis la fermeture du paradis, on se bat devant les grilles. » Il allume une cigarette. Comme Rex, il fume beaucoup, mais pas de la même manière : il tient sa cigarette entre le pouce et l'index et après avoir aspiré une bouffée, il souffle doucement la fumée qui s'élève en courbes molles vers le plafond. « Parlons sérieusement », c'est sa formule.

Depuis mon arrivée, fait-il autre chose, tandis que je l'écoute sans mot dire ?

« Cette fois-ci, je suis vraiment tout seul. Serreulles doit partir d'un jour à l'autre, ainsi que Bollaert et Brossolette. Parodi[2] ne connaît personne. Si tant est

1. André Manuel (1905-1988). Industriel, engagé dans les FFL, il est recruté au sein du service de renseignement naissant (futur BCRA) par Passy qui lui confie la section de renseignement. Il a effectué une mission en France à la fin de 1942, durant laquelle Daniel Cordier a fait sa connaissance (voir *Alias Caracalla, op. cit.*, p. 535-540).

2. Alexandre Parodi (1901-1979). Haut fonctionnaire, directeur du Travail et de la Main-d'œuvre en 1939-1940, il est révoqué en octobre 1940 ; après s'être proclamé gaulliste, il est renvoyé au Conseil d'État. Adhérent du mouvement Libération, il est l'un des

qu'il connaisse quelque chose à la Résistance ! Il faut que je fasse le même travail que Rex. D'autant que la publicité faite à l'affaire de la rue de la Pompe a été catastrophique pour l'autorité de la Délégation sur la Résistance.

« Après la disparition de Rex, les chefs avaient cru mettre enfin la main sur les organismes directeurs : ils n'y sont pas parvenus. Maintenant, ils sont sûrs d'y arriver tant Brossolette nous a discrédités. Non seulement il faut faire marcher la boutique, mais il faut assurer l'autorité de la Délégation. Cela ne peut se faire que par la présence et l'efficacité. Il faut absolument que vous restiez. J'ai besoin de vous. »

Toute subordination est effacée et je suis profondément touché par l'accent presque désespéré avec lequel il me parle. Dans ces conditions, je suis prêt, bien sûr, à rempiler. Mais, après la série des arrestations, ce serait de la folie ! C'est ce que j'essaie de lui expliquer avec tout mon cœur : la Gestapo me recherche activement et possède mes photos. « Je voudrais obéir, plus même, vous aider, mais c'est impossible. Cette fois-ci, nous serions perdus ensemble. Vous connaissez les conditions dramatiques du travail, la fatigue pour ne pas dire l'épuisement de tous. Il est certain qu'un jour je commettrai l'imprudence fatale qui deviendra la plus grande catastrophe de la Résistance... En dépit de mon désir de vous aider pour vous remercier de vos attentions et de votre amitié, je ne peux accepter.

« Cela me coûte d'autant plus que j'ai la plus vive sympathie pour Parodi, avec lequel je m'entends très bien. Rex avait une grande estime pour lui. Mais je

---

fondateurs du Comité d'études (futur CGE) et l'éditeur de sa revue. Il est désigné pour assurer l'intérim de Bollaert comme représentant du général de Gaulle.

connais trop le fonctionnement de la Résistance et surtout les responsables des deux zones. Mon arrestation serait une immense catastrophe : je ne veux pas être responsable de son anéantissement ! »

À mesure que je parle, je vois son visage se creuser et ses mains se crisper sur sa cigarette. Il est assis sur un tabouret à contre-jour. La fenêtre dans son dos donne sur la cour et projette une lumière crépusculaire. Il reste un moment silencieux. Puis, j'entends comme sortant d'un rêve : « Vous aussi, vous m'abandonnez ! Peut-être avez-vous raison, ce n'était pas raisonnable. Mais y a-t-il dans cette guerre quelque chose de raisonnable ? »

Il me raccompagne à la porte et me laisse partir, en me demandant de passer toutes mes consignes à Lambert qui a succédé à Grammont[1] à Lyon. « Bonnes vacances », dit-il en me tendant la main*. Après la situation qu'il m'a exposée, ce dernier mot est pour moi atroce : ma réponse négative apparaît comme une trahison. Il me supplie de faire mon devoir et je l'abandonne pour rentrer à Londres… en vacances.

Quand je rejoins la rue, la nuit est tombée. Je me dirige vers le métro en observant à l'entour, une dernière fois, pour être sûr que je ne suis pas suivi.

Je prends le métro place de la Bastille pour rentrer à Montmartre. Mais je suis tourmenté. Ai-je dit la vérité ? Certes, mon affirmation sur mes relations

1. Tony De Graaff.

* Lorsque j'ai rédigé ce texte, en 1991, j'avais demandé à Serreulles s'il y avait des textes sur mon travail dans les papiers de Bingen. Il me téléphona un jour pour me remettre la photocopie d'une lettre que Bingen avait écrite à son amie à Londres : « Occupe-toi un peu personnellement de Benjamin [Cordier] […] très jeune, très pur, très naïf et qui sera très bouleversé. Sois un peu féminine avec lui et présente-le à Alix. » [*Cette lettre est datée du 29 décembre 1943 au 2 janvier 1944. Elle est visible aux Archives nationales sous la cote 72AJ2321.*]

avec le personnel et les chefs des mouvements, sur le danger que je fais courir à tous, n'est pas fausse. Pourtant, je n'ai pas dit toute la vérité à Bingen, car elle est terrible : après quelques mois de travail avec Serreulles, je n'y « crois » plus. Mot vague et cependant précis. La manière dont il concevait la Résistance et dont il a réorganisé le commandement, son travail avec Laure dans le lieu où sont conservées les archives, le nombre de ses rendez-vous, ses téléphones aux uns et aux autres… Rex m'avait donné toute liberté pour agir, mais jamais il ne s'est installé avec ma secrétaire pour travailler avec moi. Et je suis sûr qu'il avait raison.

Progressivement avec Serreulles, tout a changé et je suis certain que nous allons vers la catastrophe, la prison, la déportation et peut-être la mort. Bingen, hélas, même seul et après la catastrophe de la rue de la Pompe, persévère dans le même style, c'est-à-dire dans la même erreur.

Mais il y a aussi une réalité, plus vague parce qu'elle est inconsciente et diffuse : je suis épuisé. Tout ceci est confus, mais terriblement présent. C'est autour de cette réalité qu'aujourd'hui j'essaie de raconter ce passé.

Le lendemain matin, je revois Serreulles[1]. Il me demande de l'aider jusqu'à son départ, en me cantonnant dans l'organisation de ses rendez-vous avec les chefs et leurs seconds, ce qui limite le danger.

1. Il n'est pas certain que Daniel Cordier ait voulu écrire ici Serreulles. Il pourrait s'agir d'une coquille pour Bingen.

Pierre Kaan disparaît

Quelques jours plus tard, Kaan ne vient pas dîner avec moi. Dans le climat de chasse à l'homme qui règne à Paris, où les résistants tombent les uns après les autres, lorsque l'un d'entre nous est absent, nous sommes inquiets. Je le suis particulièrement car Pierre Kaan est l'homme le plus exact que je connaisse.

Le lendemain, j'ai rendez-vous avec Farge place de la Madeleine. Hélas, il m'annonce l'arrestation de Kaan : c'est le dernier de l'équipe de Rex qui disparaît... Je ne m'étais pas trompé. L'arrestation de Pierre Kaan, qui faisait la liaison avec le CGE, installe la Délégation dans l'isolement et la paralysie[1].

Je suis d'autant plus triste qu'il avait une place singulière dans ma vie. C'est lui qui, intellectuellement, m'a le plus apporté. Nos longues discussions, sa patience infinie dans l'explication, son agilité intellectuelle, son immense culture en font un compagnon exceptionnel. Je pense aussitôt à sa femme, directrice d'école, avec laquelle il forme un couple d'une élévation intellectuelle et morale exceptionnelle. Je sais qu'il a des enfants que je ne connais pas. C'est une famille brisée par la barbarie allemande, symbole de l'époque sauvage que nous vivons.

Bien que je n'aie pas le moindre doute sur son courage, je déménage aussitôt de l'atelier de Montparnasse qu'il m'avait trouvé. Mon adresse peut traîner dans ses papiers et, après le secrétariat, je ne peux prendre le risque d'être arrêté.

Je vais m'installer avenue Junot.

1. Pierre Kaan a été arrêté le 29 décembre 1943. La chronologie n'est donc pas respectée dans le récit écrit par Daniel Cordier, qui place cet événement avant Noël.

Maurice de Cheveigné

Noël approche. Ce matin, à l'un de mes rendez-vous, je me retrouve en face de Cheveigné, accompagné par l'un de mes courriers. À l'issue de ses vacances à Londres (rappelé comme tous les agents, après avoir été radio à Lyon durant un an), il est revenu en France pour travailler à Lille comme radio de Fassin. Mais il a perdu son contact. Il craint qu'il n'ait été arrêté. Pour moi, c'est une joie familiale de le retrouver après le deuil du secrétariat. L'Angleterre, nos conversations, nos lectures, nos sorties, surtout les dix mois en mission avec lui sont le secret d'une longue complicité et un lien sans rupture. Comme il ne sait où loger, je l'installe dans mon atelier de l'avenue Junot qui a deux entrées sur deux rues opposées : une espérance.

En dépit de l'Occupation mortelle, Paris retrouve une atmosphère fiévreuse, le bruit en moins. C'est extraordinaire. Partout, je m'entends marcher. Dans des circonstances tragiques où visiblement mes jours sont de plus en plus comptés, c'est mon troisième Noël de guerre, loin de ma famille.

Je propose à Cheveigné d'aller, ce soir, à la Comédie-Française voir *Le Soulier de satin* de Claudel. Tout Paris évoque cette pièce. Comme toutes les salles durant l'Occupation, le théâtre est plein. Parce qu'il y a des Allemands dans la salle, il se forme une relation étroite entre les spectateurs français. Je ne connais rien de Claudel à l'égard duquel Maurras et Gide (pour une fois d'accord) écrivaient des horreurs…

En dépit de la longueur de la pièce, c'est un

éblouissement : je n'ai jamais vu, ni surtout entendu rien de tel. Je dois dire que Barrault et sa femme, Madeleine Renaud, conduisent l'ensemble avec maîtrise et poésie. Dès les premières répliques, je suis transporté dans un monde inconnu et féerique.

En sortant du théâtre, nous traversons la place pour dîner. Les temps ont changé : trois ans et demi déjà que j'ai quitté Bescat. Pourtant, ce soir, je suis heureux avec Maurice. Je pense lointainement à ma mère, à Bescat, à cette nuit de Noël qui, la première année, m'avait fait pleurer à Camberley.

Accident domestique

Quelques jours plus tard, un troisième agent de Londres vient nous rejoindre : Griès. Il est saboteur et lui aussi vient de perdre sa liaison avec Fassin.

L'hiver est de glace. Heureusement il y a, dans l'atelier, un gros poêle qui dégèle l'air froid parce que Simone, mon courrier, nous a trouvé un peu de charbon pour qu'il fonctionne toute la nuit. Tous les trois, nous couchons sur la mezzanine dans le lit (heureusement immense) installé par les propriétaires. Le lendemain matin, je me lève comme d'habitude à six heures car je suis le premier à faire ma toilette. Mais quand j'ouvre la porte de la salle de bains, je m'effondre sur le carrelage. Impossible de me relever car la tête me tourne et, par instants, je perds connaissance. Après un moment, j'ai la force de me traîner jusqu'au lit et réveille Maurice qui se lève et, à son tour, tombe de la même manière, puis c'est le tour de Griès… Brusquement je pense au poêle dans l'atelier en bas : nous sommes asphyxiés ! Ouvrir la fenêtre devient mon idée fixe. À quatre pattes, après des efforts incroyables, Griès réussit à ramper vers elle et à l'ouvrir. Nous n'avons plus que la force de nous remettre au lit. Heureusement Simone arrive à sept heures pour son premier rendez-vous avec moi. En général, je lui ouvre la porte parce qu'après avoir pris mon petit déjeuner, je l'attends dans le studio. Inquiète de ne pas avoir de réponse, elle frappe longtemps à la porte. Je ne sais comment j'entends ses coups et je descends, comme un vieux pantin, lui ouvrir et tombe par terre devant la porte. Effrayée, elle monte, découvrant mes deux camarades livides, presque inconscients, face à la fenêtre grande ouverte par un froid glacial. Elle croit que nous avons été attaqués. Nous lui expliquons avec difficulté l'histoire du poêle. Elle redescend pour vérifier : effectivement le charbon est à moitié consumé après avoir étouffé le foyer. Nous avons été victimes du gaz carbonique. Elle téléphone aussitôt à un docteur de ses amis qui vient rapidement et nous prescrit trois jours de diète au lait. Heureusement, pour Simone, tout est simple : les bouteilles de lait affluent, à croire qu'elle les fabrique. Pendant trois jours, je lui confie tous mes rendez-vous. Elle court Paris en tous sens. Grâce à elle, un minimum de rendez-vous sont manqués.

Vacances sur la Côte d'Azur

À cause du mauvais temps, les places d'avion pour Londres sont rares : il n'y a pas eu d'opérations depuis trois mois*. J'ai donc prévu de quitter la

* C'est ainsi que Brossolette et Bollaert furent arrêtés le 3 février 1944 sur la côte bretonne, après que leur bateau eut coulé. Serreulles ne rentrera à Londres qu'avec la première opération aérienne, le 5 mars 1944.

France par les Pyrénées. Mon départ par la frontière espagnole est programmé pour mars*. Je décide de me mettre au vert quelques jours pour couper avec mon travail et tous les résistants que je connais dans les deux zones. N'ayant plus rien à faire, je demande à Bingen l'autorisation de quitter Paris car, même sans liaison, je peux toujours faire de mauvaises rencontres. Je demande à Maurice de m'accompagner. J'interroge Vailland : connaît-il dans le Midi un lieu étranger à la Résistance ? Il me donne la clef de la maison que sa femme possède au Cap d'Antibes et me conseille de partir avec Simone et Maurice pour faire croire à l'escapade d'une bande de jeunes.

Après un interminable voyage en train, nous arrivons le matin en gare d'Antibes. Il fait un temps printanier, déconcertant après le froid et la grisaille parisiens, que la peur rendait plus rudes encore. Un taxi nous conduit au Cap d'Antibes. Nous l'interrogeons sur un restaurant où l'on pourrait prendre nos repas : en passant devant l'hôtel-restaurant du Cap, il nous informe qu'il est distant d'un kilomètre de notre villa.

Le silence est égal à celui de Paris, puisqu'à cette époque, il enveloppe toute la France. La nature est parsemée de petites maisons et de grandes villas, toutes fermées, dont les jardins révèlent l'opulence : une vision d'autrefois. L'illusion pour moi est d'autant plus facile que je ne suis venu qu'une fois sur la Côte, lors des vacances de Noël. J'avais onze ans. Je retrouve ici la même lumière, le même ciel bleu, le même soleil*.

* Je devais me rendre à Toulouse au jour et à l'heure qu'on me transmettait afin d'être pris en charge par l'organisation du passage de la frontière vers le 20 mars.

** Durant la Résistance, Rex m'y avait envoyé deux fois pour contacter le colonel Vautrin qui habitait Antibes.

Quelle rupture de vie après presque deux ans de travail frénétique dont les dimanches ne coupaient plus la semaine d'un repos nécessaire ! Quelques soirées volées à Noël, au Nouvel An ou à Pâques, et surtout une peur qui ne nous quittait jamais, comme la basse continue de notre vie hors la loi. Ces vacances incroyables rompent avec la clandestinité et me donnent l'illusion d'avoir traversé un miroir. Je n'ai plus ni rendez-vous, ni responsabilité. En dehors de Vailland, personne ne sait où nous sommes. Cette sécurité nous a rendu notre âge (vingt-trois ans) et la mer au soleil nous rend notre insouciance.

Simone et Maurice partagent un désir que la clandestinité a interdit d'accomplir. Ils dorment au premier étage et prolongent le matin le plaisir d'être ensemble. Pour ma part, je me réveille toujours à sept heures et, après ma toilette, je suis heureux de prendre mon petit déjeuner sur la terrasse face au soleil levant, en relisant Stendhal et en découvrant Kafka. J'en suis encore à l'ivresse des rencontres, titubant de bonheur dans des expériences, des aventures et des régions de la culture que j'avais négligées ou mal comprises autrefois.

Vers treize heures, nous allons à pied déjeuner au restaurant de l'hôtel, dont nous sommes les rares clients. Ceci nous vaut les attentions de la patronne qui fait la cuisine et nous gâte comme ses enfants, dit-elle, en contemplant le couple ravissant formé par Simone et Maurice. Après déjeuner, nous rentrons à petits pas, enveloppés dans la chaleur du soleil de l'après-midi qui invite à la paresse. En arrivant à la villa, je les abandonne et continue sur la route qui longe la mer pour descendre à la librairie du casino de Juan-les-Pins, où j'achète mes revues et mes livres. Je ne me lasse pas de voir l'Esterel qui, dans le lointain, plonge dans l'eau avec la lumière qui change de forme. Bien que mes souvenirs d'enfance auréolent la côte basque du bonheur de vivre, je suis si heureux que, pour la première fois, je deviens infidèle à la mer rugissante. Tous les jours, sur la route solitaire qui me conduit à Juan-les-Pins, je m'arrête devant une petite maison provençale abandonnée. Elle est construite sur un promontoire d'herbe et de rochers qui possède une vue qui me semble la plus extraordinaire de la Côte d'Azur*. Après avoir acheté mes journaux, je rentre en flânant. Il n'y a aucune circulation, ni autos, ni même de bicyclettes. Je ne croise même aucun piéton et je marche au milieu de la route avec volupté.

En arrivant, j'allume un petit feu dans la cheminée qui détend l'atmosphère humide de cette villa fermée depuis la guerre. Nous prenons le thé en mangeant des pâtisseries fabriquées, pour nous, par la patronne du restaurant.

Un jour, Simone souhaite visiter Monte-Carlo. Nous commandons un taxi. À mi-chemin, nous sommes arrêtés par une patrouille de gendarmes français. Simone déclare qu'elle va à Monaco pour consulter un spécialiste : ils nous laissent passer. Elle connaît les lieux et nous entraîne déjeuner au Café de Paris. Quand le taxi tourne sur la place du casino que je vois grandeur nature, j'ai une hallucination. Je crois revivre un instant précis de mon enfance. Le matin, quand je prenais mon bain, j'étais surpris par la vivacité des couleurs de l'immense photo en couleurs qui égayait le mur. La montrant du doigt, je demandais à la domestique : « C'est quoi la photo ? »

* Le hasard voulut que vingt-cinq ans plus tard, en 1969, j'achète la villa construite sur la hauteur, dans l'alignement même de cette maison détruite aujourd'hui. J'y demeurai presque quarante ans.

Elle répondait invariablement : « C'est le casino de Monte-Carlo mais ce n'est pas pour les enfants. Si vous êtes sage, je vous y conduirai quand vous serez grand. » Aujourd'hui, je suis grand et sans doute ai-je été sage puisque ce matin-là, je me trouve face à face avec mon rêve d'enfant.

Sur la terrasse où nous déjeunons, nous sommes entourés de personnes élégantes. En dépit de l'atmosphère luxueuse que conserve Paris autour de l'Opéra et de l'Étoile, je découvre ici un luxe et un raffinement d'un éclat supérieur, qui me rappelle le golf de Chiberta où, avant-guerre, mes parents déjeunaient ou dînaient avec des amis.

Aujourd'hui, la guerre est à l'« étranger ». Je peux même m'interroger : a-t-elle existé, puisque je suis repris par la vie de mon enfance à Biarritz ? Pourquoi mes amis et surtout mes parents ne sont-ils pas avec moi ? L'illusion est si forte que, si ma mère apparaissait soudain en riant à la porte du casino, je n'aurais nulle surprise. Je suis prêt à me jeter vers elle pour l'embrasser comme autrefois…

Le soir, nous rentrons dans notre petite maison qui ressemble de plus en plus à l'Arche de Noé flottant, invulnérable, sur les événements de notre temps.

Maurice doit rejoindre Lille, où il a enfin obtenu un rendez-vous avec Fassin, son patron. Nous fermons soigneusement cette boîte de bonheur, conscients qu'une part de nous-mêmes demeure à jamais entre ces murs puisque pour nous seuls, ils ont créé un temps légendaire et protecteur[1].

1. Les carnets intimes de Daniel Cordier permettent de dater ce séjour du 25 janvier au 8 février 1944.

Les intellectuels, le passé et l'avenir

En attendant mon départ, j'ai deux projets : l'un est de côtoyer la vie parisienne que j'ai observée de loin, depuis le « Paris de la Résistance » ; l'autre est d'apporter à Londres quelques témoignages d'intellectuels décrivant l'avenir politique de la France et l'état d'esprit des Français.

Vailland est le premier à qui je m'ouvre de ce projet : je souhaite qu'il m'écrive un texte. Puis je pense à Thierry Maulnier, que j'admire parce qu'il a accompagné mon adolescence de son style enveloppant ses idées brillantes. Vailland me confie qu'il était son camarade de khâgne et me propose d'organiser un rendez-vous avec lui. En dépit de ma condamnation de son attitude attentiste, j'ai conservé mon admiration de jeune homme pour son style à la fois classique et brillant. Je trouve intéressant d'avoir l'avis d'un homme qui a trahi sa jeunesse[1].

Quelques jours plus tard, je le rencontre au café situé en bordure de l'entrée du métro Croix-Rouge[2]. En dépit des photos que je connais de lui, je suis surpris par son corps immense, mais surtout par son aspect invertébré et son expression lunaire. Il est accompagné d'une femme au visage fermé dont l'aspect et la présence me déplaisent, sans doute parce que je perçois une sourde hostilité à mon égard.

1. Thierry Maulnier (1909-1988), journaliste à *L'Action française*, a incarné dans les années 1930 une Jeune Droite radicale, en rupture avec le catholicisme et le conformisme. Il a créé en 1936 la revue *Combat* qui eut une importance cruciale dans l'évolution politique de Daniel Cordier, alors adolescent (voir *Alias Caracalla, op. cit.*, p. 16). Après la défaite, il a repris ses fonctions à *L'Action française* et écrit dans de nombreux journaux et revues en zone libre, où il s'est vu confier des tâches de propagande par les instances gouvernementales. Dorénavant installé à Paris, il s'est éloigné du journalisme pour se consacrer au théâtre.

2. La station Croix-Rouge, qui n'existe plus, se situait rue de Sèvres, entre Sèvres-Babylone et Mabillon.

A-t-elle peur ? C'est la question que je me pose également à l'égard de Maulnier parce que je sens une réticence à notre rencontre. De plus, il est vrai que dans ce café non chauffé, presque vide, nous avons froid au milieu des courants d'air, bien que nous soyons engoncés dans nos manteaux.

Mes sentiments à l'égard de Maulnier sont fort différents de ceux d'autrefois. Bien que j'éprouve du plaisir à cette rencontre, je regrette qu'elle n'ait pas eu lieu trois ans auparavant, lors de mes combats pour l'Action française et de mon admiration sans borne pour lui. Peut-être aurais-je réussi à le convaincre de s'engager dans la Résistance, puisqu'il était contre les Allemands. Je lui raconte donc ma jeunesse intellectuelle sous son influence, mon départ à Londres en juin 1940 et le regret que j'ai eu d'apprendre qu'il était attentiste, bien que les collabos le traitent de « vichyste ».

Je lui fais un aveu. À mon retour en France en 1942, j'ai lu *La France, la guerre et la paix* qui m'a déçu[1]. Il répond aussitôt : « Il faut tenir compte des dates. Après la défaite, j'ai cru qu'il était possible d'amoindrir le malheur de la France en participant, avec mes moyens, pour sa transformation. À cette époque, qui pouvait croire à la victoire de l'Angleterre ? Il fallait sauver la France et le seul moyen était de la reconstruire et d'en faire un pays moderne, assez fort pour négocier avec l'Allemagne ! »

Je lui avoue mon étonnement devant sa résignation

1. Ce livre, paru à Lyon en 1942, est un recueil d'articles publiés dans la revue *Combat* en 1939 et d'articles de 1941. Il veut démontrer que le problème français demeure le même avant et après la défaite. Peu après cet épisode, Daniel Cordier aura l'occasion de lire la critique de ce livre faite par Raymond Aron dans le numéro du 15 octobre 1943 de *La France libre*. Voir *infra*, « Pages des carnets intimes », 9 avril 1944, p. 250.

à la défaite, parce qu'à mes yeux, il incarne « l'homme du 6 février[1] ».

Après m'être expliqué avec lui, je regrette ce jugement inutile : depuis qu'il est devant moi, il m'offre la réponse à la question que je me suis posée. « Pourquoi n'a-t-il pas résisté ? » Je découvre qu'il est un homme de cabinet, capable d'échafauder des théories, de combattre avec des mots, des formules brillantes, et de poursuivre des polémiques de papier. Bien que le 6 février, dans ma jeunesse, j'aie admiré sa veste de cuir, il n'est pas un homme d'action, capable de rupture et d'éclat, c'est-à-dire de changer de vie pour faire triompher son idéal. Je découvre que, prisonnier d'un milieu intellectuel et d'une situation à l'Action française (dont il est devenu un fleuron), il a été incapable de s'arracher à cet environnement. Il essaie de se justifier, hélas cela ne m'intéresse plus. En le rencontrant, j'ai compris que la dialectique la plus brillante n'a aucune valeur face à notre engagement, aux arrestations et à la mort de mes camarades. Il me remet le papier qu'il a préparé et je le quitte en le remerciant. Plus tard, en le lisant, je le trouve médiocre et regrette cette rencontre qui a comblé ma curiosité en détruisant mon idole.

L'humour de Queneau

Mes autres rencontres ne sont heureusement pas aussi décevantes.

1. Le 6 février 1934 fut une journée d'émeute devant la Chambre des députés. Certains militants nationalistes et royalistes crurent à une opportunité de renverser la République. Ayant pris part aux manifestations, Maulnier publiait peu après un essai intitulé *Demain la France*.

Au Catalan, j'invite Raymond Queneau à qui Pierre Kaan, avant son arrestation, m'avait présenté. Cette tragédie nous a rapprochés. Dès la première minute, je sympathise avec cet homme d'un humour et d'une intelligence imprévus qui brillent en filigrane dans tout ce qu'il écrit. Avec des phrases incisives et lapidaires, il explique négligemment et avec humour le monde, tel un horloger virtuose révélant l'âme du temps au sein des objets les plus ordinaires, qu'il rend vivant par son talent.

À la fin de notre repas, il se lève et me demande d'attendre un instant. Quand il revient des toilettes, il me glisse sous la table un papier plié en quatre : « Je l'avais mis dans ma chaussure. On ne sait jamais ! » Même pour un écrivain au-dessus de tout soupçon, il a raison.

Avec Roger Vailland, les choses sont simples parce que nous avons l'habitude d'échanger des documents qu'il place à l'intérieur d'un journal que nous posons sur la table. Selon son habitude, il a rédigé plusieurs pages brillantes auxquelles il joint un long texte de son ami, le Père Chaillet[1].

Un inconnu, Albert Camus

Parmi tous ces écrivains, il y en a un que je souhaite faire connaître à Londres. Je l'ai découvert l'été précédent. Pour rentrer à Paris, j'avais acheté par hasard, dans la gare, un ouvrage assez court qui venait de paraître à la NRF. Du fait de sa faible épaisseur, il me semblait pouvoir être lu avant l'arrivée

1. Pierre Chaillet (1900-1972) est un prêtre et théologien qui a fondé dans la clandestinité les *Cahiers du témoignage chrétien*. Il appartient aussi au groupe de l'Amitié chrétienne qui vient en aide aux étrangers et Juifs persécutés.

à Saint-Lazare. C'est comme cela qu'en moins d'une heure, je suis devenu un inconditionnel d'Albert Camus.

Lorsque je retrouve Sartre, qui le connaît, il me promet de lui demander de rédiger un texte pour Londres. Quelques jours plus tard, il m'avoue être sans nouvelle de lui et ajoute : « Pourtant, je sais où le rencontrer. » Nous sommes place Fürstenberg et, tout en parlant, il me conduit au Café de Flore dont il pousse familièrement la porte. C'est la première fois que je rentre dans ce lieu mythique. Depuis mon installation à Paris, je l'ai évité soigneusement à cause de son public. Il fait chaud et toutes les places sont occupées autour des tables qui se touchent. Des femmes et des hommes discutent dans une atmosphère bruyante. Interloqué d'être la cible de tous les regards braqués sur moi, je suis envahi par la peur lorsque je vois Sartre se faufiler entre les tables et aller chercher, au fond de la salle, un jeune homme à la peau mate, assis au milieu d'un groupe. Il me présente d'un signe de tête et nous nous serrons la main. Camus (c'est lui !) a le visage fermé, peut-être parce que comme moi, il mesure l'extraordinaire folie de cette présentation de deux résistants au milieu des regards attentifs d'une foule truffée de collabos malveillants. Sans doute avons-nous la même pensée. Sans un mot, nous sortons et nous dirigeons rapidement vers la rue des Saints-Pères, déserte à cette heure-là.

J'explique à Camus que c'est en lisant *L'Étranger* que j'ai compris qu'il est un « grand écrivain ». C'est pourquoi, rentrant à Londres, je lui demande de rédiger un papier. Il répond : « Ce n'est pas un texte courant, car je pense que les gens d'Alger ont besoin d'être alertés sur des problèmes qu'ils ont l'air d'ignorer ou de négliger. Ils s'imaginent qu'avant tout nous avons besoin de l'annonce de la Libération. Nous sommes déjà des hommes libres puisque nous avons choisi la Résistance. Parce qu'il n'y a d'autre hiérarchie entre nous que celle du courage, nous en possédons autant qu'eux. Surtout les membres des assemblées, de l'administration et du gouvernement croient que nous attendons des libérateurs pour devenir libres. Non, la Résistance a besoin d'armes et d'argent. »

Je suis surpris par l'âpreté du ton : pas un sourire. Connaît-il l'humour ? En revanche, son discours accusateur, je le connais depuis plus d'un an, décliné sur tous les modes par tous les résistants.

Quelques jours plus tard, je le remercie de son papier qu'il me tend, puis nous nous serrons la main et il part rapidement vers les quais, tandis qu'avec Sartre, je remonte lentement vers la rue Jacob (il semble aimanté par Saint-Germain-des-Prés). À une époque où je m'efforce de fuir les résistants, de peur de rencontrer mes camarades, ces rencontres sont de la folie.

Avant mon départ prochain, c'est sans doute la dernière fois que je retrouve Sartre. Il me remet quelques pages dont je suis étonné qu'elles soient manuscrites, tous les autres ayant soigneusement dactylographié les leurs. « Transmettez mes amitiés à Aron. J'espère le revoir bientôt. La Libération n'est rien d'autre que l'avenir qu'elle inaugure. C'est avec des hommes comme lui, comme Camus, comme tant de jeunes inconnus qui s'impatientent dans l'ombre, que nous la construirons. C'est une occasion rare dans notre histoire, où tout est possible. La victoire nous donnera une situation politique à zéro, sans avoir besoin de perdre nos forces et nos illusions contre le régime à renverser. J'espère qu'ils le comprennent à Alger. » Comme d'habitude, il a cette présence chaleureuse, un enthousiasme juvénile qui me touche si fort, quand je l'entends énoncer, d'une voix métallique et passionnée, des mots et des idées avec lesquels il fabrique, sous mes yeux, cette réalité vivante que, grâce à lui, je peux contempler : les raisons de notre combat et de notre victoire.

« Revenez vite » est son dernier mot tandis qu'il remonte vers Saint-Germain et que je vais prendre mon métro à l'Odéon, pour m'éloigner du pire des dangers, le Flore[1] !

Soirées au théâtre

Il y a un autre projet auquel j'ai pensé dans le Midi : découvrir le Paris inconnu négligé à cause de mon travail, aller au théâtre et dans les restaurants que j'ai évités jusqu'ici. Le Paris de l'Occupation est rempli de nouvelles pièces dont tout le monde parle et que mon emploi du temps saturé m'empêchait de voir*. Avant mon départ, je suis libre tous les jours. J'ai le choix entre deux solutions : rester cloîtré dans mon appartement de l'avenue Junot ou bien vivre ces derniers jours au sein d'un milieu et d'un style de vie qui me sont étrangers et où je ne connais personne. C'est ainsi qu'allant au théâtre presque tous les soirs, j'assiste à plus de représentations que je n'en ai vues durant toute ma vie.

Je veux voir d'abord les pièces dont tout le monde parle. Par exemple *Antigone* d'Anouilh qui vient de

1. Malheureusement, ces différents textes n'ont pu être retrouvés dans les archives du BCRA ou dans les archives personnelles de Daniel Cordier.

* Excepté *Le Soulier de satin* et *Les Mouches* pour les raisons que j'ai expliquées.

débuter à l'Atelier, avec un grand succès de presse[11]. Ce soir-là, en me rendant seul au théâtre, non loin de l'ancien studio de Rex[22], je ne peux m'empêcher de penser aux rendez-vous quotidiens que nous avions souvent dans les parages. Où est-il maintenant ? Nous avons eu de ses nouvelles à l'automne, affirmant qu'il était toujours en vie. Cela avait été pour moi un soulagement, car longtemps sans aucune information, j'avais pu croire que les Allemands l'avaient tué sans que nous ayons pu le vérifier et surtout le sauver. Probablement est-il parti en Allemagne… comme tous mes camarades. J'avais appris en rentrant à Paris qu'Hugues Limonti, Jean Baudry, Georges Archimbaud, Laure et Jacqueline et d'autres avaient quitté Fresnes pour l'Allemagne[33]. C'est un soulagement pour la famille de Limonti, qui m'apprend la nouvelle : s'ils partent en Allemagne, c'est qu'ils sont vivants. Nous ignorons les conditions de leur survie en Allemagne.

La salle de l'Atelier, dans laquelle se joue la pièce, est triste et glacée. Heureusement, elle se remplit rapidement pour être comble lorsque le rideau se lève. Curieusement, sur la scène, les personnages sont habillés de costumes d'aujourd'hui : policiers en imperméable, Créon en habits modernes, Antigone en robe du soir. Je suis étonné de la différence avec le théâtre que j'ai vu jusqu'à présent. Comme pour Claudel, c'est une transfiguration des costumes qui valorise l'esprit du texte.

1. La première d'*Antigone* eut lieu le 13 février 1944 au théâtre de l'Atelier.

2. Chez Mme Scholtz, 31 rue Blanche, dans le IXe arrondissement (voir *Alias Caracalla*, *op. cit.*, p. 749).

3. Arrêtés lors de l'affaire de la rue de la Pompe. Archimbaud a été déporté le 22 janvier 1944, Limonti le 24. Laure Diebord a été transférée à la prison de Sarrebrück le 17 janvier et Jacqueline d'Alincourt sera déportée le 18 avril 1944.

À travers une parole ciselée, j'entends comme un écho du texte de Sophocle dont l'esprit est respecté. Certaines répliques m'enthousiasment. Je ne fais qu'un avec mes voisins, dont les applaudissements intempestifs (compte tenu de l'Occupation) donnent à certains passages des allures d'invectives. Depuis le collège, j'ai oublié à quel point Créon est abject, injustifiable. Et je me reconnais toujours dans la passion et la colère justifiée d'Antigone. Aujourd'hui, sous l'Occupation, les mêmes mots ne sont pas un ornement esthétique, ils possèdent une résonance tragique, et parlent d'actes que nous accomplissons quotidiennement. Ces mots ont conduit quelques-uns de mes plus chers camarades à la torture et peut-être à la mort. Ce soir, en écoutant ces phrases, je les reconnais : elles sont marquées de leur sang.

Soudain, au milieu de la pièce, je suis triste de quitter la France. Nous n'avons pas encore gagné et je voudrais venger mes camarades arrêtés ou disparus. Parfois, je suis troublé par l'allure de Créon, dont l'apparence est proche de celle de Rex. Certaines phrases reprennent en écho certains mots du patron encore présents dans ma mémoire...

Comme j'aurais voulu être à côté de lui pour me rassurer et pour applaudir, avec toute la salle, Antigone qui va mourir pour la fraternité du malheur.

Quelques jours plus tard, j'assiste à une représentation de *La Reine morte*. En dépit de cette pièce impressionnante par la stridence de certaines répliques, je ne participe pas de tout mon être à cette soirée, comme ce fut le cas pour *Antigone*. Sans doute parce que Montherlant est un écrivain plus accompli qu'Anouilh et je ne peux oublier que cette œuvre appartient totalement à la littérature.

Revoir Moineau

Dans un autre domaine, il y a un désir qui appartient à la « liberté » que j'ai retrouvée : revoir Moineau[1]. Ce sont mes camarades de Bordeaux qui m'ont donné l'adresse à Paris de cette jeune fille que j'avais découverte au ski à Gourette, en mai 1940 et dont j'ai été follement amoureux. À cause de mon départ de France, la défaite a brisé cette relation passionnée car, en dépit de mon attachement brûlant, je n'ai jamais envisagé qu'elle puisse être un obstacle à mon devoir. En Angleterre, presque chaque jour, j'écrivais dans mon journal quelques lignes ou plusieurs pages pour évoquer cet amour, toujours vif, malgré un an, puis deux ans, de séparation. Après la première lettre de ma mère reçue fin 1940, je lui ai écrit une longue lettre mais je n'ai reçu aucune réponse*.

Après mon retour en 1942, lorsque je rencontrai Blanquat au mois de septembre, il m'apprit qu'elle avait rencontré un soldat réfugié à Pau dont elle a eu un enfant et s'était mariée avec lui[2]... Heureusement, depuis cette rencontre, le temps a tamisé ma douleur et j'ignore exactement pourquoi je veux la revoir. Je m'en suis abstenu jusqu'à présent pour des raisons de sécurité, mais libre aujourd'hui, je ne sais trop ce qui me pousse à cette rencontre : peut-être le goût de la souffrance puisque je n'ai rien d'autre à espérer. Alors ? Peut-être ai-je le désir inconscient de renouer avec un passé avec lequel la guerre m'a obligé de rompre et dont j'ai toujours la nostalgie ?

1. Cette jeune femme était appelée Domino dans *Alias Caracalla, op. cit.*, p. 20.
* Je l'avais envoyée à mes parents en réponse à leur premier courrier de novembre 1940.
2. Voir *Alias Caracalla, op. cit.*, p. 445.

C'est Philippe, mon ami Marmissolle, qui m'avait présenté Moineau (surnom donné par ses camarades). Ses parents sont des amis de ma famille et autour d'elle*, ce jour-là, il y a le décor ensoleillé des montagnes qui fut le cadre de notre première rencontre, lors du remue-ménage douloureux et joyeux que l'on appelle l'adolescence. Depuis mon départ de France, j'ai été trop absorbé dans mes tâches successives pour sentir le temps passer. La victoire pour moi est un horizon simple : revoir mes chiens, mes montagnes, ma maison, ma famille, ma mère… Ce passé est encore enveloppé d'un cocon d'incertitude. Quant à mon avenir, j'imagine qu'il pourrait impliquer Moineau…

Je lui téléphone. Elle paraît joyeuse de mon appel imprévu et me donne rendez-vous dans un café près de chez elle. Son visage intelligent est, pour moi, toujours remarquable. Surtout à cause de son regard qui a l'éclat de certains poèmes de Baudelaire, accompagné d'une fossette au bas de la joue gauche, qui brise mes défenses les plus calculées. Cette fossette contient quelque chose de magique qui, si je la possédais, m'assurerait d'une certitude de bonheur pour toute ma vie.

En la revoyant après trois ans, je ne suis pas déçu par sa fossette et son regard qui n'ont pas changé. Toujours élégante, vive, brillante. Pourtant, je constate que quelque chose d'imperceptible a changé ou disparu. Si ma curiosité et mon plaisir de la revoir sont intacts, je découvre que ma passion amoureuse n'existe plus. Je suis heureux de la retrouver, mais j'échappe totalement à son emprise.

* La présentation eut lieu à Gourette à la fin d'une journée de ski, au milieu du parc à voitures…

Je comprends alors que la raison de cette rencontre était, pour moi, d'exister à ses yeux par la surprise d'une présence inattendue. Peut-être également par le prestige que j'ai pu mesurer maintes fois tant est grande l'« aura » de tous les hommes de Londres. Enfin, j'espère susciter sa jalousie mondaine à défaut de ses sentiments « éternels ».

Mais je ne comprends pas la raison de cette basse pensée.

Quand elle m'invite chez elle le lendemain pour dîner avec son mari, je vais plus loin : j'accepte de venir par curiosité et parce que je suis libre. À la manière dont elle me le propose, je comprends qu'il lui plaît que deux hommes qui l'aiment (!) s'affrontent sous son regard et soient malheureux à cause d'elle.

Un mari en vaut-il un autre ?

Son mari est un étudiant en médecine, mélomane et sympathique. Pendant le dîner, j'évoque mon itinéraire sans entrer dans les détails. Cela n'a pas l'effet escompté… Non seulement ils ne sont pas résistants, mais lui est trotskiste et attend le plus grand effet de la victoire allemande parce qu'elle détruira notre société bourgeoise (la sienne) qu'il hait… Il refuse de combattre dans la Résistance et escompte que le chaos de misère qui doit s'installer dès la fin de la guerre fasse naître une révolution égalitaire qu'il appelle de ses vœux. Il m'explique que mes efforts sont vains pour empêcher cette nécessité fatale.

Je suis à la fois déçu d'avoir raté mon effet personnel et déconcerté par ce discours que je n'ai jamais entendu. Je n'ai d'ailleurs aucune réponse appropriée, car nos choix fondamentaux sont opposés. À la fin de cette rencontre, Moineau me demande de revenir dîner. Comme je quitte la France dans trois jours, ce ne peut être que le lendemain. Ils acceptent.

Le lendemain, quand j'arrive assez tard (car je prépare mon départ), il est seul. La table est dressée, tout est préparé, mais Moineau, me dit-il, a dû rentrer à Pau précipitamment, car sa mère est malade. Curieusement, je préfère être seul avec lui et notre discussion reprend où nous l'avons laissée la veille. Avec lui, je sens mon absence de culture et mes limites politiques. J'ignore les références de la gauche extrême que j'ai toujours combattue et, surtout, n'ai rien lu de Trotski, ni bien sûr de Karl Marx qu'il cite abondamment.

Après le dîner, il me propose d'écouter le quatuor de Debussy que je ne connais pas. Il a un nouvel enregistrement et je lui suis reconnaissant de cette merveilleuse découverte qu'il m'offre. Cette émotion partagée nous rapproche. Après quelques commentaires sur le quatuor, il me dit brusquement : « Je voudrais connaître vos intentions à l'égard de Moineau ? » Je suis surpris par la question, en même temps que très à l'aise pour lui répondre : « Rien d'autre que le plaisir de revoir une amie d'enfance.

— Je sais la place que vous aviez dans sa vie. Si vous voulez la reprendre, je ne lutterai pas : elle est à vous ! »

Je suis étonné : « En la revoyant, hier, j'ignorais l'évolution de mes sentiments. Je peux vous assurer que, pour moi, c'est fini : c'est une camarade au même titre que vous, si vous l'acceptez. »

Parce qu'il était mobilisé, il me raconte la défaite vécue dans le dégoût et la solitude, mais aussi leur rencontre à Pau. Puis, soudain, le plaisir sauvage qu'il a connu avec elle. Suivi, hélas, de l'enfant qui les lie à jamais : il me découvre ainsi l'essentiel de leur lien le plus fort. J'écoute poliment, mais sans la moindre émotion, cette histoire qui ne me concerne plus. Lorsque je me lève pour partir, je lui demande l'heure : une heure du matin. À cause du couvre-feu, il est trop tard. Il n'a qu'un lit et m'invite à le partager. Je dors à la place de Moineau au milieu de grosses taches sur les draps qui racontent leur vie. Curieusement, cette situation paradoxale me laisse sans émoi et sans regret. Depuis quelques jours, je pense à ma traversée des Pyrénées et à mon retour à Londres, où je retrouverai mon passé et quelques-uns de mes véritables amis.

À six heures du matin, je le quitte en le remerciant et je rentre chez moi pour prendre mon petit bagage.

La boucle est bouclée

Par le train, j'arrive dans le Midi tard dans la nuit et couche à Toulouse, l'une des villes de mon enfance.

Depuis ma rencontre avec Yves Carquoy et Blanquat[1] il y a plus d'un an, je ne suis jamais revenu dans cette ville. Elle est aussi animée, surpeuplée que toutes les villes de l'ancienne zone libre, ce qui lui donne un surcroît d'animation, que rapidement j'attribue à la gaieté du Sud.

Théobald[2] que j'ai eu la surprise de retrouver, à

1. Deux amis d'enfance qui partageaient ses convictions politiques et qu'il a revus à Toulouse en septembre 1942 (voir *Alias Caracalla, op. cit.*, p. 441-449).

2. Jean-Louis Théobald (1923-2012). Recruté au service du secrétariat de Moulin grâce à Suzanne Moret, Théobald joue un rôle décisif dans l'implantation du secrétariat en

Paris, m'accompagne. Avec quelques camarades arrêtés, il a réussi à s'évader du train qui les emmenait en Allemagne*. Ils avaient caché une pièce de fer et pendant que le train roulait dans la campagne, ils s'étaient mis à chanter pour couvrir le bruit tandis qu'ils cassaient la porte du wagon. Lorsqu'elle a cédé, plusieurs d'entre eux ont sauté du train en marche. En tombant sur les cailloux du ballast, il s'est cassé l'épaule et porte un plâtre spectaculaire, enveloppant la moitié de son épaule. Complètement brûlé, il m'a demandé de quitter la France avec moi.

Mon contact à Toulouse nous installe dans un petit hôtel et, après deux jours de flânerie et de cinéma, il nous met dans le train de Pau. Ce qui m'inquiète parce que, pour aller à Saint-Engrâce et traverser les Pyrénées, nous devons prendre là-bas un car du TPR appartenant à mon beau-père[1] !

À notre arrivée à Pau, je conseille à Théobald d'aller voir mes parents pour faire coudre, dans les épaulettes de sa veste, la somme d'argent que je veux conserver à la frontière. Tandis que je l'attends au café de la gare, j'espère que personne ne me reconnaîtra. Théobald doit m'y rejoindre à dix-huit heures. De là, nous remonterons en ville pour prendre l'autobus à la tombée du jour. J'espère ainsi me protéger des regards qui pourraient être catastrophiques car l'arrêt du bus est situé devant les bureaux de mon beau-père.

À dix-huit heures cinquante, Théobald n'est pas encore là et, par le téléphone public, j'appelle chez

---

zone Nord en servant d'agent de liaison auprès du général Deslestraint. Il a été arrêté en même temps que lui.

* À la suite de l'arrestation du 9 juin 1943, il parvient à s'échapper en janvier 1944 du convoi qui le conduit en Allemagne.

1. Le service de transports régionaux dont son beau-père Charles Cordier est actionnaire et qu'il dirige.

mes parents pour savoir s'il est parti. Par précaution, je mets un mouchoir sur le micro afin de déformer ma voix et la rendre plus étouffée. Ma mère décroche l'appareil et je reste sans voix, tant mon cœur bat soudain trop fort de la sentir si proche et, en même temps, si étrangère. Elle répète plusieurs fois : « Allô, allô », de sa voix douce et musicale qui n'a pas changé. Je surmonte mon émotion : « Est-ce que M. Théobald est encore là ?

— Oui.

— Dites-lui qu'il est en retard, qu'il vienne tout de suite.

— Oui monsieur, il part tout de suite. »

Je raccroche brusquement, au bord des larmes : tout à coup, ma mère est devant moi ! Je pense à son inquiétude depuis presque quatre ans, à mon absence interminable, au bonheur de la revoir, de la regarder, de l'entendre, comme autrefois, souriante, gaie, toujours courant et toujours belle. C'étaient les mots de tous mes camarades d'autrefois qui, comme elle, ont sombré dans le passé intemporel de mon imaginaire.

Théobald arrive en courant. Avec le funiculaire, nous remontons vers la place des Pyrénées, d'où l'autobus part à dix-neuf heures. À ma surprise, l'emplacement du départ a changé : il est maintenant devant la Brasserie des Pyrénées où, avec mes parents, nous avons pris notre dernier déjeuner ensemble, le 20 juin 1940. Quel soulagement que ce nouveau départ ne se fasse plus devant le bureau de mon beau-père !

IV

Un chemin de liberté

mars – mai 1944

Évasion par la montagne

Dans la nuit nous arrivons à [Oloron-Sainte-Marie[1]]. Des hommes nous conduisent à l'extérieur du bourg, où plusieurs personnes attendent dans une grange. Nous sommes une dizaine d'hommes jeunes et de femmes d'un certain âge. Dans le lit d'un gave que nous suivons, nous marchons, sous la pluie, toute la nuit à un rythme soutenu. Avant l'aube, nous atteignons une grange où nous nous endormons sur le foin. Heureusement, dans mon sac de montagne, j'ai emporté pyjama et robe de chambre ! En dépit de l'entraînement de ma vie suractive, cette marche forcée sur des rochers, qu'il faut enjamber dans le noir, m'a tant fatigué que je m'endors sur le sol mieux que dans un lit confortable.

Le soir, nous reprenons notre route accidentée et à l'aube nous arrivons à Saint-Engrâce, au pied d'un col enneigé. Je suis si fatigué (car nous n'avons rien mangé) que je dors encore plus profondément que

1. Daniel Cordier a laissé la mention « à compléter » dans le manuscrit. Il s'agit probablement d'Oloron-Sainte-Marie, un des principaux lieux de passage vers l'Espagne depuis le Béarn.

la veille. Vers une heure du matin, les guides nous réveillent et je confie à la femme qui nous accueille la poche de thé que j'ai emportée pour lutter contre ma fatigue. Après un moment, elle revient nous apporter des bols de thé que je bois d'un trait, bien que je lui trouve un goût étrange… Quand je lui demande le reste de ma poche, elle me répond : « J'ai tout mis… » Effectivement dans ma tasse, le breuvage m'a semblé d'un noir absolu, ce que j'avais attribué au chauffage d'une cafetière mal nettoyée.

Tout en regrettant ma provision, je ne m'attarde pas à ce détail.

Vers la liberté !

Le lendemain, vers dix heures du soir, nous sortons de cette grange et le guide nous montre, de la main, la frontière qui suit le sommet de notre montagne et sera le lieu de notre passage. Nous devons monter tout droit à travers champs, puis à moitié pente, devons continuer dans une épaisse couche de neige jusqu'au col. Il m'indique, après quelques minutes de marche qu'en redescendant sur le versant espagnol, nous trouverons une cabane de berger. Nous pourrons y dormir et continuer le lendemain matin, jusqu'à la vallée où nous trouverons la route nationale espagnole : c'est là que nous devrons marcher à la rencontre des gardes civils qui nous feront prisonniers.

Quand il a terminé, je pars avec mon camarade et nos deux Américains (des pilotes de bombardiers abattus)*. Soudain, au bout du champ, un

* Nous avions trouvé les Américains à Toulouse où ils étaient comme des coqs en pâte, nourris au foie gras accompagné des meilleurs vins.

rond de lumière, comme un projecteur immense, m'aveugle. Je me plaque à terre car le piège s'est refermé et les Allemands nous arrêtent… Le guide vient me rejoindre et souffle : « Que faites-vous à plat ventre ? » Je lui montre le projecteur. Il rit : « C'est la lune qui se lève. » Il me demande de courir jusqu'à la haie qu'il me montre, car ce passage à découvert est dangereux. Puis la montée commence. Elle est raide car nous attaquons la montagne.

À mi-route, nous atteignons la neige où nous nous enfonçons à mi-jambe. La fatigue augmente rapidement. Après une demi-heure, les deux Américains qui nous accompagnent tombent de plus en plus souvent. En vue du sommet, l'un d'eux s'abat en hurlant qu'il ne veut plus avancer, qu'il préfère être prisonnier des Allemands, etc. Nous essayons de le faire taire et Théobald, malgré son plâtre, le soulage de son sac, puis lui d'un côté et moi de l'autre, le soutenons pour marcher jusqu'au sommet. Quand nous lui disons que nous sommes en Espagne, instantanément, il commence à descendre en courant. Arrivés dans la cabane, nous faisons du feu : les Américains sortent des sandwichs qui leur restent et une fiole de cognac qu'ils boivent comme du vin. Remis en forme par cette collation, ils se mettent à chanter à tue-tête, tandis que Théobald et moi, exténués, sans provision et sans cognac, sommes allongés sur le sol pour tenter de dormir ; mais les vociférations musicales des Américains nous empêchent de nous assoupir. De plus, je découvre l'effet de mon thé noir : impossible de fermer l'œil, en dépit de la fatigue qui me coupe les jambes et du bruit qui me crève les oreilles[1].

1. Dans ses carnets intimes, à la date du 19 mars 1944, Daniel Cordier écrit : « Journée harassante. Jamais aussi claqué, absence de toute volonté. Anéantissement à la fin. » Voir *infra* « Pages des carnets intimes », 17 et 23 mars 1944, p. 248-250.

Prisonnier des gardes civils

Au lever du soleil, nous quittons la cabane et descendons à travers les bois. Après une heure de marche, nous arrivons sur une petite route de montagne. Je change de pantalon et de chaussures, car je veux être le plus net possible lors de mon arrestation programmée. Je jette les chaussures et le pantalon maculés. Après quelques kilomètres, la garde civile apparaît. Nous leur faisons comprendre d'où nous venons, ce dont ils ont l'habitude quotidienne. Mais ils ne comprennent pas mes chaussures impeccables et la qualité de mon costume comparés à ceux de mes camarades. Je leur deviens suspect car ils ne peuvent croire que j'ai parcouru la même route qu'eux…

À pied, ils nous conduisent au poste de garde, où ils nous font déshabiller pour nous fouiller soigneusement, cependant qu'ils offrent un repas aux Américains et leur prêtent un téléphone pour appeler leur consulat. Une heure après, une immense limousine vient les chercher et ils nous quittent, sous les regards bienveillants des gardes qui nous ont mis, Théobald et moi, dans une petite pièce.

Dans la soirée, nous partons à pied avec la garde et arrivons à Isaba. Le village est situé plus bas dans la vallée. On nous installe dans une pension de famille qui, l'été, est pleine de vacanciers. Le village est charmant et nous n'avons rien d'autre à faire qu'à rêver ou à lire. À seize heures, escortés par de jeunes soldats espagnols, nous avons droit à une promenade qui nous conduit, immanquablement, à la pâtisserie du village. Nous nous y rassasions de gâteaux pour tromper la faim que ne calme pas l'ordinaire de l'hôtel.

Je suis surpris par la pauvreté des soldats qui sont pieds nus dans de mauvaises chaussures et dont l'uniforme est d'un médiocre tissu. Après huit jours de cette vie « reposante », les soldats nous conduisent à la prison de Pampelune. Dans une cellule prévue pour quatre, nous nous entassons à une dizaine. La moitié de notre groupe est assise tandis que les autres demeurent debout ou allongés : nous changeons de position, à tour de rôle, toutes les heures... Dans les autres cellules, il y a les prisonniers de l'armée républicaine espagnole, ce qui nous vaut des chants révolutionnaires à longueur de journée et une partie de la nuit.

Après huit jours, nous sommes une dizaine à être conduits à Miranda de Ebro, petite ville en partie moderne qui possède un camp de concentration, célèbre parmi les étrangers[1]. Nous y arrivons en fin d'après-midi. Certains prisonniers, qui marchent, au loin, dans le camp, s'approchent des clôtures. Parmi eux, je reconnais Pierre Rateau[2]. C'est une surprise et un bonheur de retrouver ce volontaire de la France libre, avec qui j'ai sympathisé à Londres. Quand il me reconnaît, il me fait de grands gestes en riant. Toutefois, je suis surpris par sa tenue de prisonnier et celle de tous ceux qui nous regardent :

1. D'après les carnets intimes de Daniel Cordier, le départ pour Miranda a lieu le 8 avril 1944. Ce camp, créé pour interner des Républicains et des brigadistes à l'issue de la guerre civile, sert aussi de lieu de rétention pour les Français qui quittent illégalement la France, en général pour gagner l'Angleterre ou l'Afrique du Nord.

2. Pierre Rateau (1913-1956) fait partie des prisonniers de guerre qui s'évadèrent par l'Union soviétique et rallièrent la France libre. Il s'est lié avec Daniel Cordier au cours de leur entraînement d'agents du BCRA. Il a été parachuté en France et a travaillé au sein du Bureau des opérations aériennes. Il a été rappelé en février 1944 et vient de quitter la France par la même voie que Daniel Cordier.

ils sont pieds nus dans des sabots, vêtus d'un pantalon et d'une veste d'une incroyable vétusté et surtout d'une incroyable saleté. Je suis certain de ne jamais pouvoir mettre cet uniforme... Tandis que j'observe tous ces détails, les gardiens nous font entrer par une porte dans une petite pièce qui nous isole, et où on nous enregistre. Puis, nous devons nous déshabiller et déposer, dans un sac en papier, tout ce que nous avons sur nous (argent, montre, portefeuille) avant d'êtres conduits, tout nus, à un comptoir où l'on nous donne une veste, un pantalon et des sabots ainsi qu'une couverture trouée, plus sale encore que le costume. Je m'habille en silence tandis que Théobald rit de mon air déconfit : après ce qu'il a vécu à Fresnes, c'est effectivement une plaisanterie. Car si nous sommes privés de liberté, j'oublie que notre vie n'est plus en danger. Une heure après, je retrouve Pierre Rateau dans le camp. Il s'y trouve depuis une huitaine de jours, avec quelques camarades résistants à qui il me présente. Surtout, il m'offre une couchette dans sa chambrée*. Puis nous nous couchons en devisant jusqu'à la soupe du soir. Après dîner, je m'étends pour la nuit sur cette couchette, enveloppé dans ma couverture. L'incroyable dégoût que j'éprouve ne m'empêche nullement de sombrer dans le sommeil de la liberté.

Le lendemain matin, il est difficile de faire sa toilette : il n'y a qu'un robinet d'eau pour tout le camp (environ quatre mille prisonniers). Après une longue attente, on remplit sa gamelle, dans laquelle on fait une toilette (sommaire pour moi car hélas, depuis

* C'étaient des constructions en bois de trois étages, avec de vieux matelas plus sales si possible que les vêtements !

toujours, il m'est impossible de commencer ma journée sans être entièrement lavé, rasé et peigné).

Vivre à Miranda

Parmi les Français, je fais connaissance d'un jeune diplomate, Dominique Brejon de Lavergnée, qui vient de publier un roman chez Gallimard, *Les romanesques*[1]. Il est grand, fin, nonchalant, plein d'humour. Il me rappelle certains officiers britanniques qui nous encadraient dans nos châteaux pour l'apprentissage du travail clandestin.

Nous fabriquons un journal du camp intitulé *Mañana*. Nous avons choisi ce mot parce qu'il est celui que prononcent en permanence les responsables espagnols. Ils ne disent jamais « *no* » mais « *mañana* ».

Pour égayer nos soirées, nous préparons une petite fête où l'on doit réciter des poèmes et chanter. Le colonel espagnol, chef du camp, doit la présider.

Malheureusement, durant ces soirées, il y a des jeux moins innocents. Le groupe de Français que j'ai rejoint fait passer un examen aux nouveaux arrivants : il s'agit de frapper successivement la table avec l'index des deux mains, puis toucher le nez et enfin de les croiser. Cela de plus en plus vite, tandis que nous buvons après chaque faute un verre de vin. Je déplore que Rateau fasse partie de cette confrérie dont je condamne la stupidité. Je suis révolté que des hommes, qui se sont battus pour la liberté

1. Dominique Brejon de Lavergnée (1912-1945). Son livre, publié en 1943, s'intitule *Les Romanesques : le cœur anachronique*. « Un nouveau, Dominique Bréjon de Lavergnée, qui vient d'écrire *Le Cœur anachronique*, que je vais bientôt lire. Un garçon charmant, sur les idées politiques toutefois fort en retard » (Carnets intimes, 16 avril 1944).

et la dignité, se prêtent à ce jeu qui ravale la plupart d'entre nous à l'état de bête. Pour faire plaisir à Rateau, j'accepte de me soumettre à ce bizutage. Mais, buvant de l'eau depuis la guerre, après trois ou quatre verres, je sens ma tête qui tourne : je me lève et refuse de continuer ! Je suis copieusement hué pendant que je vais m'écrouler sur ma couchette où je m'endors jusqu'au matin.

Naissance d'une passion : le Prado

Après un mois d'internement (minimum réglementaire), nous sommes réclamés par le consul de Grande-Bretagne, qui vient, accompagné d'un officier de la France libre. Il fait l'appel et, le lendemain, une dizaine de garçons (dont je suis), quittent le camp.

Par le train, le soir même, nous arrivons à Madrid. Le consul nous installe dans une pension de famille, en face de la gare, à côté d'une chapelle dont le plafond est peint par Goya !

Nous sommes enfin libres et chacun veut nourrir ses obsessions. Depuis des semaines, Théobald proclame sa décision d'aller fêter sa libération au bordel : il affirme être en manque, d'autant qu'il prétend que son sexe est une curiosité qui stupéfie les dames ! En Espagne où les femmes ont une réputation de pruderie, aura-t-il le temps de séduire, en deux jours, des « collaboratrices » à la hauteur de ses moyens ? Du bordel, il possède une définition géométrique : « C'est le plus court chemin d'une femme à une autre ! »

Mon « bordel » à moi, c'est le Prado, parce que cette visite correspond à la promesse de Rex de me faire visiter ce musée après la victoire. Le matin, sous le soleil, je descends vers le Prado, par des rues inconnues. En entrant dans le musée, je me trouve dans une rotonde de colonnes qui me donne l'impression de pénétrer dans une église. Après avoir payé mon billet, je pénètre dans la solitude architecturale de ce lieu : il n'y a personne, ce qui enveloppe l'immense bâtisse d'un silence religieux. Je m'avance sur la droite vers la première salle qu'on me désigne. Les murs sont tendus de riches tissus sur lesquels sont accrochés des tableaux de toutes dimensions. Assis sur des chaises, des hommes en uniformes somnolent.

J'avance lentement, craignant les craquements du parquet qui résonnent dans le silence de ce lieu étrange.

Au fond de la pièce, j'arrive devant un tableau immense : il représente une image de la campagne et de la ville. En m'approchant, j'observe des bâtiments de formes surprenantes, entourés d'animaux fantastiques et de personnages burlesques. J'ai une certaine difficulté à déchiffrer le nombre infini des détails, car un chevauchement perpétuel est opéré avec l'image voisine. Surpris par ces scènes délirantes, je chemine lentement à l'intérieur de ce rêve : un des trois panneaux qui montre la nuit virant au cauchemar. À l'opposé, un incroyable bonheur anime le panneau central représentant le paradis terrestre. Le bonheur des coloris, rose, vert léger, bleu pastel, blanc cassé contraste avec des sujets souvent horribles. Ils m'attirent et asservissent mon regard. Avec ce qu'il a peint il y a quatre cents ans, le peintre cherchait à faire peur : c'est une réussite.

Curieusement, le passé de drames que j'ai vécu dans la Résistance s'efface en cet instant. Le plaisir et l'émerveillement illuminent ma journée. Pourtant je ne peux comprendre les causes du mécanisme qui transforme ces grouillements de personnages en hypnose. Je me penche vers l'étiquette pour connaître l'auteur de cette magie : Jérôme Bosch, *Le Jardin des délices.*

J'ai cru ce tableau unique à cause de son pouvoir immédiat d'envahir toute ma pensée ; je lui appartiens sans retour à cause du plaisir qu'il suscite en moi. En passant devant les tableaux suivants (plus petits, mais tout aussi animés), je me sens arraché à l'envoûtement de l'image précédente, que je croyais éternel. J'arrive ensuite devant un grand tableau. Une impression d'horreur se dégage de dizaines de squelettes mêlés dans des scènes horribles : partout des morts, dont le souffle tue, la scène ressemble à la décomposition du monde. Une étiquette m'apprend que je contemple *Le Triomphe de la mort* de Pieter Brueghel.

Ma curiosité, mon plaisir saturent toute ma vue. Ma première vision de Bosch était fascinante : je la croyais unique et je suis déjà infidèle.

Mais ce ne fut que la première trahison de ma visite ! À mesure que j'avance, elles se renouvellent : Dürer, le Greco, Goya... Plus de trente, quarante fois, j'imagine rencontrer le seul tableau qui efface tous mes plaisirs antérieurs... jusqu'à l'œuvre suivante. J'avance lentement en ce lieu recelant un bonheur insoupçonné : c'est inimaginable ! Cet arrachement au présent, à l'angoisse, à la solitude, que j'ai cherché, vainement, dans l'amour des êtres, voici que des objets inconnus le provoquent. Pourtant, j'ai vu toute ma vie des exemples sur les murs d'appartements ou d'églises, sans que rien ne se produise jamais. Aujourd'hui, dans ce musée, un déclic mystérieux s'est ouvert au plaisir et révèle un immense et radieux univers, dont j'ignorais l'existence.

Oubliant le temps, il y a longtemps que je déambule dans une ivresse solitaire lorsque je pénètre dans une salle où sur un mur, il y a quelques grands tableaux. L'un d'eux me plaît. C'est une scène nocturne. Au premier plan, posée à terre, une énorme lanterne éclaire la chemise blanche et le pantalon jaune de l'homme qui va mourir. Au ras du sol, les flaques de sang de ceux qui l'ont précédé. À ses côtés, un homme à genoux, les bras en croix, le regard atroce d'effroi, fait face à des soldats, formant un bloc compact dont seuls les longs fusils se détachent, en pointant vers lui. Cette image terrifiante me traverse d'un long frisson : je reconnais la Résistance et le carnage aveugle dont mes camarades furent les victimes, arrêtés, torturés, déportés ou fusillés. Le rappel de cette terreur m'envahit de honte. Soudain, je me sens coupable de désertion. Je ne comprends plus pourquoi j'ai quitté mon poste en France. Mon devoir n'était-il pas de rester pour tenir jusqu'au bout, comme ces combattants de Goya dont la mort engendre la vengeance et prépare la victoire ?

C'est que cette toile, que je connais depuis longtemps et comprends, décrit la sauvagerie des troupes françaises qui occupaient l'Espagne au siècle dernier. Ces patriotes assassinés le furent par des Français. Ils ne sont pas comme les miliciens, des traîtres sanguinaires, mais des soldats de l'armée napoléonienne qui se sont engagés, ont promis la liberté à l'Europe et s'engluent dans un charnier. Dans ma tête, cela n'excuse nullement les Boches et n'amoindrit pas mon désir de vengeance. La leçon d'aujourd'hui, il m'est impossible de l'entendre paisiblement pendant que mes camarades se font massacrer.

Pénétrant plus avant dans le musée, je me trouve brusquement dans la salle des Greco : stupéfiants. L'ensemble est admirable. Ces images de peinture claires, jaunes, vertes, noires où les gestes secouent les corps, où les têtes regardent au-delà, toujours fixement, même quand elles sont repliées sur les corps dans une prière intense… Le peintre semble heureux de présenter ces êtres aux poses incroyables et raffinées. Par leurs membres et leurs poses, ils appartiennent tous à un monde inconnu que je découvre et qui m'enchante.

Je poursuis ma visite, attentif, car il y a des chefs-d'œuvre partout. Soudain j'entre dans une salle immense qui rassemble de grands tableaux de foules assemblées dans une sorte de folie délirante. Plaisir inoubliable dont cinquante ans plus tard ma mémoire a conservé la stupeur admirative du premier jour pour Goya.

Puis je pénètre dans une immense salle ovale de portraits extraordinaires. Dans le fond à droite, je pénètre dans une petite salle qui présente un immense tableau que le peintre montre en train de peindre : devant moi, des jeunes filles vêtues de robes anciennes extraordinaires mettent en valeur leur beauté d'enfant aux atours surprenants. Dans un miroir au fond de l'atelier, je vois les reflets du roi et de la reine qui regardent cette scène. Le tableau de Vélasquez s'appelle *Les Ménines*.

Quel nom donner à ces tableaux hors du commun, uniques, inoubliables ?

Je poursuis ma visite et un escalier m'invite à descendre au rez-de-chaussée. Partout des chefs-d'œuvre inconnus sont accrochés. Après plusieurs pièces, je pénètre dans une immense salle. Partout des Goya. Je les regarde lentement en commençant par le petit tableau d'un chien qui, seul, regarde la lune.

Dans le musée, j'ignore ce que je vois, et encore plus comment je dois le regarder et le comprendre. Je ne sais pas que les formes ont une histoire, qui est la marque d'une époque, d'une culture, avant d'être celle d'un homme qui les invente. Je regarde naïvement ces tableaux comme la traversée d'un désert : on trouve l'eau d'une source pour se désaltérer et reprendre des forces pour continuer. Ce mélange de styles d'époque accrochés à la queue-leu-leu me semble l'œuvre d'un seul homme dont l'humeur et la technique se sont modifiés au fil du temps, tout en donnant d'incroyables formes poétiques par son génie.

Je n'ai pas tout regardé, mais le musée va fermer. Quel choc : je n'avais jamais *regardé* de tableaux.

Après cette journée, je ne suis plus le même. Je voudrais être à demain pour continuer et revoir ce nouveau personnage qui a découvert un monde inconnu qui est devenu un autre par cette rencontre avec ces tableaux qui ont changé sa vie[1].

Le soir, je retrouve mes camarades au restaurant. En dépit de notre jeunesse, nous sommes épuisés. Après deux ans de peur, peut-être est-ce ça l'ivresse de la liberté ? Je constate pourtant que ma fatigue est égale à celle de Théobald : mon plaisir, bien que de nature différente, ressemble au sien et m'a épuisé de bonheur. Même si les prolongements dans nos rêveries n'appartiennent pas au même univers et n'ont pas la même origine, demeurent un plaisir identique…

1. Voir *infra* « Pages des carnets intimes », 4 mai 1944, p. 254, et, sur le site du musée du Prado : https://www.museodelprado.es/en/itinerary/caracalla/94cd32ed-0b6d-4ba7-9a51-330666e341fd

Le lendemain, dès l'ouverture du Prado, je suis devant la porte, heureux du plaisir stupéfiant découvert la veille. Toutefois, je suis inquiet de le retrouver intact. Durant ma visite, je m'étais posé la question : le plaisir sera-t-il au rendez-vous demain ?

Dès l'entrée, c'est le même silence, la même solitude. Je me hâte vers les tableaux qui m'ont bouleversé la veille d'une manière violente et inconnue. Heureusement ils sont toujours au rendez-vous, toujours rayonnants, répandant l'allégresse et parfois l'horreur. Cependant d'autres œuvres qui, la veille sont demeurées invisibles, se révèlent aujourd'hui. Peut-être y en avait-il trop à regarder ? Peut-être ma curiosité d'aujourd'hui est-elle différente ? Certaines œuvres qui, hier, m'avaient ébloui, ont perdu le pouvoir que mon ignorance leur avait conféré. D'autres, au contraire, découvrent un charme hier invisible...

Heureusement le Greco, Goya et Vélasquez sont toujours intacts au rendez-vous.

Devant la toile *Tres de Mayo*, le spectacle a une présence plus terrifiante encore depuis que la surprise du sujet, hier, est maintenant éventée : devant ce chef-d'œuvre, seule demeure la terreur qui rejoint celle de la guerre que j'ai quittée.

Soudain, je fonds en larmes...

Gibraltar

Le soir, nous quittons Madrid, par le train, pour Gibraltar. Je n'ai rien vu de cette capitale car les deux jours entiers au Prado furent plus extraordinaires que tout. Cette visite qui est la plus prodigieuse découverte de mon existence m'apprend que des hommes de tous âges et de tous milieux ont répondu, par des chefs-d'œuvre, aux questions que je me pose depuis toujours.

Dans le train, en dépit de la dureté des banquettes en bois, je dors sur l'épaule d'un camarade, écrasé comme moi de fatigue et bercé par la lenteur du train. Si l'Espagne est l'antichambre de la liberté, Gibraltar *est* le pays de la liberté. J'y revois, avec l'émotion d'il y a quatre ans, les uniformes anglais qui ne sont plus l'espoir d'un pauvre réfugié, mais le retour d'un soldat au sein de son armée. Les quelques maisons de la presqu'île ne forment pas un bourg. Je trouve quelques journaux français et, parmi eux, il y a un numéro de *Je suis partout* : mais qui peut, en mai 1944, s'intéresser encore à ces délires ?

Avec des camarades qui attendent leur départ pour l'Afrique, nous sommes logés dans un petit appartement et pour passer le temps, nous jouons aux cartes.

Curieusement, en dépit de ces jeux, je vis dans un sentiment d'irréalité. Est-ce le soleil permanent et déjà chaud de l'Afrique ? Est-ce le sentiment d'être libre ? Les deux ans que je viens de vivre semblent appartenir à une époque ancienne de ma vie dont, parfois, je me demande si elle ne se confond pas avec mes rêves d'enfant.

Pourtant cette liberté, que j'ai choisie, de rentrer en Angleterre me paraît une trahison à l'égard de la tragédie dans laquelle se débattent mes camarades qui poursuivent la lutte. En outre, comment puis-je juger ma liberté en comparaison de l'existence de ceux qui ont été arrêtés, déportés ou qui, peut-être, sont déjà morts ?

Hélas, je dois avouer qu'en dépit de tout, je n'ai pas honte d'être vivant : pire, je suis heureux de profiter de la douceur de l'air, de la violence de la lumière et surtout du bonheur de la liberté.

Je ne confie rien de cette mauvaise conscience à mes camarades. M'auraient-ils compris ? Pendant que nous jouons aux cartes, ils sont tels que je les ai connus en France, pleins d'entrain et de projets. Vivre le présent, préparer l'avenir, d'une certaine manière, n'est-ce pas oublier le passé ? Même si ce soir, il est inoubliable...

L'officier britannique qui m'a en charge vient me prévenir que je quitte Gibraltar dans la nuit[1]. Autour de minuit, dans un lieu isolé de l'aéroport, je marche avec lui vers un avion d'une dizaine de places. Des mécaniciens s'affairent autour pour les derniers préparatifs d'envol. Une dizaine de hauts gradés britanniques occupent déjà toutes les places. Mon officier ouvre une petite porte vers l'avant où sont entassés, en vrac, des sacs postaux de tous formats. Je m'allonge dessus et tandis que l'avion roule puis décolle, je m'endors... Moins confortables que dans le foin, mon sommeil est si profond que, dans une demi-conscience, parfois je me sens rouler en tous sens tandis que je suis secoué par des trous d'air. Est-ce la *Flak*[2] comme lors de mon voyage en France ? Un grondement me fait penser que nous traversons un orage. En tout cas, rien n'a été assez fort pour me réveiller, jusqu'au choc imprévu et violent de l'atterrissage. En descendant d'avion, j'observe le visage des officiers britanniques qui, sanglés sur de mauvais sièges, sont fatigués par ce voyage inconfortable. Au contraire, allongé sur la masse moelleuse des sacs postaux, j'ai bien dormi et me sens fort dispos !

1. Le 9 mai 1944. Voir aussi *infra* « Pages des carnets intimes », p. 256.
2. *Fliegerabwehrkanone* : DCA allemande.

N'est-ce pas surtout à cause de la joie de rentrer, enfin « chez moi », c'est-à-dire en Angleterre ?

Un officier britannique, parlant un parfait français, m'accueille au pied de la passerelle et, dans une voiture très confortable, me conduit à Londres.

V

Londres au temps des V1

mai – septembre 1944

La capitale de la liberté

Si la campagne anglaise a toujours le charme d'un jardin parfaitement soigné, à mesure que nous pénétrons dans Londres, je découvre une ville transfigurée.

Ce qui me frappe, ce sont les ruines des lieux où j'ai vécu en 1942 : la City, South Kensington, Hyde Park. Partout, il y a eu de la casse, il ne reste qu'un ou deux pans de mur de ce qui était une maison, un immeuble. Quelquefois rien. Dans les parties déblayées, il y a beaucoup de voitures camouflées, mais surtout des soldats américains. Ils ont envahi les rues de la ville. À mesure que j'avance, ils sont partout : avant de conquérir la France, ils occupent l'Angleterre. Ils marquent leur territoire en laissant des traces visibles et nombreuses : paquets de cigarettes, bouteilles de coca… Auprès des jeunes filles anglaises, ils ont éveillé un excessif vertige, dont je suis jaloux. Avant mon départ en 1942, quand elles rêvaient d'amour, elles se donnaient aux *Free French*. Maintenant, en traversant Hyde Park où il n'y a plus qu'un semblant de pelouses, partout des couples allongés, enlacés.

L'officier m'installe dans un des petits hôtels où j'ai séjourné avant mon départ en France. Il me conduit ensuite à son bureau où vient me chercher un officier *Free French*. Je commence à rencontrer les responsables des différents services : administratif, financier, contre-espionnage. L'après-midi, j'ai une mauvaise surprise. Me présentant au service, où avant de partir, j'ai laissé toutes mes affaires (une grande cantine avec mes uniformes, mes livres, mon phono, mes disques, etc.), j'apprends qu'on m'a cru mort en mission et que tout a été distribué à mes camarades. Encore mieux, dans les autres services, personne ne retrouve mon nom, ni même une trace de mon affectation au BCRA (qui a changé de nom) et s'appelle maintenant le BRAL[1] ! Le capitaine Raymond Lagier n'est plus là, le colonel Passy non plus[2] : je ne connais plus personne. Et puis le nombre des services a considérablement augmenté, nous sommes plusieurs centaines de volontaires.

Interloqué par ce retour glacé, je demande à rencontrer le colonel Manuel. Heureusement, il dirige l'ancien BCRA et, aujourd'hui, il est le seul officier que je connaisse encore. Me reconnaîtra-t-il ?

Le lendemain matin, Manuel me reçoit et je suis rassuré par son accueil, chaleureux comme autrefois. Il se lève, vient vers moi avec un large sourire et me serre longuement la main. Enfin quelqu'un à qui je

1. Bureau de renseignement et d'action de Londres, tandis que la Direction générale des services spéciaux est installée à Alger, auprès du Comité français de la Libération nationale. Le BRAL est dirigé par le commandant Manuel et comprend toujours l'Action, le Renseignement et le Contre-espionnage.

2. Raymond Lagier [*Bienvenue*] (1914-2001), lieutenant de chasseurs engagé dans la France libre en 1940, a été une des premières recrues du service de renseignement (futur BCRA), dont il dirige le service Action jusqu'en 1943. Le colonel Passy, créateur et chef du BCRA, est, depuis février 1944, le chef d'état-major du général Koenig, délégué militaire pour la zone Nord.

ne suis pas inconnu*. Je lui raconte la désagréable surprise de mes affaires perdues. « Ne vous inquiétez pas. Vous serez remboursé intégralement. Faites une liste de vos affaires et remettez-la au trésorier. Quand vous aurez passé votre C.E.[1], venez me voir et on parlera de votre affectation. Après ces deux mois de vacances en Espagne, vous devez être d'attaque ! J'ai besoin de vous. Comme vous avez pu le constater, nous sommes peu nombreux des anciens Français libres : nous sommes submergés par les vichystes. Vous n'êtes pas au bout de vos surprises… On les aura ! » ajoute-t-il en riant.

Mes démarches, les jours suivants, me confirment cette situation malsaine : je me demande où est la foi de notre engagement ?

Mon examen de retour par les Britanniques est très sympathique, mais celui du C.E. français est hostile[2]. Personne ne paraît connaître Rex et il me semble qu'à l'exception de Manuel, il n'est pas bien vu d'avoir été un de ses collaborateurs. Schmidt, que je rencontre par hasard au détour d'un couloir, me le confirme au cours du déjeuner que nous prenons ensemble. C'est le premier camarade de juin 1940 que je retrouve. J'ai envie de l'embrasser, tant je suis heureux d'être reconnu par un membre de ma « famille » ; c'est-à-dire un être incrusté dans mon passé qui est une protection contre le présent déconcertant qui m'entoure. Il est affecté au service

* Je l'avais connu à Lyon durant deux mois en 1942-1943. Il avait profité de sa mission d'organisation du renseignement en zone Sud pour remettre à Rex, en mains propres, les nouvelles consignes du général de Gaulle. Quant au capitaine Bienvenue, mon patron direct, épuisé par un service de jour et de nuit, atteint de tuberculose, il vivait dans un sanatorium dans le sud de Londres.

1. C.E. : contre-espionnage. Il s'agit de l'interrogatoire de debriefing pour tous ceux qui arrivent de territoires occupés par l'ennemi.

2. L'interrogatoire britannique a eu lieu le 15 mai 1944, celui du contre-espionnage français le 18 mai 1944 (voir *infra* Annexes n° 2 et n° 3, p. 287 et 298).

des opérations aériennes, sous les ordres du commandant Lejeune, ancien officier d'active de l'armée d'armistice qui a longtemps appartenu aux services anglais. Heureusement de Gaulle a exigé le retour de ces « dissidents » au sein de ce qui est redevenu (en mon absence) l'Armée française.

Schmidt me confirme que, pour tous, ces vichystes (qui étaient en Algérie) ont envahi à des échelons divers les services de Londres : avoir été « gaulliste » est synonyme de « traître ». Il vaut mieux éviter les discussions politiques, qui ne peuvent qu'aigrir les rapports de travail, ajoute-t-il...

Je revois également Mme Zonneveldet, j'apprends, hélas, la mort de son mari durant mon absence. Elle m'accueille comme un fils et elle a conservé précieusement mon Journal et les papiers que je leur avais confiés avant mon départ il y a deux ans[1].

Une autre surprise est, lors de ma visite au trésorier, le pécule important qu'il me remet. J'avais oublié que, durant mon absence, le service versait à ma banque, mensuellement, ma solde d'un grade supérieur, tant que j'étais en mission[2]. Heureusement la nouvelle de ma mort ne leur est pas parvenue ! Je me trouve donc à la tête de plusieurs centaines de *pounds*, ce qui me paraît une fortune.

Puis je retourne chez le colonel Manuel : « Je ne sais pas ce que vous avez fait à votre interrogateur, mais votre C.E.[3] est très mauvais ! » C'est pour moi un choc inattendu. Il me lit l'appréciation : « L'intéressé a de toute évidence “préparé” son interrogatoire. Il

1. Il s'agit d'amis d'amis des parents de Daniel Cordier qui l'avaient accueilli à son arrivée à Londres, en 1940. Voir *Alias Caracalla*, p. 89, p. 118-120 et p. 291. Leur nom est alors écrit Zonneveld.

2. Daniel Cordier a été nommé sous-lieutenant en juin 1942 et lieutenant en juin 1943.

3. Voir *infra* Annexes n° 3, p. 306.

était au courant des critiques formulées contre lui et s'est volontairement retranché dans un vague peu compromettant. Ces quelques lignes font néanmoins ressortir le désordre, la prétention et le manque de franchise de cet agent qui en aucun cas ne devra retourner en France où il serait un véritable danger public. »

« Je dois vous dire qu'il est difficile d'avoir pire, à moins d'avoir déserté ou trahi ! Que voulez-vous faire maintenant ? »

Après ce coup inattendu, je balbutie : « Je voudrais repartir en mission ou, si ce n'est pas possible, être renvoyé dans mon arme d'origine. » Manuel est catégorique : « Il n'en est pas question, non pas à cause de votre mauvaise note, mais à cause du manque d'effectif des anciens FFL. Dans notre service, nous devons occuper tous les postes que nous pouvons, si nous ne voulons pas que l'esprit de la France libre soit éliminé. »

Il m'explique qu'après la disparition de Rex, toutes les critiques à mon égard ne pouvaient être que celles de la terre brûlée. « Vous subissez le contrecoup de la campagne de Brossolette contre Rex et tous ses collaborateurs. Vous en verrez d'autres dans votre existence ! Rassurez-vous, c'est sans gravité. Nous avons besoin d'un officier qui connaisse bien les conditions de vie en France afin de préparer les missions des agents que nous parachutons. Je vais voir avec le commandant Lejeune votre affectation. Oubliez ce que je vous ai lu et revenez me voir quand ça n'ira pas. Pour vous, je suis toujours là[1] ! »

En dépit de ce réconfort si amical, je suis désorienté par cette conversation. Certes, le colonel est

1. Daniel Cordier est affecté au BRAL à compter du 18 mai 1944.

un ami, sa dernière phrase le prouve. Mais je ne reconnais pas ce que j'ai entendu dans cette condamnation sans appel. Ce que j'ai vécu durant presque deux ans se réduit-il à ces informations inconsistantes ? Je ne retrouve rien ici de l'atmosphère clandestine et surtout de l'esprit dans lesquels nous avons surmonté, au jour le jour, tant de difficultés et surtout de dangers. Lors de mon interrogatoire, pourquoi les arrestations catastrophiques de septembre n'ont-elles pas été évoquées ? Non plus que « l'imprudence » que représentent l'hébergement des aviateurs alliés ou des Juifs, et tant d'autres actes que je suis heureux et fier d'avoir accomplis ? Il est exact que beaucoup de ces actions sont à l'opposé des consignes de Londres : mais avais-je moralement le droit de laisser arrêter des Juifs sans les protéger ? Sans doute est-ce là le reproche le plus grave.

J'ai le sentiment d'avoir été injustement condamné, sans avoir pu répondre aux critiques formulées contre moi. Surtout comment expliquer le jugement péremptoire dont je suis l'objet, alors que j'ai accompli durant plus de vingt mois une des plus longues missions de la France libre ? Bien que je me sois trouvé à un carrefour de relations entre les partis, les mouvements, les services, tous décimés en permanence par les arrestations, j'ai réussi avec ma petite équipe à « tenir » treize mois sans arrestation ! Ce n'est pas extraordinaire, mais c'est un record. Enfin, suite à la catastrophe de la rue de la Pompe (à laquelle je suis étranger), j'ai reconstruit une nouvelle organisation. Si j'ai réellement les défauts dénoncés par Langlois[1], Brossolette et aujourd'hui le

1. Pseudonyme d'Alfred Touny (1886-1944), représentant de l'OCM au Conseil de la Résistance, particulièrement en charge des questions militaires pour la zone Nord.

C.E., est-il imaginable que Rex m'ait gardé jusqu'à son arrestation et qu'ensuite Serreulles ait refusé de me renvoyer à Londres et m'ait confirmé dans mes fonctions ?

Ce matin, la liberté a un goût amer[1].

Une reproduction n'est pas un original...

Après cette révélation, toute la journée, je traîne mon indignité dans les rues de Londres. Pourtant j'arrive à me distraire, sans doute par inconscience.

Depuis ma visite au Prado, je cherche des reproductions qui me permettent de retrouver l'extraordinaire bonheur procuré par les originaux. Avec naïveté, j'essaie de mettre la main sur des images en couleurs et les plus grandes possibles, afin de les épingler sur les murs de ma chambre. Je fouine dans les librairies d'art de Charing Cross, malheureusement je vais de déceptions en regrets : les seules reproductions des œuvres conservées dans des musées figurent dans les livres illustrés, dont la plupart sont en noir et blanc. Lorsque je trouve quelques reproductions en couleurs, elles sont petites et souvent fort laides. Peut-être existe-t-il une autre solution : ce sont les grandes illustrations que l'on vend en feuilles séparées. Achetant celles qui me plaisent, je rassemble ces images qui forment au moins un souvenir. Puis, examinant l'ensemble du magasin, je découvre d'autres images qui ne sont

---

Quoiqu'il soit arrivé qu'il ait partie liée avec Brossolette, il est difficile de comprendre pourquoi Daniel Cordier le cite en particulier ici.

1. Dans son manuscrit, Daniel Cordier a noté de « peut-être » reproduire le rapport qu'il remit à Londres. Faute de disposer de ses commentaires, nous le reproduisons en annexe n° 1, p. 273.

pas celles du Prado, mais bien plus curieuses de peintres que Rex évoquait souvent : Monet, Degas, Modigliani, Picasso… J'ignore à quelle époque ils appartiennent. Leur présence de papier est moins forte que celle donnée par la dimension des tableaux du Prado mais, en les regardant, je rêve…

Puis j'achève cette mauvaise journée au cinéma. Il y a longtemps que je désire voir *Gone with the Wind*, dont j'avais lu le roman quelques années auparavant. Le film est projeté dans un cinéma de Trafalgar Square : pendant trois heures, je suis emporté loin de moi… Dans ce film, la guerre me semble un inoubliable décor pour l'étrange passion qui lie ces deux êtres antagonistes. Bien que ni la situation, ni les caractères ne lui ressemblent, je pense à Moineau. Pourtant, j'ai de la difficulté à comprendre pourquoi son souvenir demeure si vivant, lorsque je pense à l'amour. Dans un sens, les circonstances nous ont séparés avant que la curiosité et le désir n'aient transformé notre aventure en fiasco : la guerre qui, dans le film, engendre la passion, a brisé la nôtre sans retour.

Enfin chez moi

J'ai hâte de quitter l'hôtel qui m'était réservé et je souhaite habiter dans une chambre dont je puisse tourner la clef. Dans une petite maison au nord de Hyde Park, je trouve à louer une grande chambre joliment meublée.

En m'installant, je marque mon territoire sur les murs en punaisant les reproductions que j'aime. Après quatre ans de vagabondage, je suis enfin chez moi ! Ma vie peut s'organiser autour de mon travail sans le risque (en rentrant chez moi chaque soir) de tomber dans une souricière. Ou pire, d'être réveillé la nuit en sursaut par des hommes qui mettront brusquement fin à ma liberté ou peut-être à ma vie. Enfin, j'ai un téléphone qui me relie, sans crainte, à mes supérieurs et mes camarades et, le soir, je trouve (sans danger) leurs messages de rendez-vous.

Le commandant Manuel m'a demandé de rencontrer quelques personnes qui travaillent à Londres, dont Georges Boris, qui remplace André Philip parti à Alger et fait fonction de ministre de l'Intérieur[1]. Il m'invite à déjeuner. Enfin, après quelques jours, je retrouve Schmidt, Rateau, et Serreulles, mon ancien patron arrivé en Grande-Bretagne en mars.

Patron de l'« Agence Cook »

Quelques jours plus tard, je suis convoqué par le lieutenant-colonel Lejeune (qui a succédé au capitaine Raymond Lagier, à la tête de la section Action). C'est maintenant un service important où travaillent plus d'une centaine de personnes : c'est-à-dire trois fois plus que tout le personnel du BCRA de la France libre en 1942. À l'exception de mes amis, Manuel, Rateau, Schmidt, je ne connais plus personne. Les nouveaux venus n'ont plus rien de l'esprit spartiate des premiers volontaires de la France libre : ils ne sont plus des « volontaires », mais appartiennent à l'armée d'armistice d'Afrique du Nord. Ils sont prisonniers d'un état d'esprit que nous avons combattu

1. L'économiste et journaliste Georges Boris (1888-1960), engagé dans les FFL en juin 1940, est directeur général du commissariat à l'Intérieur et délégué civil à Londres du Comité d'action en France. C'est en fait Emmanuel d'Astier de La Vigerie qui, depuis novembre 1943, est commissaire national à l'Intérieur à Alger, et non plus André Philip.

avec de Gaulle. Chez tous, je retrouve la routine, l'opportunisme ou l'ambition. Beaucoup appartiennent à l'armée d'active et ont les yeux fixés sur leur tableau d'avancement. Pour eux, il ne s'agit plus de choisir parmi les missions les plus exposées, mais de choisir à Londres, parmi les postes les plus avantageux !

Mes camarades et moi-même ne sommes déjà plus les mêmes soldats, car nous vivons dans le souvenir d'un sacerdoce pour la France qui fut notre engagement désespéré. Heureusement, il y a les agents qui partent en mission, parmi lesquels se retrouve l'état d'esprit de nos humbles commencements. C'est de vivre à leur contact que me propose le lieutenant-colonel Lejeune, puisqu'il me désigne comme chef de ce qu'il appelle le « bureau des voyages ». Comme adjoint, il me donne un inconnu : Jean Vidal. Puis, il m'attribue un local : 1 Duke Street. C'est une vaste pièce, au rez-de-chaussée d'un immeuble dont les fenêtres donnent sur le square de la Wallace Collection. Deux bureaux se font face, avec deux téléphones et quelques chaises. Le but de notre travail est de doter les agents parachutés en France des équipements fournis par les services britanniques : combinaisons de saut, cartes, rations alimentaires, revolvers, postes de radio (pour les opérateurs), sans oublier la capsule de cyanure pour tous ! La quasi-totalité de ces volontaires d'Afrique du Nord ayant quitté la France depuis des années, je dois leur expliquer les conditions dans lesquelles ils vont vivre, les résistants avec lesquels ils vont travailler et surtout les dangers qui les menacent.

Jean Vidal, mon collaborateur et ami

Le premier jour de travail, j'invite à déjeuner Jean Vidal pour lui expliquer la tâche dont nous sommes chargés. C'est un grand garçon blond, au visage pointu, aux yeux perçants. Curieusement, il porte le nom qui était celui de ma grand-mère avant son mariage. Servant dans l'aviation pendant la guerre de 1939-1940, il a ensuite travaillé à Montpellier avec le groupe Combat puis, évadé par l'Espagne en 1942, il s'est engagé dans l'armée britannique en arrivant à Londres. Les accords qui viennent d'être signés avec les Anglais les ont obligés à reverser dans l'armée française tous leurs volontaires français. Vidal parle d'une voix claironnante et légèrement chantante. Sur tous les sujets, il a un aperçu ingénieux qu'il exprime en des termes toujours brillants et souvent insolents qui m'enchantent. Dès notre première conversation, je découvre qu'il est un authentique original. Sa culture littéraire, musicale, picturale et politique est beaucoup plus étendue et variée que la mienne. Je n'ai jamais osé parler de « culture » pour désigner les connaissances hétéroclites qui cohabitent plus ou moins harmonieusement dans ma tête. Je perçois immédiatement qu'il appartient à une autre famille spirituelle que la mienne : la gauche*. Pourtant, grâce à Vailland, je ne me sens pas dépaysé dans ce nouveau milieu. En l'écoutant, je deviens conscient de l'évolution que j'ai subie inconsciemment depuis 1940. Je suis toujours frappé de son point de vue et surtout de son ouverture d'esprit, nouveaux par

* À cette époque, je n'étais heureusement plus un homme de droite, mais je n'avais pas encore rallié la gauche.

rapport à l'univers clos de mes certitudes anciennes qui, aujourd'hui, ne sont plus que l'ombre de ma jeunesse. J'en fais l'expérience avec Georges Boris qui est le premier Londonien à m'inviter à déjeuner[1].

Revoir Raymond Aron

Raymond Aron est une des personnes de mon « autrefois » que j'ai envie de revoir. Je ne suis pas déçu. Depuis 1942, grâce à sa brillante direction[2], la revue *La France libre* a obtenu une notoriété internationale : son tirage est très important (40 000 exemplaires). Lorsque je le revois, son intelligence et son jugement ont conservé leur efficacité. Surtout, il a toujours la même gentillesse, en tout cas avec moi.

Comme autrefois, il multiplie les questions, écoute attentivement les réponses avant de formuler son avis dont je sens, sur beaucoup de sujets, qu'il est à la fois l'expression d'une conviction profonde, mais laisse toujours une révision possible grâce à de nouvelles informations. Sauf à l'égard du général de Gaulle, à propos duquel je m'étonnais de retrouver de sa part un blocage, difficile à comprendre chez un homme tellement soucieux de vérité. Pour tout le reste, la discussion est toujours ouverte.

Je lui raconte longuement mon séjour dans les deux zones : le désordre de la Résistance, mes rencontres avec Sartre, ses positions, le spectacle des *Mouches*, *L'Être et le Néant* sur lequel je n'ai que l'opinion de Pierre Kaan, *L'Étranger* et *Les Décombres*[3] que je lui

1. Le manuscrit contient le titre suivant, dépourvu de texte : « Un grand patron, Georges Boris ».

2. Raymond Aron est en fait le secrétaire de rédaction de la revue.

3. *Les Décombres*, du journaliste collaborationniste de *Je suis partout* Lucien Rebatet,

ai apportés et qui me semblent des ouvrages extraordinaires.

Au cours de la conversation, j'observe qu'il a changé. Peut-être a-t-il compris, avec le temps, que de Gaulle n'est pas le dictateur qu'il dénonçait à ses interlocuteurs. Sans doute a-t-il été informé du désordre politique immense qui, avec les résistants, se prépare en France. Peut-être même les communistes ont-ils une chance de prendre le pouvoir. Je lui répète que le seul obstacle est le général de Gaulle : pour moi, c'est un barrage infranchissable, ce qui ne suscite pas la moindre critique de sa part. J'en suis heureux car c'est une évidence, même pour ceux qui croient à la fatalité…

La routine et l'attente

Rapidement, mon travail m'impose une vie réglée qui ne laisse place qu'à peu de liberté. La situation en France exige de plus en plus de radios, saboteurs, officiers de liaison, etc.*, et les arrestations sont très nombreuses parmi les agents. À l'approche de la Libération, les services britanniques avec lesquels je suis en contact permanent nous fournissent tous les équipements.

Je supporte cette tâche purement administrative – c'est-à-dire ingrate –, puisqu'à son terme, je pourrai retourner en France pour combattre enfin, les armes à la main.

---

est l'un des best-sellers de l'Occupation, paru en 1942. Outre une charge outrancière contre la IIIe République et un éloge du fascisme, le livre comprend des pages venimeuses sur le gouvernement de Vichy décrit comme réactionnaire et attentiste, et des portraits cruels mais très drôles de Maurras et de l'équipe de *L'Action française*.

* Durant ces quelques mois de 1944, il y eut plus de cent cinquante radios parachutés alors que durant les trois années précédentes, il n'y en avait eu qu'une cinquantaine.

En attendant, chaque jour s'écoule selon un ordre immuable : je me réveille aux alentours de six heures puis, lorsque je suis prêt, je vais à pied au bureau distant d'une demi-heure de mon domicile. Je m'arrête au coin de Duke Street, dans le grand magasin Selfridges dont le restaurant sert un succulent *breakfast*, durant lequel je lis les journaux. À huit heures, je suis au bureau : les téléphones, les notes de service, les visites commencent... À treize heures, à Regent Park, je joue au tennis avec Rateau ou d'autres partenaires, puis déjeune d'un sandwich et retrouve mon travail jusque tard dans la nuit. Bien que les jours soient de plus en plus longs, nous sortons toujours du bureau à la nuit.

En rentrant chez moi, je m'arrête au Cumberland (grand hôtel devant Marble Arch) dont l'immense salle à manger avec orchestre, est pleine de permissionnaires accompagnés de jeunes filles civiles ou militaires qui dansent sur la piste. Il y a toujours une table de Français où, à des heures irrégulières, je retrouve des camarades. Nous pouvons converser avec les retardataires. Rateau et Schmidt, qui sont des habitués, travaillent dans les services de parachutage d'armes et sont, le soir, aussi fatigués que moi, mais heureux de ce dîner sans autre souci que notre amical bavardage.

L'accélération des parachutages d'armes et de matériel laisse prévoir un débarquement prochain. Suivant les jours, il nous semble imminent ou lointain parce que nous sommes dans l'ignorance absolue de la date de son déclenchement. Pourtant certains indices précis nous font croire à sa proximité... Par exemple, j'ai essayé de revoir Guy Vourc'h[1], mais,

1. Guy Vourc'h (1919-1988) est un évadé de France engagé dans les FFL, avec lequel

après diverses tentatives, je découvre qu'il est dans le commando de Français qui doit débarquer parmi les premiers. Lorsque je réussis à le joindre au téléphone, il est cantonné, hélas ! au bord de la mer et ne peut sortir. Notre seule liaison est téléphonique : je suis ému de cette proximité sonore qui rend complices les mots de notre conversation[1].

Les V1[2]

Mais il y a d'autres indications sur la proximité du Débarquement : nous les recevons directement des Allemands par les V1. Ces petites fusées ont fait leur apparition dans le ciel de Londres. Elles paraissent insignifiantes contrairement aux bombardements apocalyptiques que j'ai connus à partir de ma première permission de septembre 1940. Elles sont dotées d'un seul moteur dont le bruit n'a pas de résonance parce qu'elles volent à très basse altitude. Soudain, le moteur s'arrête et, après quelques secondes, elles tombent et explosent. Je découvre que l'arrêt du moteur est le signal de sa descente. La nuit, cela est devenu, pour moi, un réflexe d'évaluer le risque dont je suis menacé : si le V1 passe au-dessus de ma tête moteur vrombissant, tout va bien. Il s'arrêtera plus loin et la fusée tombera plus loin encore... Si le bruit cesse à l'aplomb du lieu où je suis, tout va

---

Daniel Cordier s'est lié d'amitié en janvier 1941 (voir *Alias Caracalla, op. cit.*, p. 209-211). Il appartient au commando Kieffer comprenant les 177 fusiliers-marins qui sont les seuls Français à avoir débarqué en Normandie le 6 juin 1944.

1. « Viens de téléphoner à Vourc'h que je ne peux malheureusement aller rejoindre. Sa voix au bout du fil, comme étouffée, lointaine, douloureuse. Étonné après deux ans. » (Carnets intimes, 20 mai 1944.)

2. *Vergeltungswaffe* (armes de représailles). Missiles balistiques qui peuvent atteindre la Grande-Bretagne depuis le continent.

bien encore, puisqu'il tombera en avant de moi. En revanche, si le silence s'établit avant d'atteindre la verticale de mon lit (cela se produit quelquefois), le risque est grand.

Un dimanche, nous sommes réunis chez Schmidt, dans la soirée, avec quelques amis. Les V1 commencent à nous survoler. En dépit des sirènes, personne ne descend à la cave, tant cette nouvelle arme nous paraît dérisoire. Pourtant, lorsque le bruit du moteur cesse brusquement avant de nous survoler, un silence se fait entre nous car nous savons que le risque est soudain imminent. Quelques secondes plus tard, la maison est secouée par une énorme déflagration qui a rasé les maisons voisines : c'est un éclat de rire général qui nous libère de la peur intense qui s'était emparée de nous.

Une autre fois, la peur est plus intense encore car je suis seul dans ma chambre et je dors. Au milieu de la nuit, je suis soudain réveillé par le bruit d'un moteur qui déchire le silence comme une vrille qui avance lentement. Comme toujours, j'épie le bruit du moteur qui la plupart du temps passe au-dessus de ma tête et s'éloigne. Ce soir, c'est tout à coup le silence avant qu'il arrive : l'explosion est donc pour moi. De seconde en seconde, mon cœur bat de plus en plus vite. J'ai peur. Instinctivement je ramène mon oreiller sur la tête et le sers très fort contre moi. L'explosion est énorme et les vitres de ma chambre volent en éclats dans un bruit cristallin. Le silence revient, plus profond, plus lourd et ma peur est encore plus forte alors que pourtant, pour moi, c'est fini. Égoïstement, je me rendors car les nuits sont courtes et le travail harassant. Le lendemain matin, en quittant mon appartement, je découvre que la maison voisine est en morceaux et a laissé un trou béant dans le sol. Les sauveteurs et les pompiers fouillent encore les débris. En longeant ce trou énorme, les quelques Britanniques, soldats ou civils qui, comme moi, partent au bureau, ne tournent pas la tête. Certains lisent un journal, d'autres hument l'air, d'autres fument paisiblement. Je suis le seul à regarder ce qui, à quelques mètres, a failli tomber sur mon lit.

Chaque fois que j'assiste à un tel spectacle, j'admire l'attitude de ces Anglais et de ces Anglaises qui donnent au mot flegme un contenu héroïque. En ce qui me concerne, je m'accuse de lâcheté car je n'ai rien tenté pour aider les autres…

Je presse le pas pour aller prendre mon *breakfast* et ne pas être en retard au bureau.

Marx Brothers

En réalité, je mène une double vie. Il y a d'une part la routine administrative du fonctionnement de mon service : recherche de matériels, temps qui s'accélère lors de préparations des missions de dernière minute, car toutes sont urgentes et prioritaires. Chaque agent juge évidemment sa mission comme la plus importante : c'est naturel puisque ces hommes partent risquer leur vie. En permanence on leur doit de l'attention et de la bonne humeur pour éviter les frictions ou les explosions.

L'autre face imprévue et fantaisiste de mon travail est la compagnie de Jean Vidal. Sa présence a pour moi chaque jour plus de prix. D'abord, il a une vitalité, un élan intérieur, colorés par sa voix forte et moqueuse. Mais surtout, il possède une curiosité insatiable. Grâce à lui, je poursuis ma découverte du

Surréalisme, commencée avec Queneau et Vailland. Mais Jean Vidal a fait partie d'un groupe britannique qui publie une revue, activité mystérieuse qui occupe beaucoup de ses soirées. Il me fait lire des ouvrages dont je n'avais jamais entendu parler, comme *Les 120 journées de Sodome* de Sade. Mais, il n'y a pas que les livres qui l'enthousiasment.

Il me le révèle en imitant les Marx Brothers, avec des mimiques outrées. Avant la guerre, j'ai vu *La Soupe au canard, Un jour aux courses* et j'ai beaucoup ri. Mais il me fait découvrir une férocité que j'étais loin de deviner. Souvent il m'emmène au cinéma. Tous les Marx y passent : *La Nuit à l'Opéra, Le Grand Magasin*, etc. J'en redemande et longtemps après les séances, je le raccompagne chez lui dans les rues de Londres où la nuit tombe lentement. J'écoute ses commentaires passionnés qui m'entraînent plus avant dans cet univers d'extravagance et de folie et qui m'arrachent des quintes de rire que je croyais avoir épuisées avant-guerre. Il y a également la musique. Il fredonne les airs, imitant les instruments, détaille passionnément les partitions de l'orchestre et me révèle la musique russe contemporaine : Kabalevsky, Chostakovitch, Prokofiev. Elle fait fureur à Londres dans les concerts et chez les disquaires. C'est la raison pour laquelle je reconstitue ma discothèque (volée au BCRA pendant mon absence). Aujourd'hui, ce sont d'autres auteurs que ceux rassemblés de 1940 à 1942 – Kabalevsky, Prokofiev – que j'écoute passionnément.

J'abandonne ma vie solitaire

Rateau, un soir où nous dînons ensemble, m'annonce son déménagement : « Pourquoi tu ne viens pas vivre avec nous ? » Il a trouvé une somptueuse maison sur Berkeley Square*, à deux cents mètres de mon logement. La propriétaire habite la campagne par crainte des bombardements. Toutes les maisons de la place ont été réquisitionnées par l'armée américaine et elle cherche à louer la sienne à des soldats français pour se rassurer ! Rateau s'est installé en compagnie d'un officier de marine et de son amie Pilar, ravissante jeune fille avec qui nous dînons parfois. Il m'offre la dernière chambre qui est disponible. Je suis conquis par cette proposition. Je la visite le soir même et m'installe le lendemain. En fait, il s'agit de dépunaiser sur les murs mes reproductions de tableaux, de mettre quelques livres et disques dans un sac et de fermer ma valise. Aussitôt installé dans ce voisinage luxueux, je fais l'acquisition d'une « commode *pick-up* », dont la sonorité est incomparable avec tous les phonographes que j'ai connus. J'utilise des aiguilles en bois et jamais un son ne m'a paru aussi proche de celui d'un orchestre. En écoutant mes disques, j'imagine me trouver dans une salle de concert. Comme la saison est chaude, nous vivons les fenêtres ouvertes. Et, tous les soirs, par provocation, nous jouons d'abord l'hymne national russe et souvent *L'Internationale* ! En dépit de notre intention maligne, cela ne choque personne : les Russes sont nos alliés. De plus, un quart des maisons entourant la place a été

* Toutes les maisons du square sont les mêmes.

bombardé et les quelques immeubles encore debout sont occupés par l'armée américaine. Notre liberté est absolue puisque nous sommes les seuls civils habitant cette place.

Un très grand chagrin

Pourtant, même en civil, la guerre continue car la présence de mes camarades du bataillon des Chasseurs ou de la Résistance est toujours présente. Que sont-ils devenus ? Je pense souvent à Rex. J'avais appris avant mon départ de France qu'il était probablement prisonnier dans un camp allemand*.

En rentrant à Londres au printemps 1944, j'ai trouvé deux ou trois lettres de camarades de Camberley que j'avais abandonnés en rentrant au BCRA. Mais le seul dont je suis impatient d'avoir des nouvelles, est André Marmissolle[1], dont je n'ai trouvé qu'une seule lettre… de 1942. Peut-être les autres se sont-elles égarées depuis des mois puisqu'elles viennent d'Afrique où probablement il combat. Il est vrai que, moi aussi, j'ai gardé le silence, mais pour d'autres causes. Aussi, j'invente de bonnes raisons pour expliquer le sien. J'ai bien besoin de me rassurer car il est au combat et je suis inquiet.

Le 17 mai, un jeune officier aviateur, Gérard Gaussen, se présente au bureau pour recevoir son équipement de parachutage pour la France. Il part en mission deux jours plus tard pour devenir

* C'est dire, hélas, l'ignorance dans laquelle nous vivions… puisqu'il est mort (le 8 juillet 1943) dans le train qui s'était arrêté en gare de Metz.

1. Voir *Alias Caracalla*, *op. cit.*, p. 125-126.

délégué militaire de la région parisienne[1]. Afin d'évoquer les conditions de sa vie en France et de son travail, je l'invite à déjeuner, comme je le fais avec tous les partants. « Pour moi, me dit-il, la réadaptation ne sera pas trop difficile parce que j'ai quitté la France il y a un an : d'ailleurs je sais ce qu'est l'Occupation puisque j'étais à Paris depuis la fin 1940 ! » Il me raconte qu'il faisait Sciences-Po et, qu'un jour (avec un de ses camarades d'aviation), il a décidé de partir pour s'engager en Afrique du Nord libérée. J'ai déjà rencontré des garçons venant d'Afrique du Nord qui étaient dans son cas et je suis toujours curieux d'écouter leurs récits de la France occupée pour comparer avec ce que fut ma propre expérience. Gaussen me raconte qu'ils ont passé la frontière à Perpignan avec son ami. « Ce fut sans difficulté car tout avait été organisé par "Ceux de la Libération". Puis nous avons été internés à Miranda avant notre arrivée à Alger, où nous nous sommes engagés. Cela a été facile : tous les deux nous étions aviateurs. » Il marque alors un temps : « Hélas, ça s'est mal terminé pour mon camarade. Comme il n'y avait pas d'avion pour nous, il a voulu changer d'armes pour rejoindre son frère qu'il avait retrouvé : il s'était engagé en juin 1940, chez de Gaulle. Mon ami est alors parti dans l'artillerie où combattait son frère. Sur le chemin de terre du désert qui y conduisait, sa jeep s'est retournée et l'a coincé contre le sol. L'essence répandue sur son corps et celui du chauffeur s'est brusquement enflammée : ils sont morts carbonisés... » J'écoute en silence cette histoire tragique,

1. Gérard Gaussen (1918-2017) est en fait désigné comme délégué militaire pour le nord de la Seine-et-Oise.

car je perçois son émotion à l'évocation de son ami disparu.

Après un silence, il reprend : « Cette histoire est d'autant plus impressionnante qu'il a doublement choisi son destin. »

J'esquisse une consolation : « Comme nous tous...

— Pas tout à fait. Car il y a quelque chose de poignant dans cette affaire : son destin aurait dû être différent ! »

Je m'étonne : « Dès lors qu'il avait choisi de s'engager pour combattre, tout était joué.

— Pas pour lui car, avant d'arriver à Perpignan, nous nous sommes arrêtés à Lyon où on devait nous donner nos contacts pour le passage des Pyrénées. Nous sommes arrivés en fin de matinée à la gare de Perrache. Pendant que j'allais prendre les renseignements à l'adresse indiquée, il est parti visiter la ville pour trouver un bain public. Quand nous nous sommes retrouvés le soir, avant de reprendre le train, il m'a raconté qu'il avait rencontré par hasard, dans la rue, un de ses amis d'enfance qui lui avait proposé de travailler dans la Résistance avec lui[1]. En disant ça, il hésitait... »

À ces mots, je deviens blême et au bord des larmes, je balbutie : « Ce n'était pas André Marmissolle ? »

Il me regarde et brusquement comprend mon immense chagrin : « C'était toi ? Pardon. »

Emporté par un désespoir irrépressible, je suis incapable de lui répondre. Intérieurement, je réécoute cette histoire qui, jusqu'à cette rencontre à Lyon, ne me concernait pas : elle appartient, comme tous nos chagrins de la guerre, au drame que nous avons choisi. Mais la dernière phrase

1. Voir *Alias Caracalla*, *op. cit.*, p. 668-670.

prononcée par Gérard donne un sens personnel et tragique à son récit. J'ignorais, en l'écoutant, qu'il faisait partie du grand deuil de ma jeunesse, ce deuil qui avait commencé depuis quelques mois par la mort de mon père. André, c'était le début de ma vie affective au collège, puis les escapades en montagne, les lectures, l'échange permanent et libre de nos pensées, de nos projets[1]. Notre avenir heureux, soudain, disparaît à jamais. C'est l'amitié que j'avais choisie, les émotions que je partageais avec lui. Tout à coup, j'ai envie d'être seul, de sortir du restaurant, de marcher dans les rues. Gaussen, ce garçon inconnu, est bouleversé par ce souvenir et par notre communion soudaine dans la douleur. Ma vie vient de changer puisque je ne reverrai jamais un être qui a tant compté dans ma jeunesse et qui possédait une place fraternelle dans mon existence.

Pourtant, en repensant à l'histoire de Gaussen, je commence à douter. S'il s'était trompé ? S'il avait confondu avec un autre volontaire ? Je me prends à espérer. Mais, brusquement, cette mort m'apparaît dans toute son horreur, dans sa vérité révoltante : comment est-il possible que le charme, le sourire, la culture, l'intelligence d'André disparaissent à jamais ? Mais, simultanément je suis sûr que tout s'est accompli et que jamais je ne le reverrai.

Le temps passe, il me faut rejoindre le bureau où Vidal et des volontaires m'attendent. Ce jour-là est, pour eux, un jour comme les autres, mais pour moi, c'est un jour de deuil absolu parce que fraternel. Personne, sauf Gaussen, ne peut comprendre, à cet

1. C'est à André Marmissolle que Daniel Cordier doit d'avoir choisi Alain comme pseudonyme, puisque Marmissolle lisait *Propos sur le bonheur* avant son départ pour Londres.

instant, mon immense chagrin. Depuis mon retour à Londres, j'ai l'impression d'avoir changé, d'être devenu un homme. Aujourd'hui, quelques mots ont suffi pour me broyer avec des larmes d'enfant. La tristesse nouvelle qui m'accable, signifie désormais que je suis seul au monde[1].

Le soir, je n'arrive pas à m'endormir, pensant au silence de Philippe Marmissolle, son frère : si c'était « ça » pour lui aussi[2] ?

Notre jour

Je suis trop absorbé par mes tâches quotidiennes pour penser au Débarquement qui est la finalité suprême de mon engagement de 1940, de notre lutte clandestine contre les Boches, et finalement de ma vie. À mon modeste rang, je fais tout pour qu'il réussisse dans les meilleures conditions, c'est-à-dire avec le plus de rapidité pour briser la guerre des Boches. Les réseaux radios et militaires que nous mettons en place auront un rôle important dans la victoire de la France. Toutes les conversations avec nos camarades portent sur les détails de ce travail, limitées toutefois par le secret de chacune de nos sections.

La fin du mois de mai est chaudement printanière. Nos services sont un concentré de jeunesse dont l'âge moyen dépasse rarement vingt-cinq ans. C'est pourquoi mes instants de détente, de divertissement et de rires sont intensément vécus. Leur rareté et leur

1. Voir *infra* « Pages des carnets intimes », 18 mai 1944, p. 257.

2. André Marmissolle-Daguerre (1919-1943) est mort en Libye. Son frère Philippe (1921-1977), qui faisait partie des jeunes garçons partis en juin 1940 avec Daniel Cordier, appartient au 1er régiment d'artillerie des FFL et participe alors à la campagne d'Italie.

plénitude leur donnent un prix inestimable : en dépit de tout, nous sommes heureux.

Londres est vidée de sa jeunesse anglaise et découpée par les aires militaires de l'occupation américaine. En dépit de la circulation des taxis, la nuit est protégée, parfois même silencieuse, surtout dans notre quartier, voisin de Hyde Park. Nous vivons les fenêtres ouvertes, même la nuit*.

Un matin très tôt, je suis réveillé en sursaut par un énorme et sourd vrombissement au-dessus de ma tête. Je n'ai jamais entendu rien de tel : est-ce une vague de bombes volantes des Boches destinées à anéantir ce qu'il subsiste de Londres ?

Comme ce défilé dure, je regarde ma montre : il est cinq heures du matin. Je me lève pour voir à ma fenêtre : le ciel n'est qu'un immense vrombissement. Je lève les yeux. Très haut, presque invisible, il est transformé en une masse d'avions qui passent. Je crois qu'ils sont boches et m'attends à recevoir une pluie de bombes... Soudain je comprends : ce sont les Anglais et les Américains qui rentrent d'un bombardement massif sur Berlin ! Ce matin, il y aura de gros titres dans les journaux. Je me recouche et pourtant je n'arrive pas à me rendormir parce que le bruit continue identique, longtemps, très longtemps. Peut-être n'est-ce pas leur retour, mais l'inverse ? Partent-ils bombarder l'Europe ? Mais le jour se lève et pourquoi continuent-ils si tard ?

Tout à coup, la vérité s'impose : c'est le Débarquement ! Comment n'y ai-je pas pensé ? J'appelle Rateau, mais il est déjà six heures et il est parti pour son jogging matinal à Hyde Park. J'allume la radio :

* Bien entendu, il n'y avait aucune lumière, le noir absolu était exigé par les policiers intraitables.

aucune information particulière n'est donnée durant les nouvelles. Me suis-je trompé ?

Il est trop tôt pour téléphoner à d'autres camarades. Je pense alors à Vourc'h qui est sans doute en train de débarquer ou peut-être même de se battre sur une plage quelque part en France[1]. Je pense joyeusement à tous les anciens de Delville et de Camberley dont je suis sans nouvelles. Pour nous tous, volontaires de juin 1940, c'est *notre jour* puisque aujourd'hui, notre but est atteint : rentrer en France ! Quelle route sinueuse, longue et dramatique, nous y conduit. Je pense à ceux qui ne nous rejoindront pas et dont le sacrifice a permis ce qui va avoir lieu : Montaut et tant d'autres dont j'ignore les noms et qui, avec les vivants, vont enfin remporter la victoire.

Avant d'aller au bureau, je suis impatient de lire les journaux. Mais, après les avoir parcourus, force est de constater qu'ils sont muets. J'arrive le premier au bureau. Quand Vidal se présente à la porte, il fait le signe V avec la main en criant : « Ça y est !

— Comment le sais-tu ?

— Je viens de l'entendre dans le pub où je prends mon café. »

Je suis vexé de ne pas en savoir d'avantage, après avoir été réveillé, peut-être un des premiers, car Vidal, dans son sommeil (meilleur que le mien), n'a rien entendu ! Il n'a, d'ailleurs, aucun détail.

Ce jour-là, ni l'un, ni l'autre, nous n'avons la tête pour le travail. Pourtant il faut recevoir les partants et, comme d'habitude, les préparer ou les faire partir. Aujourd'hui, tout paraît secondaire, sauf les

1. Guy Vourc'h a été blessé dans le quart d'heure qui a suivi son débarquement sur la plage de Ouistreham. « Vu Aron qui m'a téléphoné hier pour m'annoncer que Vourc'h était blessé le premier jour du Débarquement. J'en ressens une peine assez grande, première réaction de ma sensibilité depuis bien longtemps. » (Carnets intimes, 24 juin 1944.)

informations que nous n'avons pas ! Bien que ce soit *notre jour*, tant espéré, nous ignorons tout de sa réalité. En fait la guerre n'est pas terminée. Curieusement pour nous, avec le Débarquement, elle vient de commencer. Heureusement, les conversations téléphoniques avec nos camarades d'autres services nous permettent de rassembler des bribes qui donnent une idée (bien qu'elle soit très vague) de la situation.

Aujourd'hui, nous ne doutons plus de la victoire : mais en avons-nous jamais douté ?

Et la suite ?

Après quelques jours, nos conversations révèlent notre déception de constater une sorte de piétinement dans la campagne française : les troupes ont débarqué, mais nous faisons du sur-place... Comme nous n'avons jamais accepté la défaite, nous n'apprécions pas à sa juste valeur la performance de ne pas avoir été rejetés à l'eau immédiatement.

Et la Résistance ? C'est surtout par Schmidt et Rateau que j'apprends que la situation est meilleure que prévu. Cependant, un couac est inexplicable pour notre service : celui de la mise en route de tous les plans de sabotages dans toute la France ! Pourtant leur lancement progressif était prévu à mesure de l'avance des Alliés. Peut-être sommes-nous mal informés pour juger des intérêts du commandement. Mais, lorsque j'apprends, le 13 juin, la première incursion allemande dans le maquis du Vercors, c'est pour moi une stupeur douloureuse. Depuis l'arrestation de Delestraint et mon installation à Paris, je n'avais plus entendu parler de ce projet. Pourtant, j'ai rencontré Dalloz (l'inventeur du Vercors) qui se ronge à Londres[1]. Il est, comme la plupart des Français, directement branché sur la bataille et ne travaillant pas dans les services, il se montre, suivant les jours, optimiste ou très pessimiste[2].

La Libération de Paris

Depuis des mois, mon travail et ma vie à Londres sont installés dans le confort et dans une routine bureaucratique. Je me console en pensant que chaque jour qui passe me rapproche de mon parachutage. Le piétinement des troupes en Normandie le retarde...

Un matin du mois d'août où j'achète le journal, je suis frappé par le mot qui s'étale sur la page : « PARIS ». Il se répète d'un journal à l'autre : « Paris est libéré ! » J'ai un pincement au cœur. Ma joie est, malgré tout, empreinte d'une mélancolie profonde : pourquoi l'ai-je quitté[3] ? Mon regret de n'avoir pas participé au Débarquement (c'est-à-dire de participer à la vraie guerre) est théorique, puisque j'avais accepté les ordres et les promesses de Manuel. En revanche, à Paris, c'est moi qui ai demandé de quitter

1. Les carnets de Daniel Cordier mentionnent deux conversations avec Pierre Dalloz (1900-1992), les 20 et 29 mai 1944. Une première rencontre avait eu lieu dans le Vercors le 26 janvier 1943, lorsque Daniel Cordier avait été missionné par Jean Moulin pour examiner les potentialités militaires du maquis (voir *Alias Caracalla, op. cit.*, p. 625-626).

2. Le manuscrit contient ensuite deux titres qui étaient destinés à être développés : « Visite à Vourc'h à l'hôpital (prévenu par Aron rencontré le 12 juin visite hôpital le 7 juillet) » et « Puis Rouxin, Seeds ».

Xavier Rouxin (1921-1953) est un camarade de Daniel Cordier, rencontré dès juin 1940 et retrouvé durant l'entraînement d'intégration au BCRA (voir *Alias Caracalla, op. cit.*, p. 243, 273, 276, 403-404). Parachuté en France en juillet 1942 comme radio, Rouxin est arrêté en septembre 1943 et détenu à Marseille jusqu'en mars 1944. Il s'évade par l'Espagne et rejoint la Grande-Bretagne en juillet. Le Britannique Robert Seeds était officier de liaison au camp d'entraînement du BCRA où il fut sérieusement blessé (*ibid.*, p. 249, 267-268). Voir *infra* « Pages des carnets intimes », 16 juillet et 6 août 1944, p. 258.

3. Voir *infra* « Pages des carnets intimes », 26 août 1944, p. 261.

mon poste en dépit de l'insistance plus qu'amicale de Bingen à me retenir près de lui. Je me suis privé, sans remords, de participer à la Libération, mais aucun de mes premiers camarades n'y participera non plus : ceux avec qui j'ai combattu sont tous dans des camps de concentration. Le seul qui soit encore libre, Maurice, j'ignore où il se trouve*. Heureusement, ma réflexion m'enlève tout regret : il aurait été criminel, pour la sécurité, de rester dans mon poste, après les révélations sur les recherches de la Gestapo dont j'étais l'objet, adressées par Limonti de la prison. Si j'avais été arrêté, combien de chefs l'auraient été avec moi ? Comme me l'a répété Manuel : « Vous ne vous êtes pas engagé pour vous faire plaisir, mais pour obéir à vos chefs, qui sont les seuls juges de la fonction dans laquelle vous serez le plus apte à combattre. »

Dans les jours qui suivent cette libération, les plus impatients à vouloir rentrer en France (ceux qui sont restés à Londres durant toute la guerre) se bousculent autour des listes du retour qui se préparent. Mon service, qui travaille essentiellement avec les Alliés, est l'un des derniers à être désigné pour rentrer en France : il n'aura plus d'objet et sera dissous.

Je vais donc trouver Manuel pour lui rappeler sa promesse…

Jedburgh[1] : enfin la guerre !

Quelques jours plus tard, je me retrouve dans une propriété où on prépare les missions pour être

* Il [*Maurice de Cheveigné*] avait été arrêté à Lille comme tous les autres et interné dans un camp de concentration !

1. Une mission *Jedburgh* est une opération ayant pour but de coordonner l'action d'un

parachutés sur le front[1]. Je fais la connaissance de mes deux adjoints : un officier britannique et un américain, plus un radio. Puis, on nous distribue notre équipement et nos armes. Nous devons être parachutés dans un maquis des Ardennes[2]. J'ai hâte d'en finir avec cette épreuve, car le parachutage est dans mon souvenir un fort mauvais moment à passer. Tout est prêt et on nous annonce que nous devons sauter dans la nuit du lendemain ! Je dors mal tant je suis excité de participer, enfin, à cette guerre pour laquelle j'ai quitté la France il y a quatre ans. Le jour se lève et l'officier anglais vient nous réveiller. Tandis que nous nous levons, il nous annonce : « Le maquis des Ardennes vient d'être détruit. Votre opération est annulée. Vous rentrez à Londres et prendrez le bateau à Southampton pour rejoindre Cherbourg… »

La nouvelle est si imprévue, si humiliante après ces années d'attente que je ne comprends pas sur-le-champ l'étendue de mon malheur[3]. Bien sûr, je suis déçu mais sans trop y croire. En fait, cette annonce est tellement terrible que mon esprit l'assimile par morceaux. L'irruption de l'intégralité de cette information dans ma tête m'aurait désintégré : je n'aurais pas supporté d'un seul coup, l'étendue de cette catastrophe qui laissait un trou noir à la place de mon passé et de mon avenir...

Je peux dire, à quatre-vingt-seize ans, que ce fut l'échec le plus humiliant de ma vie !

---

maquis avec les plans de l'état-major allié. L'équipe qui doit être parachutée comprend un officier appartenant au pays d'accueil, un membre de l'OSS américaine et / ou un membre du SOE britannique (services secrets), et un opérateur radio. L'entraînement se fait au camp de Milton Hall.

1. Voir *infra* « Pages des carnets intimes », 30 août et 11 septembre 1944, p. 262.

2. Daniel Cordier parle dans ses carnets d'un maquis des Vosges et non des Ardennes. Il pourrait s'agir des maquis de Charmes, Viombois, Grandrupt ou Noiregoutte, tous détruits entre le 4 et le 16 septembre 1944.

3. Voir *infra* « Pages des carnets intimes », 26 septembre 1944, p. 262.

Un « débarquement » de touriste

Je rentre donc à Londres où tous les Français sont partis. J'obtiens rapidement des services anglais mes papiers avec lesquels je dois me rendre à Southampton, pour embarquer sur une vedette.

Tôt le matin, j'attends sur le quai lorsque je vois arriver Gérard Gaussen : c'est une grande joie de le retrouver car c'est quelqu'un qui, par un hasard dramatique, est devenu un ami *intime*, bien qu'il demeure encore un inconnu. J'ai besoin d'être consolé, même si j'ai honte d'expliquer les causes de mon désarroi. Sa gentillesse et son irrésistible drôlerie sont la seule présence dont j'ai besoin.

À l'invitation de l'équipage de la vedette qui nous ramène en France, nous descendons dans le carré, qui est aussi la chambre des machines. On nous y sert un copieux *breakfast* avec du bacon et des galettes arrosées de miel. Quand nous avons fini, nous remontons sur le pont et le bateau se met en route. Le temps est superbe, mais la mer agitée. Nous sommes assis sur le pont avant, fouettés par le vent et légèrement grisés par la vitesse qui fend les lames. Je pense aux camarades qui, quelques mois auparavant, ont eu la chance de partir ainsi vers les batailles de la délivrance. Aussi loin que le regard s'étend, il y a des navires de toutes tailles, de toute vitesse : vedettes, cargos, cuirassiers.

C'est comme une fête de la marine qui me révèle un pouvoir dont toute l'armée dépend. Après une heure de traversée, nous arrivons à Cherbourg[1].

1. Vers le 28 septembre 1944.

VI

Le retour de l'enfant combattant

octobre 1944

Un camion pour Paris

Au milieu des ruines de la ville qui nous entourent, le chaos administratif s'est installé. Personne ne sait comment nous pouvons rejoindre Paris. Quoique le front soit très loin et le danger inexistant, c'est la première fois que je me trouve à proximité d'une bataille. Partout, c'est l'improvisation, la fièvre et le désordre. Je prends conscience qu'en dépit des formules, des discours et – heureusement – de la présence du général de Gaulle, nous n'existons pas, même en France. Cette inutilité est d'autant plus humiliante que nous sommes chez nous. Mais sommes-nous encore chez nous ?

Je rumine ces observations tandis que nous déambulons d'un bureau à l'autre, en quête d'un transport quelconque pour Paris. Le train n'existe plus : il faut trouver un camion. J'ai le sentiment d'être le pitoyable figurant d'une héroïque aventure. Ce que j'ai tant espéré, tant attendu – la guerre –, est présent partout autour de moi. Mais je la perçois comme un décor étranger à mon existence, puisque je n'ai pas réussi à y jouer un rôle.

Après des démarches à l'aveuglette, un sous-officier nous désigne enfin un camion qui part pour Paris. Il est plein de permissionnaires et de blessés guéris qui rejoignent leur unité. Ces hommes sont des combattants qui ont été jusqu'au bout de leur engagement. Après l'apprentissage que nous avons subi en commun il y a quatre ans, je constate que celui que j'ai souscrit en 1941 dans les services secrets, et qui me semblait un raccourci pour me battre, m'a conduit dans l'impasse. L'après-midi, nous prenons la route. Le temps se couvre et nous roulons sur des chemins défoncés, pleins de boue. Pendant que le camion roule plus lentement, sur le bas-côté, deux files de prisonniers marchent en sens contraire, vers la mer. Je regarde avec curiosité cette conséquence de la défaite des Boches que, jusqu'à présent, je n'ai vue qu'au cinéma.

Le silence se fait dans le camion. Tous nous regardons ce lamentable défilé. Ce qui me frappe d'abord, c'est l'extrême jeunesse de ces Allemands, dont les plus âgés semblent avoir dix-sept ou dix-huit ans. Certains paraissant plus jeunes encore. À moins que l'uniforme n'accentue cette apparence d'adolescent confirmée par leur peau enfantine, sans aucune trace de barbe. Ils ont cette allure de clochard qui m'avait si fort humilié, chaque fois que j'avais vu des prisonniers français de 1940 : leurs habits hétéroclites où toutes les armes sont représentées, certains ayant des capotes, des bottes, des calots ou tête nue, toutes leurs vestes déboutonnées. Ils ont ce quelque chose de commun à tous les prisonniers du monde : une allure d'épave. Leurs regards sont las, comme leurs corps : peut-être est-ce l'immense fatigue d'un rêve brisé. Car aucun Allemand croisé ne peut plus croire que son pays ait la moindre chance de dominer le monde, même s'il le méprise encore. Ce spectacle, qui aurait dû me réjouir, me laisse accablé. Pour la première fois, je vois enfin la revanche vers quoi ont tendu ma volonté et le sacrifice de ma jeunesse. Pourquoi n'en éprouvé-je aucune joie ? Sans doute parce que je n'en ressens aucune fierté : cette victoire n'est pas la mienne. Certes, nous sommes dans le camp des vainqueurs, mais nous ne sommes pas victorieux. Car ces prisonniers ne sont pas « nos » prisonniers, mais ceux des Anglais ou des Américains. Le lieu du champ de bataille, seul, est français. Notre participation à la victoire est la ruine de nos campagnes, de nos villes. Un goût amer empoisonne tout.

Après que les dernières colonnes se sont éloignées, les conversations reprennent sans la moindre allusion au spectacle dramatique de ces « enfants » allemands, si proches, si pareils à nous. Je pense à ces jeunes marins allemands croisés, un soir, dans le métro parisien et à leur gaieté enfantine. Comment briser à jamais tout ce qui nous oppose et ne sert que la mort dans laquelle nous redevenons tous frères ? Pour éviter le retour d'une telle catastrophe, il faut les rejoindre et nous lier pour toujours dans tout ce que nous avons de commun. J'espère que la victoire nous imposera cette utopie.

Dans Paris libéré

Dans la soirée, nous arrivons à Paris. : je suis exténué par cette journée accompagnée du bruit terrible de tous ces moteurs que rythment le choc des cahots de la route et la vision de ces hommes désespérés. J'ai hâte de me retrouver chez moi, dans le petit atelier où j'ai laissé mes affaires.

Après avoir déposé mes affaires et pris un bain, je sors pour humer l'air du Paris libéré. Je dîne dans une brasserie en face de la gare Montparnasse, tout en lisant pour la première fois – et avidement – les journaux français. Ces titres qui m'étaient familiers dans la clandestinité s'étalent maintenant dans les kiosques, à la vue de tous. Puis, je descends à pied à Saint-Germain-des-Prés dans l'espoir de tomber sur un camarade ou une connaissance. Brusquement je découvre que je suis plus seul à Paris qu'en exil à Londres. De tous les camarades que j'ai connus dans la Résistance, je n'ai jamais su le domicile, encore moins le téléphone et souvent pas même le véritable nom. Que sont-ils devenus ? Comment les retrouver ? Je tourne autour des Deux Magots, du Flore, du Royal dans ce quartier où j'ai eu tant de rendez-vous et où je passais tant de temps, il y a quelques mois encore.

Je suis triste de ma solitude car, depuis des mois, je pense à ce retour comme à une fête où tout le monde parle à tout le monde, dans les rires, parfois brisés par les larmes quand s'y mêle le souvenir des absents. Rien de tel ce soir. La vie est identique à ce que j'ai connu : nonchalante, mystérieuse, affairée. Cette atmosphère n'a pourtant rien à voir avec celle de l'Occupation. C'est celle d'artistes ou d'intellectuels formant leur destin, élaborant des doctrines, cultivant leur différence.

Soudain, sans que je l'aie vu arriver, je me trouve en face de Sartre. J'ai envie de l'embrasser tant je suis heureux, non pas de le rencontrer lui précisément (car ce sont mes camarades de clandestinité que je cherche), mais quelqu'un à qui je puisse enfin parler. Il n'a pas changé, toujours avec sa gentillesse, sa curiosité attentive. « Je viens d'arriver de Londres... »

Très tard, je rentre épuisé et je m'endors d'un bloc, sans avoir rencontré l'image que je me suis forgée de la liberté[1].

La DGER[2]

Lorsque j'ai quitté Londres, on m'a fourni l'adresse où sont installés les services du BCRA : c'est à l'autre bout de Paris, à l'entrée du bois de Boulogne.

Durant la guerre, ces immeubles étaient occupés par la *Kriegsmarine*. Ils sont toujours revêtus d'une peinture de camouflage pour se fondre avec la verdure qui les entoure. À l'entrée règne une agitation étonnante qui fait penser à celle d'un marché. Je me présente au planton qui tente de filtrer les visiteurs et demande les cartes d'identité. Il est débordé par le tumulte des « résistants » de toutes origines et de tous grades qui tous estiment avoir, « seul », le droit d'entrer (ne serait-ce que pour saluer un de leurs camarades qui travaille dans les bureaux). Ne sachant plus à quel service j'appartiens, je demande à voir le colonel Manuel. Après quelques palabres, je monte les escaliers au milieu d'un incroyable tumulte de personnes courant dans tous les sens, hurlant des noms, des adresses ou racontant des histoires de Résistance à dormir debout. Je suis horrifié par ce spectacle contraire à la seule vérité que j'aie connue : la solitude de la clandestinité.

Est-il possible que les difficultés et les dangers de toutes natures au milieu desquels nous nous

1. Voir *infra* « Pages des carnets intimes », 8 octobre 1944, p. 265.

2. La DGER (Direction générale des études et recherches) ne deviendra le nouveau nom de la DGSS (Direction générale des services spéciaux) que le 23 octobre 1944. Daniel Cordier est affecté à la DGSS à compter du 1er octobre 1944.

débattions tous, aient masqué cette foule d'hommes vantards qui prétendent tous avoir libéré la France ?

Finalement, je suis reçu par le colonel Manuel. Lui aussi, comme Sartre hier soir, j'aurais voulu l'embrasser… Au milieu de ce désordre géant qu'il semble ne pas remarquer, il est pareil à lui-même et m'accueille, souriant et calme comme à l'ordinaire. D'un mot, je lui confie mes mésaventures du *Jedburgh* et ma volonté de retourner enfin à mon ancienne arme, les chasseurs, afin de rejoindre la 2ᵉ DB du général Leclerc (déjà légendaire), qui poursuit la guerre en direction de l'Allemagne. En dépit de la malchance qui semble me poursuivre, j'ai encore une opportunité de participer à la guerre. Gentiment, il se moque de moi : « Vous ne changez pas beaucoup de discours. Vous êtes toujours perdu dans vos rêveries d'adolescent. La guerre, vous l'avez faite plus que les autres, même si vous ne vous en êtes pas aperçu parce qu'elle ne ressemblait pas à celle de vos livres d'enfant. Stoppez vos nostalgies inutiles. Observez la situation. C'est Alger – c'est-à-dire Vichy – qui débarque ici, allié contre nature de la Résistance intérieure et surtout ennemi absolu de la France libre et du général de Gaulle. Vous êtes un des rares Français libres à avoir vécu cette histoire et à la connaître à fond grâce au poste que vous occupiez. La France sera bientôt libérée entièrement. Notre problème maintenant n'est plus de gagner la guerre. Les Français qui n'ont rien fait jusqu'ici doivent enfin être utiles à leur pays en y participant. La vocation des Français libres, elle, est politique. Nous devons organiser des services secrets efficaces et barrer la route aux hommes de Vichy qui (vous le découvrirez) veulent conserver le contrôle de tous nos services, parce qu'à Alger ils étaient les maîtres. Le nouveau directeur, Jacques Soustelle[1], s'y emploie, mais c'est très difficile.

« Simultanément, nous devons soutenir le général de Gaulle dont l'autorité est toujours contestée par les Alliés. Ils ne l'ont pas encore reconnu comme Gouvernement provisoire de la France[2] ! Ils s'attendent à son éviction par les communistes appuyés sur la Résistance intérieure. Vous comprendrez la situation quand vous aurez repris contact avec vos camarades de la clandestinité. Ce n'est plus le temps des alliances de façade. En ce qui concerne le BCRA, il est la cible favorite pour déconsidérer de Gaulle auprès des résistants de base. En dénonçant chaque jour la "trahison du BCRA" (responsable, selon eux, d'avoir "désarmé" la Résistance), ces résistants accusent les "émigrés" de Londres d'avoir la mainmise sur la France. Votre séjour à Londres vous a fait oublier les conflits dont Rex et ses successeurs ont été victimes. Vous allez rapidement découvrir qu'ils sont maintenant étalés avec passion.

« Nous pouvons soutenir de Gaulle dans notre secteur en nous débarrassant des vichystes. La vraie guerre est maintenant là. Ceux qui savent la vérité doivent la dire : d'abord en expliquant à tous ceux que vous connaissez la vérité et surtout en apportant les preuves. Le colonel Passy ne veut pas laisser sans réponse ces campagnes contre le BCRA. Je vous en parlerai quand ce sera mieux défini. En tout cas, vous avez précisément une place de choc : celle de défendre la France libre et la mémoire de Rex dont vous étiez le témoin quotidien durant cette période.

1. Jacques Soustelle (1912-1990) dirige depuis novembre 1943, à Alger, la DGSS qui a difficilement unifié les services secrets gaullistes et ceux de l'armée d'Afrique.
2. Cette reconnaissance par les Alliés aura lieu le 23 octobre 1944.

« Au lieu de partir au front, prenez quelques jours de vacances et revenez me voir à votre retour. »

Une fois encore, je suis donc interdit de faire la guerre pour laquelle je me suis engagé il y a quatre ans à Londres. Ces instructions me paraissent d'autant plus inopportunes que je ne comprends pas l'utilité de défendre ni le BCRA ni Rex : ce sera le rôle des historiens qui diront, documents en main, la vérité sur les rôles respectifs de la France libre et des mouvements de Résistance. Ce qui ressort des propos très amicaux de Manuel, c'est que probablement il a besoin de moi et que la guerre véritable m'échappe. Je ne me battrai donc jamais ! Je suis démoralisé par cette évidence : je reste un planqué. Pour me soustraire (sans lui désobéir) à ce que le colonel me demande, je lance ma dernière bouée de sauvetage : « Mais je ne connais plus personne dans la Résistance. Je ne sais même pas comment les joindre matériellement. »

Manuel éclate de rire : « Allez déjeuner au Cercle Interallié, vous y rencontrerez le "tout-résistance". Évidemment ils ne vous attendent plus devant une bouche de métro ou au pied de la statue de Louis XIV. Ils sont chefs de service, directeurs de cabinet, ministres ou directeurs de journaux. Ils déjeunent faubourg Saint-Honoré et dînent au Claridge. Écoutez, notez tout et n'oubliez pas que j'attends vos comptes rendus[1]. »

Il se lève, l'entretien est terminé. Après cette visite, en tout point très amicale, je me sens seul. Sans doute a-t-il raison, je dois prendre quelques jours de vacances. En fait cela consistera à revoir ma

1. « Manuel me dit ce matin : "Il faut que vous gardiez le contact avec tous ces mouvements de la Résistance – vous aurez des frais de représentation – demandez-moi – je vous ferai faire la liste avec les ministères". » (Carnets intimes, 15 octobre 1944.)

famille que j'ai laissée sans nouvelles depuis quatre ans. C'est d'abord à l'idée de paraître devant elle que j'ai honte de mon inaction militaire.

Pour me consoler de ce désarroi, j'ai au moins une adresse : celle de Vitia Hessel[1] que j'ai quittée trois semaines auparavant à Londres et que j'ai hâte de revoir.

La Résistance du Cercle Interallié

Comme Manuel me l'a conseillé, je vais déjeuner au Cercle Interallié. Pendant l'Occupation, je suis passé souvent rue Saint-Honoré sans me douter qu'un jour elle deviendrait un haut lieu de la Résistance. Au premier étage, je suis fort intimidé en entrant dans l'immense salle à manger. Toutes les tables sont occupées. Heureusement, en avançant, je suis hélé par un camarade de Résistance qui est installé avec quelques garçons de notre âge que je ne connais pas. Il me présente au « capitaine Stéphane », libérateur de l'Hôtel de Ville[2]. D'autres résistants inconnus l'entourent. Je note qu'il accompagne mon nom d'une précision laconique « ... de Londres ». À la table, les conversations reprennent sans que j'y participe car il n'est question que des problèmes posés par la libération de Paris : injustice dans la répartition des postes ministériels, prochaine réunion de l'Assemblée consultative et organisation

1. Vitia Mirkine-Guetzévitch (1917-1986) a épousé en 1939 Stéphane Hessel (1917-2013), dont Daniel Cordier est devenu l'ami en 1941 au camp d'Old Dean (voir *Alias Caracalla, op. cit.*, p. 216-217). Ayant intégré le BCRA en 1942, Hessel a été envoyé en mission en France et arrêté en juillet 1944. Il est alors déporté au camp de Buchenwald.

2. Il s'agit de Roger Worms dit *Stéphane* (1919-1994). Lors de l'insurrection parisienne, il a pu entrer, grâce à des complicités, dans l'Hôtel de Ville avec des FFI, au nom du Comité parisien de Libération.

des partis politiques en France. Enfin s'échangent quelques mots sur de Gaulle, qui ne peut imposer son autorité (qu'il souhaite dictatoriale) à cause de son conflit avec l'ensemble des chefs de la Résistance et d'abord avec les communistes qui veulent sa place.

J'ignore tout des sujets dont ces jeunes hommes parlent avec assurance et suis gêné de me sentir étranger à leurs préoccupations. Pourtant, certains noms, qui m'étaient familiers dans la Résistance, reviennent dans la conversation. D'autres m'étant inconnus, je demande timidement leurs pseudos dans la clandestinité. Mes questions sur ces hommes et ces événements révèlent l'étendue de mon ignorance. Elle les conforte dans le mépris que j'ai toujours perçu de la part des résistants à l'égard des « hommes de Londres ». Les hommes de Paris sont les authentiques héros de la Résistance car ils ont libéré Paris et ils connaissent tout le monde.

Je ne me lasse pas de les questionner, ce qui les confirme dans l'opinion que je suis un émigré. Mais devant ma curiosité de connaître leurs rôles et d'écouter leurs histoires, ils deviennent plus amicaux. Peu à peu, la distance s'efface. Chaque fois qu'ils évoquent une personne se trouvant dans la salle, ils me la montrent avec une fierté non déguisée parce que, tout en me rabaissant, elle rehausse leur prestige...

Tour à tour, ils me désignent Villon, Farge, Blocq-Mascart, Viannay, J.-P. Lévy, Menthon, Parodi... Chaque fois, ils font sonner bien haut leurs nouvelles fonctions propres, pensent-ils, à m'éblouir. Le repas s'achève et autour de nous, les convives se lèvent successivement pour gagner la sortie. Les camarades de ma table me nomment les résistants qui passent près de nous et leur adressent un sourire ou un mot de complicité. J'en suis au dessert, dégustant un succulent gâteau, lorsque Roger Stéphane se penche vers moi : « Voici mon grand ami Georges Bidault. »

Je lève les yeux. Effectivement le nouveau ministre des Affaires étrangères se dirige lentement vers notre table. Stéphane se lève avec empressement. Je reste assis, de plus en plus gêné, et ne sais trop quelle contenance adopter. Bidault passe devant Stéphane sans un mot et s'avance vers moi en me tendant la main. Je me lève comme un ressort, en balbutiant. Il me prend par l'épaule et m'embrasse : « Comme je suis heureux de vous revoir, mon cher Alain. Téléphonez-moi le plus vite possible pour que nous dînions ensemble. » Il s'éloigne comme il était venu, retrouvant ses collaborateurs et ses amis. Gêné, je me rassois et, ne sachant que dire, je continue à déguster mon gâteau. Stéphane me dit alors avec reproche : « Vous le connaissiez donc ? » Le camarade qui m'a invité, sentant mon embarras, répond à ma place : « Bien sûr, Cordier était le secrétaire de Jean Moulin[1]. » Aux yeux qui s'arrondissent, je comprends que mon ancien patron leur est totalement inconnu, même de nom, et qu'ils ne comprennent pas comment, travaillant au service d'un obscur responsable de la Résistance, j'ai pu connaître aussi familièrement le grand chef qu'est devenu Georges Bidault, en étant nommé président du Conseil de la Résistance et maintenant ministre des Affaires étrangères du général de Gaulle. Mon camarade ajoute : « Cordier a créé la Délégation. » Je ne sais pas la signification de ce mot, que je n'ai jamais entendu dans la Résistance*. Mais je

1. Telle quelle, cette anecdote contredit la chronologie du récit de Daniel Cordier selon lequel il n'aurait appris qu'ultérieurement la véritable identité de Rex. Voir *infra*, p. 168.

* Il ne s'est imposé que tardivement pour désigner l'ensemble des services dépendant directement du représentant en France du Comité français de la Libération nationale.

vois les visages autour de moi s'éclairer d'une certaine déférence qui révèle que, si le résistant dont j'étais le secrétaire était sans importance, j'ai dû connaître, grâce à cette « Délégation », d'autres camarades qui sont maintenant des personnalités.

Ce minuscule coup de théâtre m'a regonflé. Manuel a raison, je connais tous les chefs de la Résistance... à condition de les revoir.

Les jours suivants, je reprends contact un par un avec des anciens camarades, ceux du moins qui n'ont pas été arrêtés.

Retour vers le passé

Parfois, je pense à ma famille avec des alternances d'envie soudaine de la revoir et d'une sorte de crainte difficilement explicable... J'aurais sans doute dû écrire, télégraphier ou téléphoner. Je ne l'ai pas fait. Je suis paralysé par l'idée de cette rencontre après plus de quatre ans de séparation parce que ma vie, mes camarades et jusqu'à mes opinions, tout a changé. Surtout, mon père est mort !

Plus grave encore, je n'ai pas envie de comprendre ce qui se passe en moi : encore moins de le manifester. En fait, chaque semaine, je retarde mon retour à Bescat[1], dans ma famille. Peut-être parce que le retour marquera la fin de la guerre plus sûrement que tout autre événement. En revoyant ma famille, je ferme la parenthèse d'une aventure que j'ai choisie, qui est toujours mon présent, mais deviendra, instantanément, mon passé.

1. Le village des Pyrénées-Atlantiques où Jeanne et Charles Cordier habitaient avant la guerre.

En échange de quel avenir ? Je ne réfléchis pas au-delà de cette question et ne tente aucune réponse...

*

Je me décide finalement à quitter Paris dans une voiture que j'ai achetée avec mes économies et je traverse, vers mon passé, la France entière. Cette route, je l'ai faite plusieurs fois avant la guerre. J'en reconnais certains tronçons où rien n'a changé, sauf l'absence de tout véhicule, y compris de charrettes, qui transforme le chemin en désert. Je suis muni de ma carte des services spéciaux et d'un laissez-passer, car le service de sécurité m'a prévenu que les départements que je traverserai ne sont pas sûrs. Certains secteurs (plus précisément ceux du Sud-Ouest) sont contrôlés par des bandes armées de « maquisards » n'obéissant à personne et menaçant les routes. J'ai constaté depuis mon retour de Londres, l'inflation des uniformes et des galons plus ou moins fantaisistes. À tout hasard, j'ai revêtu mon uniforme de lieutenant et je déboule à toute allure sur ces routes incroyablement désertes.

Parti très tôt le matin de Paris, je suis à Bordeaux après le déjeuner.

Je vais chez mon grand-père Gauthier[1] dans le vieux Bordeaux. Lorsque j'arrive, il est dans son bureau occupé à des écritures. Il se lève sans émotion apparente, tel que je l'ai quitté en 1940, et tel que je l'imaginais quand je pensais à lui. Petit, le regard vif avec ses yeux très bleus, une barbe courte et blanche, sa cravate lavallière, sa veste à petits revers, ses bottines à boutons, son fume-cigarette

1. Le père de sa mère.

à la main. Il me met comme autrefois la main sur l'épaule et m'embrasse. Il reste longuement devant moi, me scrutant de toutes ses forces. Puis simplement : « C'est très bien. Tu as conservé ton regard clair et droit. »

Curieusement, en me rapprochant des Pyrénées, je suis magiquement pressé de gagner Pau et de retrouver Bescat, le village de mon enfance. Je demande à mon grand-père de m'accompagner afin de nous retrouver en famille après tant d'années de cruelle séparation. En dépit de mon insistance, il s'obstine à refuser. Quoique attristé, je ne suis pas surpris car personne n'a jamais réussi à le faire changer d'avis quand il a décidé quelque chose. Je me résigne à coucher à Bordeaux pour parler avec lui.

Je suis curieux de savoir comment il a subi l'Occupation. À mesure qu'il parle, la joie de nous revoir fait place à une certaine lassitude. Il a quatre-vingt-quatre ans et je remarque sa maigreur. Est-ce l'âge ? Est-il malade ? Il me donne la réponse sans que je ne le questionne. Je ne me suis jamais inquiété de son ravitaillement car, avant la guerre, il vivait de la propriété qu'il possède à vingt-cinq kilomètres de Bordeaux : chaque année, il se chauffait au bois qu'on lui livrait à l'automne. Les métayers lui faisaient parvenir régulièrement légumes et viande, vin en quantité. Malheureusement, depuis la défaite, il a tout refusé, se contentant, pour vivre, de ses tickets. Cette histoire qu'il me raconte en détail, mais sans s'y attarder, me fait comprendre que c'était sa manière de faire de la résistance, c'est-à-dire d'être solidaire des Français. Ce bonapartiste engagé, amoureux fou de la patrie, parle toujours des Boches avec une véhémence et une haine qui ont nourri mon enfance*. Bien qu'il ne s'attarde pas sur les conditions de son existence, volontairement difficiles, je comprends combien il est heureux en me revoyant, fier de mon engagement et finalement de notre victoire

Avec un immense regret, le lendemain, je pars seul.

*

Au milieu des paysages de ma jeunesse et des images de mes souvenirs, j'ai de plus en plus hâte de revoir ma mère et ma grand-mère... Durant les longues traversées des forêts de pins, je retrouve intactes, dans cette lumière changeante et vibrante d'un automne miraculeux, les petites bourgades aux maisons inchangées. Les souvenirs se pressent dans ma tête, c'est ma maison, ma chambre qui m'habitent. Mais, enveloppant tout, lancinant, c'est le visage de ma mère au regard adouci par sa myopie qui me hante. A-t-elle changé ? Ouvrira-t-elle la porte ? J'ai envie de me jeter dans ses bras et de la tenir serrée très fort, pour qu'elle sache combien elle m'a manqué, combien je n'ai pas changé et que, depuis mon départ, je suis toujours son petit enfant... Il est treize heures trente et je pénètre dans Pau, passant devant le portail de mon ancien collège, l'Immaculée Conception. Je suis soudain envahi de sanglots et de larmes, qui me secouent si violemment que je dois freiner brutalement : je ne vois plus rien. Je m'arrête et coupe le moteur pour sangloter éperdument. N'est-ce pas cette débâcle que je craignais inconsciemment ? Pourtant, je touche à la

* Son fils était mort aux premiers jours de la Grande Guerre.

joie suprême de revoir ma mère et ce passé dont je découvre qu'il était la récompense de mon engagement. De plus, je reviens en vainqueur ! La France est presque libérée, de nouveau nous sommes chez nous. Surtout la honte de la défaite est, pour moi, exorcisée. Pourquoi mes larmes ressemblent-elles si fort à celles que j'ai versées il y a quatre ans, après avoir entendu Pétain ? Aujourd'hui, je crains de ne pouvoir me contenir devant ma mère. Hélas, je suis gêné, par avance, de cette faiblesse indigne de l'image que je me fais de l'homme que je veux être.

Il est presque deux heures lorsque j'arrive au Gassion*. La concierge m'indique l'étage de l'appartement de mes parents. Je monte et sonne. Un bruit de porte intérieure, puis des pas s'approchent. Mon cœur bat follement dans un incroyable désordre. Une jeune fille, inconnue, au tablier blanc entrebâille la porte et dit doucement : « Monsieur désire ? »

Me suis-je trompé d'appartement ?

« Je voudrais voir Mme Cordier.

— Elle vient de se mettre à table.

— Ça ne fait rien, prévenez-la. »

Peut-être le ton volontaire de ma réponse lui fait sentir l'urgence de ma visite. Je reste immobile sur le seuil de la porte de cet appartement inconnu. Je suis face à la haute fenêtre brillamment éclairée par le soleil donnant sur les Pyrénées qui scintillent au loin :

« Qui dois-je annoncer ? »

Je la regarde avec force.

« C'est une surprise. »

Je reste debout, examinant les meubles de cette

* À côté du château, sur la promenade des Pyrénées, un ancien palace que la défaite avait transformé en appartements, où mes parents habitaient.

vaste entrée. Après un moment (une éternité), la porte s'ouvre. Ma mère, sans ses lunettes, entre presque timidement, se dirigeant vers moi en plissant les yeux, cherchant à déchiffrer l'étranger qui l'attend :

« Bonjour Monsieur... »

Et soudain, presque contre moi, elle me reconnaît, s'abandonne dans mes bras : « Ah Dany... Dany ! »

Elle reste longtemps immobile en pleurant contre mon épaule. Je n'ose pas bouger tant je suis ému, mais aussi gêné parce que, comme je l'ai souhaité, je ne pleure pas... Au lieu d'en être fier, j'ai honte et m'accuse d'être insensible à cette joie sans mesure que j'espérais depuis quatre ans et que j'éprouve, ici, mais sans pleurer...

Après un instant éternel, ma mère se détache : « Attends-moi ici. Il faut que j'aille préparer Mamie. Il ne lui faut pas d'émotion forte. Elle a été si inquiète pour toi. »

Pendant un moment, je regarde par l'immense fenêtre la vue lointaine. C'est là-bas au pied de ces montagnes que se trouve Bescat, mon village : le but de mon voyage.

Ma mère vient me chercher et j'entre dans le salon immense, ma grand-mère se lève et vient vers moi, le visage envahi par une joie qui la rajeunit. Charly est près d'elle : « As-tu déjeuné ? »

Devant ma réponse négative, ma grand-mère s'agite pour me faire préparer un déjeuner et, soudain, nous nous retrouvons à table comme autrefois. Il n'y a pas de conversation mais des questions et des réponses sans suite. Après avoir partagé cette immense et commune émotion du retour, nous sommes dépaysés. Chacun comprend qu'il ne suffit pas d'être ensemble de nouveau pour continuer la vie d'autrefois... Ces années passées sont un obscur et immense abîme à travers lequel nous tâtonnons. J'évoque Bescat : ils y vont rarement car, depuis l'automne 1940, ils n'ont plus d'essence, ce qui explique leur installation à Pau. Ma mère me dit :

« Anna* s'occupe de tout. Elle garde Nadja. »

Est-ce par mégarde qu'ils prononcent seulement le nom de ma chienne ? Je n'ose poser la question. Mon beau-père me devance :

« Arouk est mort. »

Je me sens blêmir car, pour moi, il est autre chose qu'un chien : il est le symbole de notre vie familiale, de ce passé que, tous, nous nous efforçons de faire revivre. À cet instant, je comprends dans notre échange de mots à bâtons rompus, que nous irons demain à Bescat. Mais, je veux coucher *ce soir* dans ma chambre. Heureusement, ils n'ont aucun bagage à faire et, selon mon souhait, nous quittons Pau en fin d'après-midi. C'est la première fois que, dans ma voiture, c'est moi qui conduis mes parents sur cette route que j'ai faite pendant quinze ans, où j'ai appris à conduire et dont je connais par cœur les cinquante-deux virages...

J'ai si souvent rêvé de ce retour que, quand apparaissent les premières maisons du village bordant le chemin tout droit qui monte à la maison, j'ignore si je suis bien dans la réalité. Les quelques lampes qui bordent le chemin de temps en temps, tamisées par le halo d'humidité, rendent plus onirique le décor. Devant le portail étroit, j'exécute la manœuvre que j'ai vu, autrefois, mon beau-père exécuter avec dextérité, et qu'à mon tour, j'effectue comme si je n'avais fait que ça depuis quatre ans.

* Ma gouvernante (et son mari).

Depuis un moment le silence s'est établi entre nous. Chacun essaie de construire la suite des jours passés depuis quatre ans. Dans le village, rien n'a changé. Les hauts tilleuls du jardin écrasent la voiture. Mon beau-père ouvre les volets tandis que je traverse le hall pour monter dans ma chambre. J'ouvre la porte et m'arrête sur le seuil : tout est intact. Mon lit-divan avec mes livres autour de mon sommeil, ma table avec le sous-main, ma collection d'échantillons de marbre et « Alfred », mon pingouin de *Zig et Puce* que ma mère m'avait rapporté d'une soirée lorsque j'avais sept ans. Je suis enfin chez moi ! Le centre, le point fixe de ma vie vers lequel tout me ramenait dans mes pensées, sans que je comprenne précisément ce que j'attendais de ce retour. Brusquement je sens la fatigue m'envahir : j'ai envie d'être dans mon lit et de dormir. Pourtant, comme autrefois, je redescends au salon. Tout le monde s'affaire pour organiser le dîner dont ils veulent qu'il soit la fête de mon retour. Anna est là, timide et radieuse. Je l'embrasse. « Monsieur n'a pas changé. » À table, je demande des nouvelles du village et d'abord du docteur Vallin, ami de ma famille que j'accompagnais dans ses courses en montagne. « Il a été arrêté à la Libération. Il est interné au camp de Gurs. »

Je n'en reviens pas. Comment cet homme paisible, ce grand spécialiste qui a fait la guerre de 1914, estimé de tous, a-t-il pu être inquiété ? Il avait pris une retraite studieuse et sportive dans ces montagnes et surtout « ne faisait pas de politique ». Je sens mon beau-père indigné :

« C'est injuste. Il n'a rien fait. En 1940, les anciens combattants lui avaient demandé d'être président de la Légion, mais il y a longtemps qu'il ne l'était plus. Ce n'est pas comme Monsieur le curé. »

Devant mon air étonné, Charly poursuit : « Lui était carrément collaborateur. Il faisait des prières à l'église au cours desquelles il encourageait le rapprochement avec les Allemands. C'était inadmissible. Lui aussi a été arrêté… mais il le mérite. »

Je suis heureux d'entendre cette condamnation aussi ferme de la collaboration. Non pas que j'aie cru que ma famille ait pu collaborer, mais connaissant la politique de l'Action française et les opinions maurrassiennes de mon beau-père, j'étais en droit de m'inquiéter. Jusqu'à présent, les noms de Vichy et de Pétain n'ont jamais été prononcés, pas plus que celui de De Gaulle. Je me doute que ma famille n'était pas résistante…

Ayant manifesté mon intention d'aller visiter Verdenal, le maire de Pau, pour le remercier de son attitude en juin 1940 et d'avoir facilité ma réunion à l'hôtel de ville, je m'entends répondre : « Il n'est plus le maire. Lui aussi a été arrêté[1]. »

Décidément, il y a plus de changement ici que l'apparence des choses ne le laissait croire. Plus grave encore est l'attitude d'un ancien militant du cercle « La Tour du Pin » que j'avais recruté pour vendre *L'Action française* avec nous, à Pau : ce jeune ouvrier sympathique s'est engagé dans le parti de Doriot[2], puis est devenu milicien à Oloron. Comme il a dénoncé des résistants, mon beau-père avec deux amis ont été obligés de l'abattre quelques mois avant la Libération. Cette nouvelle est pour moi heureuse : d'un côté, je regrette que ce garçon, avec qui j'avais

1. L'avocat Pierre Verdenal (1893-1977) a été maire de Pau de 1937 à 1944. Le 20 juin 1940, il avait autorisé Daniel Cordier à tenir une réunion dans le hall de la mairie pour regrouper des jeunes gens désireux de partir en Afrique du Nord pour continuer la guerre contre l'Allemagne (voir *Alias Caracalla*, *op. cit.*, p. 45).

2. Il s'agit du Parti populaire français, l'un des principaux partis collaborationnistes.

milité, se soit égaré jusqu'à la trahison ; mais je suis fier que mon beau-père ait eu, dans cette situation, une attitude sans équivoque. Enfin, dans mon village même, la guerre s'est installée : le fils de notre propriétaire[1] a été milicien lui aussi. Il est toujours recherché par la gendarmerie.

Je préfère arrêter ces souvenirs et monte me coucher. Quelques instants plus tard, je sombre dans un sommeil qui doit réparer quatre ans de liberté.

Les jours suivants, nous faisons quelques promenades dans les montagnes. Les sommets sont enneigés malgré le temps magnifique et ensoleillé.

Il fait froid et après quelques jours, je décide de rentrer à Paris. Cette fois-ci, je m'arrête à Bordeaux pour voir mes grands-parents Bouyjou[2].

*

Durant le millier de kilomètres que je parcours pour rentrer à Paris, je me repasse le film de mon séjour[3]. Au-delà de la joie, de l'émotion et des larmes, l'éloignement et le silence mutuels me révèlent qu'il ne suffit pas de revenir chez soi pour retrouver sa famille et surtout la reconnaître. Dans un accord tacite (difficilement explicable), nous n'avons, les uns et les autres, jamais évoqué le passé. Je ne sais rien de ce qu'ils ont fait durant l'Occupation, mais surtout ils ne m'ont posé aucune question sur mes quatre ans dans l'armée de Gaulle.

Que craignons-nous ?

1. Daniel Cordier a écrit « fils » entre guillemets dans son manuscrit. Il a été impossible de retrouver de qui il parlait.

2. Dans le manuscrit figurent les mentions qui indiquent que Daniel Cordier avait prévu de développer ses retrouvailles avec ses amis palois, de raconter une excursion au lac d'Artouste et de parler de sa visite à ses grands-parents.

3. Ce séjour aurait eu lieu du 21 au 28 octobre 1944.

Tous, nous avons gardé le silence jusqu'à leur mort, trente ans plus tard. Durant notre séparation, notre espérance nous avait soudés. Ils m'ont attendu et moi j'avais hâte de les revoir. Mais, face à face, nous avons compris que nous avions changé. J'ai tort de dire « nous », car ma mère n'avait pas changé : seul mon silence nous séparait à jamais.

Meurtri ce soir par le regret, j'écris ces mots. Si ma mère rentrait dans ma chambre, comme autrefois, elle allumerait les lampes : « Comment peux-tu écrire dans le noir ? Tu vas te crever les yeux. » Je me lèverais alors et l'étreindrais tendrement comme toujours. C'est l'illusion des morts de nous faire croire qu'ils ont enfin résolu les problèmes des vivants…

VII

Le charme singulier des services secrets

octobre – décembre 1944

Le Livre blanc *du BCRA*

Le lendemain de mon retour à Paris, je me présente au colonel Manuel qui m'invite à dîner avec Vitia Hessel. C'est la dernière personne que j'ai rencontrée à Londres le jour de mon départ pour les *Jedburgh*. Le colonel habite dans un immeuble moderne, face au musée Rodin. Il a installé quelques meubles anciens et surtout quelques tableaux de sa collection sauvés des saisies allemandes. Parmi eux, j'éprouve une fascination pour une toile d'un certain Marquet[1] représentant une vue du Pont-Neuf à Paris. Quelques traits noirs font éclater des rouges assombris par un orange claironnant. Mélancolie de l'automne à Paris : cette peinture m'enchante.

Depuis ma visite au Prado, je n'ai eu le temps de voir aucun tableau. Pour rassasier ma nostalgie, je feuillette des reproductions en noir. L'extase, c'est de contempler les albums de Skira (alors tout nouvel éditeur[2]), dont les reproductions en couleurs sont

1. Albert Marquet (1875-1947), peintre fauviste proche d'Henri Matisse.
2. Albert Skira (1904-1973), éditeur d'art d'origine suisse. Proche de Picasso et Matisse, il a en fait fondé sa maison d'édition à Lausanne dès 1928.

extraordinaires. Faute d'avoir revu aucune œuvre originale, j'ai oublié ce qui constituait l'hypnose des œuvres d'art : leur format, leurs textures variées avec des parties épaisses ou fines, laquées, granuleuses ou hachées. Et puis les tracés d'une passion qui conservent aux traits leur fraîcheur, leur nouveauté et leur improvisation inaltérables. Parfois des couleurs sourdes ou éclatantes inventant des gammes de nuances inconnues. Tout ceci offre le charme d'une présence inattendue. Devant le Marquet, je ressens l'extase de la présence d'un original. Celui-ci est particulièrement beau avec quelques traces de couleur sourde et d'apparence désordonnée qui, pour une raison obscure, crée cette atmosphère poétique qui m'enchante. Aux murs du living, il y a aussi une sanguine de Renoir représentant une femme nue. En la découvrant, je me souviens d'un dîner avec Rex au cours duquel il m'avait parlé de Renoir, précisément d'une sanguine : une des premières œuvres qu'il avait achetées. Il regrettait de ne pouvoir la contempler depuis qu'elle était prisonnière de son garde-meuble.

Aujourd'hui cependant, je ne suis pas venu chez mon colonel pour découvrir un bonheur plastique, mais pour connaître les tâches qu'il va m'assigner[1]. Au cours du repas, il explique que le colonel Passy est indigné par les attaques haineuses que des chefs de la Résistance publient dans les journaux contre la DGER et qui, lors de discussions, leur font perdre toute mesure. Apparaissent au grand jour les calomnies contre la France libre, qui depuis des années se

1. « En arrivant ici, suis nommé secrétaire de Manuel. [*Le passage*] de l'Agence Cook est assez amusant. Actuellement, je crois l'avoir déjà écrit ailleurs, une seule politique : de Gaulle ; par conséquent travail à outrance pour le BCRA, ce qui permet de travailler utilement pour la France, sans être prisonnier d'une étiquette. » (Carnets intimes, 8 octobre 1944.)

murmuraient déjà à Londres où elles étaient lancées par Labarthe[1], entretenues par les émigrés antigaullistes et attisées par les Anglais. Aujourd'hui, elles sont relayées par des résistants de tous bords accusant le BCRA d'avoir trahi la Résistance en refusant de l'armer. Les résistants affirment que les hommes du BCRA n'ont pas aidé les mouvements, comme c'était leur devoir, mais se sont servis d'eux pour faire carrière et atteindre un objectif politique : installer un nouveau fascisme, celui de De Gaulle et de ses affidés... Bien que le Général soit relativement épargné par ces attaques, son entourage (surtout les hommes du BCRA) est discrédité. Cette situation est exploitée par les communistes qui – quoique membres du gouvernement – organisent une opposition sourde et systématique à l'action du Général en faveur d'un retour à la légalité républicaine.

Manuel me questionne sur mon voyage dans les Pyrénées : « Vous avez pu constater vous-même qu'il n'est pas besoin de s'éloigner beaucoup de Paris pour vivre dans un pays qui n'est plus contrôlé par l'administration centrale. Chacun doit s'opposer à cette anarchie, avec ses moyens et dans sa spécialité. En ce qui nous concerne, pendant que nous réorganisons les services secrets sur des bases nouvelles, nous devons expliquer aux Français ce qui a été réellement fait par la France libre pour que la Résistance puisse s'organiser et participer militairement à la Libération.

« Passy a donc décidé de publier un *Livre blanc* du

1. André Labarthe (1902-1967), fondateur à Londres de la revue *La France libre* à l'automne 1940, a fait partie avant-guerre de l'entourage de Pierre Cot et côtoyé ainsi Jean Moulin. Peut-être agent soviétique, il s'est mis au service du général de Gaulle dès l'été 1940, avant de se transformer en un opposant farouche au gaullisme, attaquant le Général dans sa revue et se prêtant à toutes les manœuvres pouvant contribuer à le marginaliser. Il s'est ensuite rallié au général Giraud, puis a quitté Alger pour les États-Unis.

BCRA qui retrace avec des documents irréfutables l'action de nos agents. Il est difficile de constituer une équipe d'anciens, car beaucoup ont disparu et les quelques survivants doivent rester en activité dans les services actuels. Donc pour commencer, nous avons prévu que Vitia et vous-même allez préparer le travail. »

Je me permets de l'interrompre : « Mais j'ignore tout du fonctionnement intérieur du BCRA à Londres, parce que j'ai passé mon temps en France.

— C'est précisément ce qui nous intéresse. Votre fonction auprès de Rex et de ses successeurs vous a permis d'observer l'action militaire et politique qu'il a menée auprès des mouvements. C'est donc cette histoire que nous attendons de vous car il est important que quelqu'un, qui était à ses côtés et qui a connu sa politique, puisse en témoigner.

« Quant à Vitia, qui était à Londres, elle se consacrera à la partie Renseignement et à l'Action militaire sous ma direction, en attendant que nous trouvions du personnel pour vous aider. »

Vitia ajoute qu'il lui est impossible de commencer avant la fin du mois de décembre, ce qui provoque la réponse du colonel : « Cordier commencera sans vous. » Il ajoute : « Venez me voir demain pour l'organisation matérielle de votre travail. »

En rentrant à pied chez moi, par le boulevard des Invalides, une fois de plus, je suis résigné à ne pas faire la guerre et à accomplir cette nouvelle tâche sans attrait pour moi. Même si la France est encore un champ de bataille dans le Nord, l'Est et dans les poches de l'Atlantique, il est évident pour les Français que la guerre est gagnée... Peut-être Manuel a-t-il raison de se moquer de mon activisme militaire, maintenant que la revanche est à portée de main. Pourtant, je considère cette nouvelle tâche au service de renseignement, pour laquelle je ne possède aucune qualification, comme une humiliation. Je n'ai jamais douté de l'obligation et de la grandeur de notre engagement, mais, avec le recul, je suis surpris par ce cache-cache avec ma volonté que m'imposent les circonstances. J'ai intégré le BCRA avec passion et, toujours, on m'offre un travail bureaucratique ! Ce dîner ressemble au premier dîner avec Rex, qui m'a assigné une tâche qui était le contraire de ma volonté de tout faire sauter. Je n'ai pas fait la guerre, et finalement, je n'ai tué aucun Boche. L'affectation de ce soir est le couronnement.

Le lendemain, en arrivant à la DGER, ma situation m'apparaît encore plus sombre. Je n'ai ni téléphone, ni bureau, ni secrétaire, et surtout personne ne sait où se trouve le matériel de mon travail : les archives du BCRA. À mes interrogations, Manuel répond en bloc : « Après ce que vous avez fait dans la clandestinité, vous avez carte blanche. Débrouillez-vous ! Je ne veux plus entendre parler de rien. »

Je comprends rapidement que, dans le chaos installé dans cette maison, il vaut mieux être bien avec les subalternes (à condition qu'ils soient bien placés) qu'avec les chefs : cela commence par les plantons de l'entrée et finit par le service qui attribue les bureaux, en passant par le responsable du parc automobile. Dans l'anarchie dominante, ils sont les seuls recours.

À force de manœuvres médiocres, j'obtiens une sorte de cagibi dont le seul avantage est la proximité avec la secrétaire de Manuel qui dispose, elle, d'un téléphone et de l'accès permanent au patron. En outre, elle me cède une table et une chaise. À tout prendre, j'accepte même des crayons et du papier. Mais le plus dur reste à faire : où se trouvent ces archives ? On m'assure qu'elles ont quitté Londres avec les classeurs des officiers. Bien que ces derniers soient arrivés boulevard Suchet, on a perdu la trace des archives. Personne n'est d'ailleurs capable de m'indiquer quel était leur volume et, surtout, en quoi elles consistaient ! N'ayant jamais eu aucune fonction qui m'oblige à les consulter, je n'ai pas la moindre idée de ce qu'elles représentent[1]. Pourtant, dès le premier jour, je réclame à tout hasard, une *grande pièce* pour les entreposer. Après avoir obtenu mon « bureau », chaque jour je réclame ce local de stockage. Le responsable de l'immobilier ne me refuse rien, mais reste évasif. Il se satisfait d'une formule qu'il trouve spirituelle et me répète à chacune de mes visites : « Un service secret n'a pas d'archives, sinon ce n'est plus un secret ! Ne vous inquiétez pas, vous aurez assez de place pour les installer. » Un jour qu'irrité par sa nonchalance, je lui dis : « Que va-t-on faire quand elles arriveront ?

— Ne vous en faites pas, on les logera.

— Mais où ?

— De toutes les manières, on a le temps puisque vous ignorez où elles sont ! En attendant, vous pourrez toujours les mettre dans mon bureau... »

Je n'ose lui exprimer ma mauvaise humeur puisque, s'il s'avère qu'il n'y a que quelques cartons, je serai ridicule d'avoir fait un scandale pour obtenir une grande pièce dans laquelle je n'aurai rien à installer.

1. Les archives du BCRA conservées aux Archives nationales occupent aujourd'hui quarante-neuf mètres linéaires et ne représentent même pas l'intégralité des archives du BCRA.

Surprise et avalanche

Un jour de la fin du mois de novembre, je viens d'arriver au « bureau » lorsque la secrétaire de Manuel m'annonça : « Les archives sont retrouvées ! »

D'un coup, j'ai un accès de bonne humeur car se trouve enfin justifiée ma fonction qui commençait à faire rire dans les couloirs : « Où étaient-elles passées ?

— Au Havre, sur les quais.

— Et quand arriveront-elles ?

— Elles sont là !

— Mais où ?

— Dans le camion en bas. Ils vous attendent pour décharger. »

Furieux d'être pris de court, je descends quatre à quatre pour en prendre livraison. Devant la porte d'entrée, il y a un immense camion américain. Le chauffeur me montre sa cargaison : des paniers en osier empilés jusqu'au toit. Le camion est plein…

« Où les met-on ? me demande-t-il agressivement.

— Je ne sais pas. Il faut que je me renseigne.

— Vous croyez que je suis à votre service ? J'ai autre chose à faire qu'à vous attendre. Si c'est ça je dépose tout sur le trottoir et je m'en vais. »

Je suis scandalisé qu'un simple soldat me parle sur ce ton. Mais comme je suis en civil, rien ne freine sa colère et je lui réponds simplement avec force : « J'en ai pour une minute, je reviens. »

Je vais pouvoir passer ma propre colère sur le responsable des locaux.

« Maintenant j'ai besoin de mon local tout de suite : sinon je vais de ce pas chez le colonel.

— Calmez-vous, j'ai votre local. Il est superbe... »

Il me conduit au deuxième étage et ouvre une porte qui donne directement sur le palier. Effectivement la pièce est immense, sans doute un ancien salon, sous un plafond à cinq ou six mètres, auquel est attenant un bureau tapissé autrefois de cuir, si j'en juge par les morceaux qui demeurent dans les parties les plus hautes. Le reste a été découpé au rasoir.

Rayonnant, je dégringole vers le camion : « Vous pouvez y aller. »

Je remonte avec lui et ses aides qui transportent les premiers paniers. Ils entrent dans la pièce : « Où les met-on ?

— Commencez par les installer le long des murs en laissant un passage pour circuler. »

À deux, ils prennent le panier et, s'approchant du mur, le renversent sur le sol. Je suis pétrifié à la vue de ces dossiers en vrac qui s'écroulent sur le parquet, en éparpillant leur contenu de tous côtés...

« Arrêtez, j'ai dit par terre... les paniers !

— Vous croyez pas qu'on va vous laisser les paniers ?

— Ce n'est pas possible...

— Si c'est possible, parce qu'ils sont à nous ! »

Avec son équipe, les paniers repartent dans l'escalier. Que faire ? La porte est ouverte en grand, je ne peux laisser les archives seules : je suis anéanti ! Pendant plus d'une heure, j'assiste à cette catastrophe envahissante. Alors que j'essaie de les remettre en piles, les dossiers se répandent par terre. Pendant que je les range contre les murs, les paniers se succèdent, déversés maintenant par les déménageurs, au milieu de la pièce. Les tas montent en équilibre instable et finalement s'écroulent. D'autant que pour faire bonne mesure, les déménageurs grimpent sur les piles posées par terre et versent leurs paniers sur les sommets chancelants. J'assiste impuissant à la fin d'un monde.

Quand tout est fini, je ferme la porte, ne voulant pas que la foule qui se croise sur le palier assiste à ce spectacle maudit. Le passé du BCRA, en papillotes… Je ferme les deux battants des immenses portes, pour découvrir que la serrure avait été enlevée… Il est impossible d'enfermer les secrets du passé. Je hèle un planton et lui ordonne de ne laisser entrer personne pendant que je chercherai un moyen de fermeture. Après m'être démené comme un diable, je trouve, à l'heure du déjeuner, une chaîne et un cadenas.

Afin de reprendre mes esprits, je vais me promener seul au bois de Boulogne qui commence de l'autre côté de l'avenue. Mon idée fixe est de masquer ce désastre. Si l'événement s'ébruitait et surtout arrivait aux oreilles du colonel, j'entends déjà les ricanements de tous !

Des dizaines de personnes qui montaient et descendaient les escaliers ont été témoins de cette avalanche, mais tous ignorent le contenu des paniers. Ils penseront avoir assisté à une scène courante de l'aménagement chaotique des bureaux. Il faut juste que je donne une apparence d'ordre à ce magma informe d'archives. Enfin calmé par l'idée de travailler, je circule à quatre pattes dans la pièce pour réintégrer avant tout les feuilles éparses qui se sont échappées des dossiers. Je m'aperçois alors qu'en dépit des apparences, une grande partie des papiers est conservée dans des dossiers-boîtes ou des classeurs à trous qui, heureusement, sont intacts. Puis, à mesure que je fouille dans le tas, je me rends compte que ces dossiers appartiennent à deux sections différentes : « Renseignement » et « Action », auxquels j'ajoute une pile de « Divers ». À la tombée de la nuit, je dois m'arrêter : il n'y a pas d'électricité dans la pièce. Les interrupteurs, les fils, les douilles ont été cisaillés et récupérés par les précédents « occupants ». Quand je quitte la pièce, il y a enfin un ordre apparent : je n'ai plus honte à l'idée que quelqu'un entre dans la pièce.

En même temps, j'ai découvert que ma panique n'est pas justifiée : le désordre est superficiel. Hélas, le mal est ailleurs : le déménagement a bouleversé le classement*. Par exemple, les télégrammes, les rapports de la France occupée ou de Vichy sont inextricablement mêlés à des notes internes, des circulaires et à la correspondance avec les Anglais.

Le lendemain, je réclame une table et une chaise afin de consulter le contenu des dossiers, mieux qu'assis par terre. Le responsable m'envoie promener. Il est furieux de l'incident de la veille qui l'a obligé à me donner, de manière impromptue, ce superbe bureau réservé aux officiers dirigeant un service : « Je vous ai déjà donné une table et deux chaises. Estimez-vous heureux. Vous êtes seul, il faut vous en contenter, je n'ai plus rien. »

Je descends donc le mobilier de mon bureau près du colonel, où je conserve une chaise et éparpille quelques dossiers sur le sol : je ne veux pas que l'on m'enlève mon cagibi qui a l'avantage d'être à l'étage de la direction et en contact direct avec mon colonel. Il s'avère que je dispose sans doute de l'une des pièces les plus vastes du bâtiment, avec une vue sur

* Certains dossiers avaient des étiquettes précises, d'autres plus vagues, et certains les avaient perdues.

le bois de Boulogne que barrent, au loin, les collines de Saint-Cloud.

*

Pendant que j'essaie de m'orienter dans ce passé défiguré par le désordre, quelqu'un entre dans la pièce. Je me retourne : « Schmidt ! »

Je suis heureux de le voir. Il a été muté dans un service qui prépare l'occupation de l'Allemagne. Quand je lui explique ma tâche, il me dit : « Tu vois que je ne me trompais pas quand je te disais que tu es le seul à pouvoir témoigner sur Rex. »

Il regarde mélancoliquement les dossiers : « Tout ce qui reste de ce que nous avons fait, tout s'achève par du papier noirci. » Il observe le désordre des tas, me mettant légèrement mal à l'aise : « Au fait, ils doivent contenir mes télégrammes et mes rapports ?

— Peut-être, mais je n'ai pas commencé l'inventaire. »

Il se met à regarder systématiquement les piles et pousse un cri de joie : « Ça y est, j'ai mon dossier ! »

Effectivement une étiquette du service « Action » mentionne Schmidt. Il commence à le parcourir, s'interrompant parfois avec des exclamations de joie : « Tiens, j'ai trouvé un compte rendu de ton parachutage[1]. » Et ajoute : « Je n'ai pas le temps. J'emmène le dossier pour le montrer à Françoise*. »

Je suis heureux de lui faire plaisir. Pourtant, après son départ, je réfléchis : si tous mes camarades venaient prendre leur dossier, que resterait-il pour

1. Schmidt a fait partie de l'équipe qui a réceptionné Daniel Cordier en France le 26 juillet 1942 (voir *Alias Caracalla*, *op. cit.*, p. 310).

* La jeune femme qu'il avait rencontrée après son parachutage, qui fut sa secrétaire et avec qui il se maria pendant la Résistance.

le *Livre blanc* ? Je mets la chaîne avec le cadenas et m'enferme soigneusement dans la pièce. Même quand quelqu'un tambourine à la porte, je n'ouvre plus jamais.

Qui est Rex ?

Pendant mon installation, j'ai repris mes contacts avec mes résistants. J'ai retrouvé Meunier et Chambeiron qui m'ont invité rue de Varenne où le Conseil de la Résistance occupe un hôtel particulier à côté du musée Rodin. Il appartient à un lord écossais[1]. Il est intact et luxueusement meublé. Je suis impressionné par son décor de château qui contraste avec la dévastation de nos locaux du boulevard Suchet.

Je suis ému de les revoir car ils sont les témoins de ma collaboration avec Rex. Quand j'entre dans le bureau, ils sont en conversation avec une dame d'un certain âge qui ressemble à une militante politique. Sans maquillage, sans recherche vestimentaire, elle est concentrée entièrement sur sa tâche. Meunier me présente : « Alain, qui était le secrétaire de la Délégation. » Je salue, m'étonnant de sa présence : retrouvailles d'amis ? En sortant pour aller au restaurant, je profite de l'avance qu'elle a prise avec Chambeiron pour demander à Meunier qui était cette personne.

« C'est la sœur de Jean.

— Mais c'est qui Jean ?

— Mais voyons, Jean Moulin.

1. Il s'agit de l'hôtel de Broglie au 73, rue de Varenne, appartenant alors à Arthur Forbes, comte de Granard. C'est une des plus belles et vastes demeures privées de Paris. Meunier et Chambeiron sont respectivement secrétaire général et secrétaire général adjoint du CNR.

— Qui est-ce ? »

Incrédule, Meunier s'arrête net : « Mais c'est ton patron ! »

Je découvre ainsi ce nom que je n'osais demander à personne… Afin d'éviter les représailles, personne dans les discours, à commencer par le général de Gaulle, n'évoque son rôle dans la Résistance et jamais ne prononce son nom. Je suis déçu par celui que Meunier a prononcé parce qu'il est, pour moi, tout à fait inconnu.

Après le déjeuner, je reste avec Meunier au Conseil de la Résistance, car je souhaite l'interroger sur Rex : « C'était un préfet. Il avait été nommé à Chartres en 1939. Il avait été collaborateur de Cot au ministère de l'Air. »

Cette révélation m'explique la réaction de Rex à Lyon, lorsque je m'en étais pris à l'ancien ministre de l'Air[1]. Meunier mentionne le Front populaire, l'action de Rex en faveur des Républicains dans la guerre d'Espagne, sa révocation par le gouvernement de Vichy à l'automne 1940, enfin son voyage à Londres en octobre 1941, où de Gaulle l'a désigné comme son représentant. Tout ce qu'il dit constitue pour moi autant d'extraordinaires révélations car jamais personne, devant moi, n'a fait la moindre allusion au passé de Rex et moins encore à ses convictions politiques et à son engagement à gauche. Évidemment, moi-même je ne lui avais jamais posé de questions sur son passé ou même ses opinions : c'était la règle de la clandestinité d'ignorer la véritable identité de son interlocuteur. De plus, il était mon patron. D'ailleurs, les garçons de mon âge que j'avais connus en Angleterre ne racontaient guère leur vie non plus.

1. Voir *Alias Caracalla*, *op. cit.*, p. 576-577.

Sans doute parce que nous étions des enfants : elle était sans relief ! Occupés que nous étions à découvrir le monde, entièrement tournés vers les actes du présent et les projets d'avenir concernant la guerre, il n'y avait aucune place pour évoquer nos familles. Chacun de nos passés se résumait à quelques bribes identiques et banales : parents, enfance, études. Le peu que je connaissais des quelques camarades devenus des amis (Briant[1], Cheveigné, Rateau, Schmidt) était suscité par les circonstances, jamais par notre curiosité. Nous étions attachés à mener une action efficace contre les Boches.

Je pense souvent à Rex. J'ai envie de le revoir. Aussi, je demande à sa sœur de m'envoyer une photo*. Depuis son arrestation, les informations que nous avons sont contradictoires : certains affirment qu'il a été torturé ; d'autres assurent qu'il a été déporté, ce qui signifie qu'il a eu la vie sauve. Si c'est cela, il suffit d'attendre la victoire pour le revoir. Je ne doute pas de son avenir : il occupera la première place aux côtés du Général. En dépit des attaques dont il a été l'objet de la part des chefs des mouvements, j'ai été témoin de son ascendant sur eux et, surtout, de la confiance que lui a toujours manifestée de Gaulle.

J'imagine les camps de déportés comme ceux des prisonniers de guerre. J'ai vu quelques rapports qui correspondent à ce que mon propre père m'a raconté de sa captivité durant la Grande Guerre : il se plaignait seulement d'avoir trop mangé de pommes de

1. François Briant (1920-1948) a connu Daniel Cordier en 1940 dans les FFL. Engagé lui aussi dans le BCRA, il a été parachuté en France pour devenir le radio de l'officier de liaison Jean Ayral. Il a retrouvé Cordier avec lequel il est très lié. Dénoncé, il a été arrêté, torturé et condamné à mort, avant d'être déporté.

* Laure Moulin me l'offrit quelques jours plus tard et je la mis sur mon bureau où elle ne m'a jamais quitté.

terre, ce qui l'avait soufflé ! L'espoir de revoir Rex m'encourage à poursuivre avec ardeur la tâche du *Livre blanc*.

Depuis mon retour en France, j'ai constaté, en lisant les journaux et en revoyant mes anciens camarades de Résistance, à quel point la contestation à l'égard de Rex et du général de Gaulle s'est muée en hostilité, éventuellement voilée. Le discours de Jacques Duclos[1] que m'avait fait lire Manuel est révélateur de ce climat. Afin de faire contrepoids à l'occupation américaine, de Gaulle va partir à Moscou pour signer un traité avec Staline qui l'assure de renforcer son autorité vis-à-vis des Alliés, mais également à l'égard des communistes en France. C'est crucial car ils ont engagé une épreuve de force avec lui, au sujet des Milices patriotiques que le Général veut dissoudre et que le parti prétend maintenir et même amplifier. C'est le recommencement (en plus grave) du bras de fer que Manuel m'a rapporté à propos de la dissolution des FFI. Les communistes veulent-ils prendre le pouvoir ? C'est une question que j'entends poser partout. Malgré mon admiration pour le rôle des communistes dans la Résistance, je suis obligé de constater qu'ils en donnent nettement l'impression. Pour ne rien dire de la violence des critiques verbales à l'égard du BCRA : chaque jour, je peux vérifier qu'il s'agit de calomnies inadmissibles, et cela me révolte[2].

1. Jacques Duclos (1896-1975), principal dirigeant du Parti communiste sous l'Occupation.

2. En suivant la chronologie, Daniel Cordier aurait pu évoquer ici le décret du 20 novembre 1944 qui le nomme compagnon de la Libération, mais il n'y fait qu'une brève allusion dans son manuscrit (voir *infra*, p. 222), et en fait à peine mention dans ses carnets intimes : « J'ai reçu hier la c. de. l [croix de la Libération]. J'aurais une grande joie si je l'avais eue plus tôt, c'est-à-dire lorsque j'étais à la limite de mon mérite. » (date mal identifiée dans les carnets, peut-être le 5 décembre 1944). Il omet tout à fait sa

De Gaulle sur la défensive

Avant le départ du Général pour Moscou, Serreulles, dorénavant directeur de cabinet du ministre de l'Intérieur, m'invite au Palais du Luxembourg, siège de l'Assemblée consultative[1]. Au cours de la séance, le Général doit expliquer les raisons de son voyage en Union soviétique. C'est la première fois que je le revois depuis le 13 juin 1944[2]. Il est tel que je l'ai toujours connu : assuré, éloquent, intraitable. Depuis plus de quatre ans, il a traversé de multiples et terrifiantes tempêtes. J'admire la pugnacité de cet homme impavide, son apparence depuis toujours. D'autres orateurs doivent parler après lui pour faire des recommandations sur ce voyage. L'un d'entre eux est Pierre Cot. Quand il monte à la tribune, je le regarde intensément pour me faire une opinion sur cet homme qui, par deux fois, a joué indirectement un rôle dans ma vie. D'une part comme ministre du Front populaire que je rendais responsable de la défaite de la France, puis, comme ami de Rex qui est (avec de Gaulle) l'homme que j'admire le plus. Dès qu'il commence à parler sans notes, très à l'aise en regardant l'Assemblée, je suis sous le charme. Certes son élocution n'a aucun rapport avec celle du Général, mais sa voix métallique, la perfection de sa diction, la clarté des idées, tout me séduit. Mes

---

légion d'honneur et sa croix de guerre, décernées le 27 août 1945. Voir *infra* Annexes n° 4 et 5, p. 307-309.

1. De Gaulle quitte la France le 24 novembre 1944 ; d'après les carnets de Daniel Cordier, la séance en question est bien celle du mercredi 22 novembre. Voir *infra* « Pages des carnets intimes », 26 novembre 1944, p. 267. Le texte des débats peut être lu dans le *Journal officiel* (https://gallica.bnf.fr/ark:/12148/bpt6k9617654b.texteImage).

2. Daniel Cordier n'a rien écrit sur cet événement, qui n'est pas non plus mentionné dans ses carnets intimes. Il y fait de nouveau allusion *infra*, p. 222.

préventions s'envolent d'autant plus facilement qu'il y a longtemps que mon admiration pour l'Armée rouge et ma camaraderie de combat avec les communistes ont effacé ce qui m'apparaît, aujourd'hui, comme des calomnies de la droite à laquelle j'appartenais contre la gauche dont je me suis rapprochée. Cot passionne, fait rire et l'insolence de sa péroraison m'enthousiasme : « J'espère, déclare-t-il en regardant le Général, assis devant lui, que vous ferez à Moscou ce que vous nous avez dit, et qu'à votre retour vous nous direz ce que vous avez fait là-bas ! »

Les applaudissements (dont les miens) sont aussi chaleureux que pour le Général. Je constate que, si de Gaulle est toujours en position dominante dans l'Assemblée, il n'est plus seul.

Quand je fais le compte rendu de cette séance à Manuel, il me répond : « Pour nous, il y a un événement beaucoup plus important, c'est le retour de Thorez. Il parle au Vel d'Hiv après-demain[1]. Cela nous concerne directement : faites-moi un compte rendu détaillé. »

En coulisse

C'est la première fois de ma vie que je prends part, « en ami », à une réunion communiste. En 1939, la dernière à laquelle j'ai assisté, à Bordeaux, s'était terminée (comme presque toujours) par une bagarre à laquelle j'avais été heureux de participer. Aujourd'hui où le parti est une composante de la Résistance, je me considère, sinon comme chez moi, du moins en famille.

1. Ce meeting s'est déroulé le 30 novembre 1944.

Bien que la réunion soit prévue à vingt heures, j'arrive avec deux heures d'avance pour observer le déroulement complet de la séance. Heureusement que j'ai pris mes précautions car le public qui arrive de tous côtés ressemble à un déferlement. Je rentre sans difficulté mais constate que le parterre est déjà presque entièrement occupé. Je ne veux pas m'asseoir afin de pouvoir circuler pendant la réunion et avoir plusieurs points de vue sur la salle. Des haut-parleurs sont installés partout et le brouhaha que j'entends me rappelle l'enthousiasme de nos réunions d'Action française. Je n'ai jamais vu autant de monde dans une salle, ni autant de jeunes, ni, surtout, un tel enthousiasme. Je comprends soudain ce qu'avaient de misérable, à Londres, nos réunions d'« émigrés », où, quand nous étions autour de De Gaulle à l'Albert Hall, la salle restait à moitié vide bien que tous les chasseurs soient présents, ainsi que les Français de Grande-Bretagne.

Je suis curieux d'entendre ces ennemis de mon adolescence : Cachin, Duclos, Thorez, devenus nos alliés du temps de guerre[1]. Je m'étonne de trouver Cachin et Duclos sympathiques et excellents orateurs. En dépit de ce que m'a demandé le colonel Manuel, le fond de ce qu'ils disent passe au second plan derrière la forme. En tout cas, je trouve Duclos un peu long et, pendant son discours, j'en profite pour me déplacer à l'arrière des tribunes. C'est là qu'à ma surprise et à ma grande joie, je reconnais dans l'homme qui vient vers moi, Raymond Aron, que je n'ai pas revu depuis mon installation à Paris. À la chaleur de sa poignée de main, au brillant de

1. Marcel Cachin (1869-1958), membre du comité central du Parti communiste, directeur de *L'Humanité* ; Maurice Thorez, secrétaire général du Parti communiste, de retour d'exil en URSS (voir *infra*, p. 175 et note 1).

son regard, j'ai l'impression que mes sentiments sont partagés. Avec lui, je rebrousse chemin pour ne plus le quitter de la soirée. Pendant que la salle applaudit follement l'arrivée de Thorez sur la tribune, il se penche vers moi : « C'est la grande inconnue de la soirée. De Gaulle est à Moscou[1]. Est-ce un échange ou un coup de force ? Tout peut changer dans quelques minutes. »

En l'entendant, je comprends mieux la curiosité de Manuel. Je suis rassuré d'être à côté d'un analyste aussi compétent, dont j'attends qu'il m'éclaire sur les enjeux de cette soirée, autant que sur la signification des formules et des mots.

Thorez s'approche du micro sous les acclamations de la foule qui semblent ne pouvoir s'arrêter, tant elles sont frénétiques. Il lève le bras au-dessus du micro, instantanément le silence se fait. Dès les premiers mots, je suis étonné par sa voix de tête qui fait contraste avec son corps viril de déménageur. Le débit de Thorez est également curieux par sa précipitation. Parfois, une sorte de transe accélère son débit, le transporte hors de lui. Il tranche avec les orateurs précédents, apparentés à l'éloquence bourgeoise de la IIIe République. Mais la passion sincère de Thorez enthousiasme la salle qui hache son discours de ses clameurs et, finalement, trépigne de joie*.

Dès la fin du discours, tandis que les gerbes de fleurs affluent à la tribune, Aron me propose de partir avant d'être coincé dans cette foule démesurée. En sortant, nous découvrons qu'il y avait sans doute

1. De Gaulle est alors à Stalingrad. Il arrivera à Moscou le 2 décembre, après être passé à Bakou.

* La mère de Thorez était présente dans la foule.

autant de monde autour du Vel d'Hiv qu'à l'intérieur : des haut-parleurs transmettaient les discours.

Enfin à l'air libre, nous remontons les quais de la Seine. Je me tais car je reste trop impressionné par le spectacle des orateurs et de cette foule juvénile communiant dans une extase sentimentale, pour déceler la signification des paroles et surtout la portée du discours. J'attends que mon compagnon à la brillante intelligence m'éclaire.

Après un moment, il déclare : « De Gaulle a gagné. » Je suis stupéfait. Les heures brûlantes que nous venons de vivre ne lui inspirent-elles que cette boutade ? Elle est si éloignée, non pas de mes analyses que je suis incapable de formuler, mais du réseau de mes impressions contradictoires qu'interloqué, je tourne la tête vers lui. Avec cette fulgurance que je lui connais, il répond à mon interrogation muette : « L'épreuve de force est finie. Les milices seront désarmées, la légalité républicaine est restaurée, la légitimité provisoire du Général est reconnue. »

Je ne saisis toujours pas. Je hasarde : « Thorez n'a rien dit de tout cela. Au contraire il a été muet sur tous ces sujets. N'est-ce pas une nouvelle menace ?

— Bien sûr que non ! Le Général n'est pas allé à Moscou sans un accord de principe. Au moins sur quelques points. Croyez-vous que ce soit un hasard si Thorez rentre en France le jour où de Gaulle arrive à Moscou[1] ? La mascarade a commencé. De Gaulle n'a hélas pas beaucoup de cartes dans un

1. Ayant déserté en 1939, Maurice Thorez (1900-1964), secrétaire général du Parti communiste, a été condamné à six ans de prison et déchu de sa nationalité française. Il a passé la guerre en Union soviétique. Le 26 octobre 1944, le gouvernement du général de Gaulle a décidé la dissolution des Milices patriotiques, inféodées au PCF. Le 30 est parue au *Journal officiel* l'ordonnance amnistiant Thorez. Le 27 novembre, ce dernier rentre en France *via* Le Caire, tandis que le général de Gaulle s'envole pour l'Union soviétique.

pays entièrement occupé par ses Alliés qui font la guerre. Heureusement, il y a la géographie : même si la France n'est plus une grande puissance, elle aura un certain poids après la guerre. Le plateau de la balance dans laquelle elle se trouvera n'est pas indifférent. Il y aura des élections : la place occupée par le Parti communiste, le retour de Thorez, les Milices patriotiques, les comités de libération serviront aux Soviétiques pour affirmer leur victoire. N'oubliez jamais qu'en politique, il n'y a que des rapports de forces. De Gaulle a du génie pour survaloriser les siennes. Il l'a prouvé durant ces quatre ans où la force était toujours du côté de ses adversaires : Vichy, Churchill, Roosevelt, Giraud, aujourd'hui les communistes. Vous venez d'avoir la preuve qu'une fois de plus, lui qui a de la peine à se faire obéir à Toulouse ou Marseille, vient de gagner la partie en partant à Moscou. »

Je suis secrètement heureux qu'Aron reconnaisse la dimension exceptionnelle du Général et admette sa légitimité. Dans mon admiration pour lui, j'ai toujours souffert de notre opposition radicale sur ce sujet qui est au centre de mon engagement. Mais, je ne vois toujours pas à quel moment Aron a saisi la nouvelle position de Thorez.

« Réfléchissez. Il y a trois jours que l'ancien secrétaire du Parti de 1939 est rentré de Russie alors qu'il est condamné par tous les non-communistes pour son exil en Russie pendant la guerre. N'oubliez pas que comme le Général, c'est un “exilé” qui revient... Mais d'une certaine manière, le Général et sa minuscule armée ont été moins coupés de la France que les communistes de Moscou ne l'ont été. Ceux-ci ne connaissaient la situation qu'à travers des rapports et non par le contact permanent avec les résistants, comme nous l'avions été à Londres, puis à Alger. N'oubliez pas non plus que la politique du parti fut élaborée à Moscou : c'est Staline qui décida de la ligne à suivre. Ce soir, Thorez n'a pas dit un mot des milices et des comités de libération. Il ne demande aucune indemnité de guerre et encourage à reconstruire le pays. C'est la preuve qu'il entend soutenir de Gaulle dans cette politique, à condition d'obtenir une place dans son gouvernement. Alors que la volonté du Général était de dissoudre les FFI et les milices, de supprimer le CNR et de remplacer les comités de libération par l'administration préfectorale, le parti était engagé dans une logique de guerre civile. De Gaulle est trop populaire, les Alliés sont trop forts et présents militairement pour que cette politique défendue par Duclos et les résistants communistes ne soit pas suicidaire pour le parti et ne le plonge dans un isolement qui risquerait de l'anéantir.

« Attendez quelques semaines, vous constaterez que Thorez, en arrivant au gouvernement, fera rentrer les communistes dans le rang. »

Quelle incroyable soirée ! J'ai pu m'abandonner aux émotions de la foule mais grâce à Raymond Aron, j'ai tout compris. Il ne me reste plus qu'à rédiger un compte rendu fidèle à ses analyses.

Mon colonel en fut enchanté et me fit compliment de mon intelligence politique. J'oubliai de lui dire le nom du compagnon à qui je devais cette perspicacité.

VIII

L'heure des comptes

décembre 1944 – mars 1945

Noël à Bescat

À la fin du mois de décembre, je pars dans le Sud-Ouest pour fêter Noël à Bescat avec ma famille. Comme autrefois, nous passons la soirée autour de la cheminée. Il fait très froid et, à minuit, dans le noir (une lampe de poche à la main), nous montons à l'église. Le curé dit la messe servie par un enfant du village. Le docteur Vallin est lui aussi revenu et sa femme, comme autrefois, fait chanter les cantiques aux jeunes filles debout autour de l'harmonium. Comme autrefois, seules les femmes sont dans la nef. Les hommes, eux, sont assemblés dans la tribune dominant le chœur. La messe est en latin. Comme autrefois, ma famille est isolée devant l'autel.

Je suis arrivé de Paris dans l'après-midi et suis encore en uniforme. Je n'ose me retourner, mais je sens les regards dardés sur nous. C'est la première fois depuis le Noël de 1939 que nous revenons tous à la messe de minuit. Le curé a maigri. Quand il se retourne pour prêcher, je suis surpris par la dureté de sa voix et l'agressivité de ses propos. Il n'a pas un regard de notre côté.

Après la messe, pour respecter la tradition, nous réveillonnons. Je me souviens d'un mot de ma mère : « Tu devrais aller voir le curé demain. Il est seul et ça lui fera plaisir. »

Les stigmates de la Libération

C'était mon intention. Le souvenir de mes devoirs de vacances que le curé surveillait, les leçons de latin qu'il me donnait, liés au chaleurs de l'été, à l'odeur des foins, au tintement des cloches des troupeaux et à l'immuable horloge de l'église qui sonnait tous les quarts d'heure et carillonnait l'Angélus, effacent tout ce qu'on m'a dit sur sa conduite durant la guerre. J'aurais été impitoyable pour un inconnu, mais le curé de Bescat est le prêtre de mon enfance.

Dans l'après-midi de Noël, je le trouve seul au presbytère en train de lire son bréviaire. Je suis chaleureux. Je lui explique le plaisir que j'ai à me retrouver enfin chez moi : la messe de minuit marque le retour dans mon passé. Il m'écoute, maussade, et met le sujet sur l'épuration : « Une honte, la France est déshonorée par des voyous et des communistes. Pour tous les braves gens, c'est la Terreur et la Commune qui recommencent. Les élites sont en prison et on fusille les prêtres. »

Je suis interloqué et garde le silence. Je ne suis pas venu pour discuter des problèmes de la Libération, mais pour renouer avec un passé que je croyais toujours vivant. J'ai pitié de lui et de son isolement dans notre village, sans compter les probables retombées ecclésiastiques. Après un moment, ne sachant que répondre et gêné par son accueil, je me lève en souriant. Pour lui témoigner ma sympathie, j'essaie de le réconforter : « C'est un mauvais moment à passer. Mais l'oubli réconciliera tous les Français. » Il me raccompagne à la grille de son jardin. Comme je lui serre la main en lui disant au revoir, il me regarde avec dureté : « Toi, tu as été le plus malin. Tu es parti au bon moment et, pendant quatre ans, tu as pu manger à ta faim. » Consterné par ce jugement atroce, je m'éloigne sans répondre...

Avec le docteur Vallin qui habite la grande maison en face du presbytère, c'est presque un parent que je vais revoir. Avec le curé, c'était la partie studieuse de mes vacances. Avec le docteur, c'est la partie sportive. Or, cet homme raffiné, d'une culture étendue, à la curiosité polyvalente et fort modéré en politique, m'accueille avec réserve. Lui aussi vient de passer plusieurs semaines interné dans un camp près de Pau et n'a pas de mots assez durs pour les FFI et la nouvelle administration de la France. Pour lui c'est « l'anarchie rouge qui a pris le pouvoir, annonçant une catastrophe pour la France ». Déconcerté par cet accueil, je ne dis rien, car j'ai pitié de cet homme qui souffre, s'estimant victime d'une injustice. Après tout, son admiration pour Pétain était-elle autre chose que celle d'un ancien combattant de 1914 ?

Je suis donc fort déconcerté par ce retour dans mon village. À Londres, puis à Paris, j'ai vécu plus de quatre ans au milieu de mes camarades, engagés comme moi dans une guerre pour la liberté. Nos désaccords étaient ceux de nos milieux sociaux ou idéologiques, mais jamais nous n'avons remis en cause notre engagement consistant à tuer du Boche avec de Gaulle. Avec ces anciens amis de Bescat, je découvre l'existence d'une autre France : celle de

Vichy, attentiste et pétainiste. J'ai lu quantité de rapports au sujet de cette population et de cette France inconnues dont je découvre que je lui suis étranger. Aujourd'hui, par mon travail (qui appartient à mon engagement de 1940), je suis plongé dans l'isolement fébrile d'un milieu restreint qui se consacre à la naissance d'une nouvelle France, celle qui a gagné la guerre*.

Mon grand-père Bouyjou

Sur le chemin du retour, je m'arrête à Bordeaux pour partager comme autrefois le Nouvel An avec mon grand-père Victor Bouyjou. J'essaie de reproduire le passé de mon enfance. Voici le grand escalier de l'immeuble que je montais autrefois avec inquiétude parce que j'étais toujours en retard, à cause de ma mère. Ce jour-là, je suis à l'heure et je le grimpe dans la joie de le revoir car il est, dans ma famille, le dernier témoin vivant de mon père. Arrivé rapidement au troisième étage, je sonne. Après un moment, la porte s'ouvre. C'est Mme X[1] qui m'ouvre. Je suis encore dans l'entrée lorsqu'elle me dit : « Vous n'avez pas reçu mon télégramme car je n'ai pas trouvé votre adresse : votre grand-père est mort il y a trois jours. Nous l'avons enterré hier... » C'est un choc cruel car il était le dernier témoin de ma famille Bouyjou. Mais surtout le seul souvenir vivant de mon père[2].

* Ce que je dis est inexact car la guerre dura encore quatre mois. Mais, bien qu'ayant travaillé en France pendant près de deux ans sous l'Occupation, je ne reconnaissais plus la France d'autrefois et surtout les Français.

1. Daniel Cordier n'a pas donné de nom et écrit dans son manuscrit « les sœurs ? ». Il s'agit peut-être de cousines ou de sa grand-tante.

2. Voir *infra* « Pages des carnets intimes », 1er janvier 1945, p. 267. Daniel Cordier sera

Les deux sœurs et mon oncle[1] m'invitent à déjeuner dans cette magnifique salle à manger dans laquelle je demeure un étranger.

Quelle horrible journée, ce retour 21, rue Boudet !

Bordeaux, 1er janvier 1945

En même temps que mon grand-père, j'avais prévu de revoir d'anciens camarades à Bordeaux et, en premier lieu, Yves Carquoy[2]. Il y avait entre nous une grande fraternité de pensée et de cœur. Nos mères, amies d'enfance, avaient été élevées dans le même couvent. Nous avions un passé politique identique et un goût partagé de la montagne. Je sonne chez lui. Yves est absent, mais sa mère, femme d'une grande élégance et d'une beauté altière, m'accueille avec la même gentillesse que par le passé : « Yves rentre dans la soirée. Il sera heureux de vous revoir, venez déjeuner avec nous demain. »

Puis elle parle de son « cher Yves ». Il a poursuivi ses études de médecine, sans faire de résistance jusqu'au Débarquement. À cette époque, il a pris le maquis, avec André, son frère aîné, et à la demande de camarades, ils ont organisé une antenne chirurgicale dans un maquis du Limousin. Quelque temps plus tard, épouvantés de se retrouver au milieu de « rouges espagnols », ils l'ont quitté. C'est à cette époque que s'est formée une poche de troupes

adopté par son beau-père Charles Cordier le 12 juillet 1946 et portera légalement le nom de Bouyjou-Cordier, dont il faisait déjà usage avant-guerre.

1. Daniel Cordier n'a sans doute pas été ici assez précis. Son père n'avait ni frère, ni sœur, mais son grand-père avait au moins une sœur et peut-être sa grand-mère avait-elle eu des frères ou des sœurs.

2. Voir *Alias Caracalla, op. cit.*, p. 441-449 .

allemandes à l'embouchure de la Garonne[1]. Ils ont créé là un poste médical et viennent de temps à autre à Bordeaux.

Leur mère me raconte cette histoire avec une grande sérénité, puis d'un coup baisse la voix et se penche vers moi : « Mon cher Dany, je suis très inquiète par les fréquentions d'Yves. Sans me prévenir il amène pour déjeuner des camarades qui me font peur : ce sont les bas-fonds ! Je suis inquiète pour l'avenir. Si vous entendiez leurs propos, ils sont tous des révolutionnaires... » Plus bas encore, elle murmure : « J'ai caché sous le plancher l'argenterie et mes bijoux. Vous me comprenez... »

Le lendemain, je reviens pour déjeuner et retrouve Yves avec sa vitalité et sa bonne humeur. Il me raconte ses escarmouches avec les Allemands qui l'enchantent, car il vit comme de grandes vacances cet épisode de sa vie. Ses opinions n'ont pas changé, bien que l'Action française et Maurras l'aient déçu : « Mais la république des communistes et des Juifs : jamais ! »

J'essaie de le rassurer : « Pour ma part, je ne suis pas inquiet : je me bats pour la liberté. »

Nous parlons de nos anciens camarades de l'AF. À la Libération, Ters s'est engagé dans la Milice et a été tué par nos camarades de l'Action française ! Jean Arfel[2] (toujours maurrassien) et d'autres amis n'ont pas changé. Avec la Libération, ils attendent les pires

1. La poche de Royan et de la Pointe de Grave, à l'embouchure de la Gironde.

2. Jean Arfel (1920-2013) est évoqué dans *Alias Caracalla*, *op. cit.*, p. 443-444. Sous l'Occupation, il a poursuivi ses études et a écrit dans plusieurs journaux catholiques et monarchistes. Il est d'ailleurs remarqué par Maurras. Il se cache à la Libération. Il se fera connaître par la suite, sous les pseudonymes de Jean-Louis Lagor et de Jean Madiran, comme journaliste dans de nombreux journaux d'extrême droite et comme essayiste et pamphlétaire catholique et nationaliste.

catastrophes que Maurras (jusqu'à son arrestation) a annoncées comme une nouvelle « invasion rouge ». L'amitié est-elle plus forte que nos opinions ? Après avoir écouté Yves, je lui dis avec le détachement du vainqueur : « Nous avons gagné, "ils" ont perdu : nous avons atteint notre but. Je plains leur défaite parce que je suis heureux... » Réponse surprenante : « Ça ne m'étonne pas de toi ! »

Mes nouveaux amis

Rentré à Paris, je revois Raymond Queneau et mes nouveaux amis, qui me montrent un texte de Paulhan qui fait grand bruit chez les écrivains. Lui et Roger Vailland m'expliquent ce que furent pour eux les péripéties de la Libération. Au sein du Comité national des écrivains, Paulhan mène une bataille contre les communistes qui, eux-mêmes, font campagne contre lui[1]. Il vient donc de publier un texte hérétique qui enchante Queneau : « Mais pourquoi ne pas dire la vérité ? L'Occupation avait aussi ses plaisirs. Le devoir était clair. On savait à chaque instant ce qu'on avait à faire, à penser, à dire. Pas de doutes là-dessus. Pas d'inquiétude. Même il y avait ce supplément de tranquillité et comme ce cadeau : on avait toute liberté de se mal conduire. Les fausses cartes, les fausses déclarations, le mensonge, l'assassinat même étaient – à condition qu'on

1. Membre éminent du Comité national des écrivains issu de la Résistance, Jean Paulhan prend parti pour l'autonomie de la littérature et entreprend une campagne contre les listes noires proscrivant les écrivains collaborationnistes et vichystes, à contre-pied de l'extrême sévérité prônée, entre autres, par les communistes des *Lettres françaises* tels qu'Aragon ou Claude Morgan. On remarquera la sympathie que Daniel Cordier témoigne aux initiatives de Paulhan, alors qu'il va accabler Mauriac, quand il demandera des grâces après des condamnations à mort, et accuse Valéry d'attentisme.

les exerçât dans le bon sens – méritoires. Voilà ce que nous avons perdu. Nous n'avons plus que la ressource d'être honnêtes. Cela fait une vie un peu diminuée[1]. »

Le procès Brasillach

À la DGER, les jours passent et mon travail avec Vitia Hessel se développe. Je lis cependant le compte rendu du procès Brasillach dans la presse[2]. Sa condamnation à mort me paraît la moindre des choses après ce qu'il a écrit. C'est pourquoi je suis d'autant plus surpris de lire dans les journaux qu'une campagne se développe *in extremis* pour le sauver : Mauriac, Camus font circuler une pétition réclamant à de Gaulle sa grâce[3].

Heureusement, le Général la refuse et Brasillach est exécuté le 6 février 1945, tandis que se poursuit un débat passionné sur l'injustice de sa mort. C'est naturel de la part d'attentistes comme Paul Valéry ou Thierry Maulnier (intellectuels dont la conduite avait été lamentable pour ne pas dire déshonorante). En revanche, je ne comprends pas que des résistants comme Camus et Mauriac s'enflamment pour cette cause dont ils font artificiellement une querelle nationale : n'est-ce pas à la justice de punir les coupables ? Mon jugement est d'autant plus subjectif

1. Cette citation, choisie par Daniel Cordier, provient en réalité d'un article plus tardif de Jean Paulhan, « Quelques raisons de nous réjouir », *Les Lettres françaises*, 12 mai 1945.

2. Le procès de Robert Brasillach, ancien journaliste à *L'Action française*, ancien rédacteur en chef de *Je suis partout* et collaborationniste convaincu, se déroule devant la cour de justice de la Seine le 19 janvier 1945.

3. Jean Anouilh, Marcel Aymé et François Mauriac sont à l'initiative de cette pétition qu'Albert Camus signe en raison de son opposition à la peine de mort. Paulhan figure aussi parmi les signataires. Mauriac avait été en butte à une campagne venimeuse et continue de la part de *Je suis partout*.

qu'il est inspiré par ma condamnation de mes opinions passées.

Toutefois, je ne peux me défaire d'une interrogation intime : si j'étais resté en France et dans mon milieu, quelle aurait été mon attitude durant l'Occupation ? Après avoir revu ma famille et mes amis, qui n'ont pas changé durant la guerre, puis-je croire que j'aurais été différent d'eux ? Compte tenu de mon caractère, je doute m'être cantonné à l'attentisme. Je me vois plutôt dans la peau d'un milicien finissant comme mon camarade Ters* (lecteur passionné, comme moi avant-guerre, de *Je suis partout*). Que les hommes qui nous ont arrêtés et assassinés pendant la Résistance soient condamnés à leur tour, c'est justice. Alors, pourquoi ceux qui les ont inspirés, qui les ont armés intellectuellement, en fabriquant leur conscience assassine, seraient-ils épargnés ? Je ne vois pas où réside le problème : quand ils étaient les maîtres, ils nous terrorisaient et nous tuaient. Aujourd'hui nous sommes les « maîtres ». Ils ont perdu et doivent rendre compte de leurs actes. Je dois avouer que jamais je n'eus la moindre pitié pour Brasillach, que j'admirais pourtant avant la guerre.

Le général de Gaulle a raison de venger nos camarades disparus. Quant à moi, je conserve mes larmes pour ceux qui se sont sacrifiés durant quatre ans pour notre victoire commune et qui, aujourd'hui, sont oubliés, certainement pour toujours.

* Je rappelle qu'à la Libération, il fut abattu d'un coup de revolver par des résistants.

Ai-je tourné la page ?

Une autre sentence tombe le 28 janvier : la condamnation à la réclusion perpétuelle de Charles Maurras. Si le procès de Brasillach a pu m'intéresser, je dois à Maurras ma formation politique. Aussi, je suis quotidiennement son procès, dont je regrette qu'il se déroule à Lyon[1]. Heureusement, depuis deux ans – dans la mesure où je crois que l'on peut effacer les passions de sa jeunesse… –, j'ai tourné la page de cette séquence de ma vie*[2].

À partir du 6 février 1934 et de mon adhésion à l'Action française, Charles Maurras devint pour moi, dans tous les domaines, la vérité absolue. Telle l'épée de feu de l'archange saint Michel, il me permettait de toujours vaincre le mal. Grâce à lui, je n'avais aucun doute sur l'identité des ennemis : les bourgeois hypocrites, égoïstes, malfaisants, les francs-maçons, les communistes, enfin les Juifs qui, à eux seuls, étaient le symbole du malheur de la France. Ces misérables avaient inventé le régime démocratique afin de s'emparer du pouvoir et de maintenir les Français dans l'esclavage. L'instrument de la destruction de la patrie s'appelait la République, qui avait conduit les Français à la décadence. Je croyais à cette époque que, pour rétablir la France dans la splendeur de sa puissance, il fallait abattre la « Gueuse » et ses défenseurs, puis

1. Le procès se déroule du 24 au 28 janvier 1945 devant la cour de justice du Rhône. Maurras est jugé à Lyon car c'est dans cette ville que *L'Action française* s'était repliée de 1940 à 1944.

* Dans mon Journal, en juin 1940, en Angleterre, je condamnais Maurras.

2. Voir dans *Alias Caracalla, op. cit.*, p. 265-266, la « lettre de rupture » que Daniel Cordier écrit à Maurras en décembre 1941.

remettre sur le trône l'héritier des « quarante rois qui, en mille ans, avaient fait la France ». Jusqu'en 1940, fort de cette doctrine (!), j'avais ferraillé avec enthousiasme contre les « forces du mal ». Mais, le 17 juin 1940, après l'appel de Pétain annonçant qu'il demandait un armistice aux Allemands – fait plus important pour ma conscience que les analyses de Maurras –, je choisis de me battre, contre les Boches, jusqu'à la victoire. Toute autre issue aurait marqué, à mes yeux, la fin de la nation. C'est pourquoi, le 21 juin 1940, j'avais quitté la France pour me battre contre les Boches et les vaincre. J'étais d'ailleurs persuadé que l'équipe de *L'Action française* se trouvait déjà à Londres[1] ! Au cours des semaines suivantes, je découvris la vérité par morceaux : ma déception fut immense. À la politique de libération de la France, Maurras avait préféré la destruction de la République et la constitution d'un régime qui n'était même pas la monarchie. Quelle trahison de ses principes ! Hélas, en dépit de mon immense déception, je persistais à croire que sa doctrine sortirait intacte des événements – à défaut de lui-même.

Mon parachutage en France, l'été 1942, signifia la mort de mes dernières illusions. En lisant, à Lyon, *L'Action française*, j'eus la nausée. Bien que les signatures des articles fussent les mêmes, je ne reconnus pas « mon » ancien journal : la haine à l'égard des Anglais, des Américains, mais surtout la caricature

1. Dans le manuscrit, Daniel Cordier avait prévu d'ajouter des citations de *L'Action française* qui montreraient que Maurras avait prédit qu'en cas de victoire allemande, la France serait asservie et démembrée. Il considérait que la spontanéité de son refus de la défaite et de l'armistice en juin 1940 découlait en grande partie de ces prédictions. Il était donc logique qu'il se soit attendu à une réaction de refus de la part de Maurras.

permanente des gaullistes, des résistants, des Juifs, me fut intolérable. Comment était-il possible d'afficher tant de vulgarité, de bêtise, d'injustice ? Maurras avait-il changé à ce point ou bien, depuis toujours, m'étais-je trompé sur sa pensée et naturellement sur « ma » pensée ?

En fait, dès le 18 juin 1940, la définition par le général de Gaulle des objectifs de notre lutte m'avait éloigné irrémédiablement de la pensée maurrassienne*. En Angleterre, je n'en avais plus eu qu'un rare aperçu : il me révélait un auteur filandreux, inutilement prolixe, mais surtout un esprit faux. Désormais, je considérais Maurras comme je considérais Pétain, le coupable absolu. L'ombre qu'il jetait sur ma jeunesse explique ma sévérité.

Aussi, en 1945, la clémence du tribunal à son égard me scandalise : je ne comprends pas que mon ancien maître ne soit pas condamné à mort. Il me semble, pourtant, ne rencontrer aucun écho à ma rupture. On évoque toujours le poète, l'académicien, le grand écrivain, toutes choses qui, pour moi, renforcent précisément sa culpabilité. En tout cas, ce jugement verrouille tout un passé dans lequel je ne me reconnais plus. Surtout, j'ai honte de mon enthousiasme d'autrefois en faveur de sa pensée.

Heureusement, je suis trop occupé par la mise en ordre des archives du BCRA et la justification de la Résistance, dans laquelle je me reconnais, pour m'appesantir sur ce procès. Au bout de quelques jours, je cesse d'y penser, d'autant qu'autour de moi

* Je n'ai pas entendu, le mardi 18 juin 1940, l'appel du général de Gaulle. Je ne le connus que plus tard, en Angleterre.

ne subsiste aucun des camarades ou amis qui ont été les témoins de ce qui m'apparaît, aujourd'hui, comme l'erreur criminelle de ma jeunesse.

Les réponses sont dans les archives

Depuis mon retour à Paris, Vitia Hessel est venue me rejoindre pour achever le classement des archives du BCRA et rédiger le *Livre blanc*. Elle s'est plongée dans les papiers avec méthode et rédige la partie « Renseignement ». Très souvent, nous déjeunons ensemble car, en plus des changements intellectuels que la guerre m'a imposés, j'ai besoin de ses conseils et surtout de ses connaissances pour préparer la partie qui m'est confiée. Beaucoup de problèmes de la Résistance m'échappent, d'autant plus que (je dois l'avouer) je ne suis pas passionné par ce retour en arrière. Bien que je ne sache pas encore de quoi sera faite mon existence, je suis sûr que ce ne sera pas de ce passé.

Dans les archives, je fais pourtant chaque jour des découvertes. Elles aiguisent ma curiosité et certains documents répondent à des questions que je m'étais posées pendant l'Occupation.

Au cours de mon premier rangement, j'ai mis de côté toutes les archives concernant la mission de Moulin. J'ai trouvé plusieurs dossiers sur lesquels est écrit à l'encre noire « Rex ». À l'intérieur, les documents sont classés par ordre chronologique. C'est ainsi que j'apprends la date de son arrivée à Londres : 20 octobre 1941. Le document le plus extraordinaire est son ordre de mission corrigé par de Gaulle et qui l'avait signé après sa dactylographie[1] ! Par chance il y a aussi d'autres projets proposés par le BCRA, entièrement corrigés par le Général, de cette écriture molle et penchée qui correspond si peu (sans doute parce que je ne suis pas graphologue) à son caractère apparent. J'y trouve la réponse à une querelle dont j'avais été le témoin jusqu'à mon départ, sur le commandement des forces militaires de la Résistance.

J'avais entendu des chefs des mouvements (Bourdet, Copeau, d'Astier...) et lu des rapports anciens de Frenay : tous accusaient Moulin de ne rien connaître de la situation politique et d'appliquer avec rigueur les consignes stupides de scribouillards incompétents de Londres. Or je découvrais, soudain, la preuve que ce n'était pas les bureaux de Londres qui avaient eu cette idée, mais le général de Gaulle lui-même qui, en détail, en avait fixé l'application, ajoutant que le déclenchement des opérations ne pouvait être décidé que par lui-même.

Dans un dossier de Bingen, je trouve un texte qui m'étonne, car je croyais le connaître : la lettre que de Gaulle avait adressée à Moulin et que j'avais gardée jusqu'à son retour. Elle m'avait fort impressionné car j'y lisais une marque de confiance affectueuse qui honorait mon patron. C'était un aspect du Général que je ne connaissais pas et qui me plaisait, parce qu'il était très humain. Mais je m'avise soudain que cette lettre n'a pas été rédigée par de Gaulle : il l'a seulement signée et le brouillon en a été écrit par Bingen, puis corrigé par Serreulles, dont je reconnais l'écriture[2].

1. Le fac-similé du brouillon corrigé de l'ordre de mission militaire de Jean Moulin, daté du 3 novembre 1941, se trouve au début de *La République des Catacombes*, *op. cit.*, p. 6.

2. Il s'agit de la lettre du général de Gaulle à Jean Moulin du 9 février 1943, reproduite

Dossiers personnels

Un jour, je tombe sur les dossiers administratifs des militaires qui ont rejoint le BCRA. Nous étions une dizaine de volontaires en 1941. Je retrouve mon nom parmi les camarades qui se sont engagés, avec nos déplacements, nos stages. Dans le plus ancien document (au moment de mon adhésion au service, le 10 août 1941), je découvre que je n'étais pas destiné à demeurer en Grande-Bretagne. Contrairement à ce que je croyais, j'étais désigné pour participer au convoi qui devait partir en Afrique en septembre 1941 : stupeur et regrets. Si finalement je n'avais pas fait la guerre, c'était à cause de l'hypothèse selon laquelle jamais je n'irais en Afrique pour me battre. C'est en vertu de cette hypothèse que j'avais choisi volontairement le raccourci du BCRA pour venir en France et me battre, enfin... Or, elle était fausse. Quelle erreur !

Je lis par ailleurs la longue lettre de Brossolette à Passy, fort critique à mon égard[1].

Sur le secrétariat de Sophie[2], je suis aussi catégorique que Shelley[3] : le maintien du jeune Alain

au tome 2 des *Mémoires de guerre*, Plon, 1956, p. 91. Pour être tout à fait précis, la version du général de Gaulle diverge un peu du projet Bingen / Serreulles et la formule finale est de lui seul : « Croyez, mon cher ami, à mes sentiments profondément dévoués. » Pour les étapes de la rédaction de cette lettre, voir *La République des Catacombes*, *op. cit.*, p. 310-311.

1. Dans son manuscrit, Daniel Cordier a indiqué qu'il souhaitait que soit reproduit le texte d'une lettre de Brossolette à Passy, sans préciser de laquelle il s'agissait. Comme il avait déjà sélectionné un long extrait de la lettre du 7 octobre 1943 dans *La République des Catacombes* (*op. cit.*, p. 511), nous le reprenons comme le plus significatif. Cette lettre, d'un ton très personnel, est écrite moins de deux semaines après les arrestations de la rue de la Pompe, alors que Brossolette est revenu en France depuis le 19 septembre 1943.

2. Serreulles.

3. Forest Yeo-Thomas, agent du SOE, les services secrets britanniques.

(alias Michel, alias Benjamin[1]) ici est de l'ordre catastrophique. Mon opinion sur lui, cet hiver, avait été mauvaise : désordre et esprit de chapelle. J'étais revenu ici en passant l'éponge, d'autant que Shelley avait de la sympathie personnelle pour lui. À partir de l'accident du secrétariat, Shelley a pris l'initiative de dire à Sophie qu'il fallait d'urgence vous expédier ce jeune homme : même sans porter de jugement sur ses méthodes, il était évident qu'il était brûlé et que trop de ses agents de liaison étaient en caisse pour que personne conserve le goût de travailler avec lui (pour notre part, nous ne passons pour ainsi dire jamais par ses services : c'est trop dangereux). Depuis, le jugement de Shelley s'est aggravé. Comme tout le monde, il considère que le secrétariat de Sophie est une pétaudière sans nom, qui donne des rendez-vous et ne les tient pas, qui commet des erreurs journalières, qui met tout le monde à cran, par qui l'on ne peut rien obtenir (à la fois impuissance ou vachardage) et qui met tout en péril par des méthodes incroyables de légèreté (le fait que les archives aient été gaulées en même temps que le secrétariat est tout un programme à cet égard). Il faut rappeler Alain d'urgence. Sophie, à qui vous aviez donné l'ordre de vous l'expédier il y a deux mois, l'a conservé par paresse, parce qu'il a ainsi un factotum qui fait tout (c'est ainsi que Sophie m'a avoué avant-hier qu'il ne savait même pas qui s'occupe de ses transmissions personnelles). [...] *Ne recommençons pas avec Alain, il y a eu assez d'arrestations déjà.*

1. Daniel Cordier.

À mesure que j'avance dans mes recherches, je revois les télégrammes que j'ai expédiés, les rapports que j'ai décodés. Mais il y a aussi des textes que je ne connaissais pas, de Bidault, d'Astier, Copeau, Frenay ou d'autres, qui raniment mes souvenirs de conversations, avec les uns et les autres. Parfois je lis des papiers de personnages inconnus ou qui témoignent d'une période antérieure à ma collaboration avec Moulin. Il arrive qu'ils m'apportent des réponses à des questions que je m'étais posées (et continue à me poser) sur les causes de l'opposition de certains chefs de la Résistance à Moulin ou de Gaulle.

Le rapport Mangin

Parmi ceux-ci, le rapport que Stanislas Mangin a rédigé lors de son arrivée à Londres en mars 1942, me semble particulièrement riche.

Ce Mangin a-t-il une parenté avec le Mangin qui a été nommé délégué militaire à l'automne 1943 ? Je demande à Vitia : c'est effectivement un des fils du général Mangin et un ami de Wybot, chef du contre-espionnage au BCRA[1]. Son rapport est une pièce rare, et sans doute la plus ancienne sur la pensée et les projets de Moulin après son retour en France.

Mangin le rencontra le 26 janvier 1942 à Lyon, trois semaines après son parachutage par les Anglais. En le lisant, je constate que Moulin avait compris, dès le début, que la distribution et la répartition de l'argent lui permettaient d'obtenir des chefs

1. Daniel Cordier confond ici l'auteur du rapport, Stanislas Mangin, membre d'un réseau de renseignement puis engagé dans les FFL, avec son frère Louis, qui a été nommé en septembre 1943 délégué militaire en zone Sud.

de mouvements une certaine souplesse à l'égard des ordres de De Gaulle qu'il leur imposait. Grâce à toutes les rencontres faites par Mangin, je comprends aussi pourquoi, à l'automne 1942, Combat et Frenay étaient considérés comme « de droite », à la limite du « fascisme » comme l'affirmaient certains socialistes. Ces allégations m'avaient paru d'autant plus curieuses, à l'époque, que dans les articles publiés dans *Combat*, je n'avais jamais rien trouvé qui allât dans ce sens. Le ton utilisé par Frenay et les hommes de Combat (à l'exception de Bourdet) inquiétait pourtant certains résistants. Le résumé de ces griefs, je l'avais entendu chez des socialistes, en particulier Defferre[1] et surtout Pascal Copeau qui devant moi vitupérait Combat en riant, tout en attaquant aussi bien Moulin, responsable de tout. Une accusation revenait souvent : l'appartenance de Frenay à l'armée d'armistice[2]. Certes, il était difficile d'imaginer que Vichy fût un lieu de résistance. Mais, de toute manière, Frenay avait fini par quitter l'armée, ce qui aurait dû constituer une preuve de sa loyauté, en dépit de ses réserves à l'égard de De Gaulle.

Par le rapport de Mangin j'apprends que Frenay était soupçonné, en 1941 et au début de 1942, d'appartenir encore au 2e Bureau, dont il avait été un membre actif. En rejoignant la Résistance, il aurait conservé des liens amicaux avec les hommes de

1. Gaston Defferre (1910-1986), membre du réseau de renseignement Brutus et du comité exécutif du Parti socialiste clandestin.

2. Henri Frenay est officier de carrière. Fait prisonnier en 1940, il s'évade et est affecté en décembre 1940 au 2e Bureau (c'est-à-dire le service de renseignement) de l'état-major de l'armée de l'armistice à Vichy. À cette date, il a déjà lancé un manifeste pour recruter des volontaires prêts à reprendre le combat pour libérer la France. Dès le 24 janvier 1941, il demande à être placé en congé d'armistice, quitte l'armée et se consacre entièrement à son activité clandestine. Ce qui n'empêche pas qu'il ait pu, un temps, trouver cohérent et utile de se placer sous le patronage du maréchal Pétain.

Vichy et, surtout, n'aurait cessé de leur communiquer des renseignements de toute nature. Mangin avait interrogé des chefs de la Résistance : certains étaient très sévères sur cette appartenance. D'autres, comme François de Menthon[1], étaient indulgents, parce qu'ils ne retenaient que le côté qu'ils estimaient positif de ce choix : une certaine protection de la Résistance par Vichy ! Mangin avait rencontré également l'ancien supérieur de Frenay, le colonel du Vigier. Ses propos au sujet de son ancien subordonné étaient inquiétants et justifiaient la méfiance de certains résistants à son égard : « Nous avons laissé partir Frenay mais nous connaissons tout de ses activités résistantes[2]. »

Cette accusation précise m'explique, enfin, l'étiquette politique qui collait à Frenay en dépit de ses déclarations et sa rupture publique et solennelle avec Pétain[3]. Elle explique aussi pourquoi les contacts qu'il avait eus avec Pucheu (ministre de l'Intérieur à Vichy) avaient pris de telles proportions[4]. Certes, le gouvernement du Maréchal avait été volontairement indiscret afin de le discréditer. À cette occasion, certains chefs de Combat l'avaient accablé et avaient

1. Daniel Cordier a confondu la réaction de Menthon, circonspecte, avec celle d'un des autres fondateurs du mouvement Liberté qui venait de fusionner avec le MLN de Frenay, Pierre-Henri Teitgen, rapportée par Mangin : « il n'est peut-être pas mauvais qu'il y ait un point de contact entre la résistance illégale et l'activité secrète de l'armée qui forge un outil qu'on sera amené à utiliser d'une façon ou d'une autre ».

2. Dans son rapport, Stanislas Mangin relate des informations données par son frère Louis. En juin 1941, le colonel du Vigier, chef du 3e Bureau, en charge de la préparation secrète de la mobilisation, lui aurait déclaré : « Frenet [*sic*] nous a quittés pour créer un mouvement secret. Nous l'avons laissé faire, mais en le suivant pas à pas. Nous tenons tous les fils de son affaire et, bon gré mal gré, il se trouve dans nos mains. »

3. Dans le numéro de mai 1942 de *Combat* : « Tout est clair maintenant. Le mythe Pétain a vécu. Vos étoiles s'éteignent. [...] La France entière contre Laval est désormais contre vous. Vous l'avez voulu. »

4. En janvier-février 1942, Frenay, sollicité par le directeur de la Sécurité nationale, accepte de s'entretenir à plusieurs reprises avec Pierre Pucheu, secrétaire d'État à l'Intérieur (en pointe dans la répression sanglante contre les communistes), pour envisager la remise en liberté de militants de Combat.

rompu avec lui[1]. Si cette rencontre avait eu un tel retentissement, c'est qu'elle semblait confirmer sa réputation d'être un homme de Vichy, en tout cas suspect dans la Résistance[2].

« *J'ai mis mon képi dans la cage* »

À mesure que la guerre s'avance vers son dénouement, je sens Vitia de plus en plus soucieuse. Très pudique sur sa vie personnelle, elle parle peu de son passé et de sa vie avec Stéphane. Mais à certaines allusions, à certains regards qui traînent dans le vide, à sa manière de suivre la fumée de sa cigarette, je la sens souvent inquiète. Le travail quotidien que nous faisons, son intelligence, sa vivacité, son humour poétique allègent ma tâche et m'empêchent d'en sentir la complexité et le poids que je juge inutiles. Pour Vitia, la victoire a un nom : Stéphane. Je peux comprendre son admiration pour lui, puisque, comme tout le monde, j'ai subi la séduction de sa gentillesse, de son intelligence et surtout de son immense culture. Comment Vitia le retrouvera-t-elle ? Aura-t-il changé ? Quelle transformation aura impliqué sa déportation ? Une autre question sous-tend toutes les autres, les

1. Pour être plus exact, Frenay est accablé plutôt par les chefs d'autres mouvements, à commencer par d'Astier, de Libération (Sud) ou Christian Pineau, de Libération (Nord), et est tenu en suspicion par le BCRA et le commissariat à l'Intérieur de Londres, mais est défendu par Jean Moulin. (Voir *La République des Catacombes, op. cit.*, p. 171-173.)

2. Daniel Cordier a écrit ici dans son manuscrit « lettre d'Astier à Copeau ». Il est possible qu'il ait confondu les lettres de d'Astier à Copeau, qui sont très postérieures à l'affaire Pucheu, avec par exemple l'article très sévère paru dans *Libération* du 1er mars 1942, juste après que d'Astier eut décidé de rompre toutes relations avec Combat, pour des raisons de principe et de sécurité : « Quelques attentistes scrupuleux, quelques diplomates de café voudraient faire écho aux chants des sirènes de Vichy : "Nous ferons la résistance le jour venu… nous retournerons notre veste révolutionnaire et nationale aux approches de la victoire."[…] Avec Vichy ? Non. Il n'y a là que des pleutres ou des machiavels au petit pied dépassés par la grandeur des travaux et des jours. Seuls sont qualifiés pour arracher la victoire les hommes de là-bas et d'ici qui ont su rester des Français libres. »

rendant tragiques : reviendra-t-il ? Je m'étonne pour ma part de cette dernière question, car si toutes les autres appartiennent aux secrets d'un couple, la dernière, elle, me semble sans objet. Tous ceux qui ont été tués l'ont été lors de leur arrestation, lors des tortures ou lors de leur interminable emprisonnement. Mais arrivés dans les camps, ils sont sauvés… Il en va ainsi pour Stéphane, pour mes camarades et naturellement pour Jean Moulin. Mon assurance est d'autant plus grande que mon séjour à Miranda m'a prouvé que cette analyse est pertinente. Certes, les camps de concentration allemands sont monstrueux et implacables pour les corps faibles, mais on en sort vivant. Pensant la rassurer, je lui développe avec fougue mon argumentation. Elle me regarde avec une tristesse non dénuée de sévérité à l'égard de ce qu'elle juge naïf et surtout irresponsable de ma part : « Comment peux-tu oublier la nature des nazis ? Ce sont des fanatiques, des sadiques, des exterminateurs. Tu connais leurs doctrines. Alors ? »

Elle ne dit rien de plus et pourtant, ce rappel (dont je connais la vérité) ne me semble pas s'appliquer puisque les camps se sont ouverts sur nos camarades après qu'ils ont été jugés et ont échappé à la peine de mort.

En fait, elle pense à autre chose qu'elle ne dit pas et que j'ignore : Stéphane, son mari, est d'origine allemande et, de surcroît, il est juif. L'aurais-je su, à cette époque, que cette origine juive ne m'aurait pas semblé plus dangereuse pour lui que celle de résistant, tant était grand mon aveuglement.

Pour échapper à cette tristesse, j'essaie de distraire Vitia en l'emmenant au théâtre dont nous sommes friands. Parmi les spectacles, je retiens en particulier

Huis clos et, au théâtre Montparnasse, Agnès Capri[1]. Elle m'a enthousiasmé en disant « La baleine aux yeux bleus » d'un certain Prévert[2], dont j'ignore le nom et l'œuvre. Vitia me regarde : « Mais tu le connais ! C'est lui qui a écrit *Drôle de drame* ! » Je retrouve effectivement dans ces poèmes l'humour qui, dans ce film, a reconstruit une réalité burlesque plus forte et plus naturelle que la vie même. Le lendemain matin, Vitia m'apporte des textes dactylographiés : « J'ai mis mon képi dans la cage et je suis sorti avec l'oiseau sur la tête[3] ». Elle me lit ce poème, puis les autres à haute voix et, à peine achevé, nous recommençons : c'est ainsi que nous les apprenons par cœur. Pour notre section, nous avons trouvé un mot de passe : « Il pleut des vérités premières, tendons nos rouges tabliers[4] » (Courteline).

Parfois le colonel Manuel descend nous voir. Discret, il se faufile parmi les piles de dossiers qui commencent à ressembler à des archives rangées, bien que nous soyons toujours sans classeurs, sans mobilier et sans secrétaire.

« Êtes-vous libres à dîner ? »

Il nous emmène alors dans un restaurant ou chez lui et nous pose des questions précises sur notre travail ou sur les événements qui crépitent autour de nous, mais aussi sur les mouvements littéraires ou artistiques. Un jour, à l'heure du déjeuner, il nous invite à l'accompagner pour voir les œuvres de Picasso, exposées au Salon d'automne, qui se tient

1. *Huis clos* de Jean-Paul Sartre est créée le 27 mai 1944. La comédienne et chanteuse Agnès Capri dirige en 1945 le théâtre de la Gaîté-Montparnasse.

2. Le poème de Prévert s'appelle en fait « La pêche à la baleine » et figure dans le recueil *Paroles* (1945).

3. Jacques Prévert, « Quartier libre », *Paroles*.

4. Georges Courteline, *Godefroy*.

au Palais de Tokyo. Elles ont provoqué un affreux scandale : le public, outragé par les portraits de Dora Maar, a décroché les toiles et les a traînées sur le sol[1]. Nous visitons l'exposition, entourés de policiers, qui tiennent les spectateurs éloignés des tableaux. Certes, je réprouve la violence à l'égard des peintures, mais tout de même, je ne comprends pas cet artiste et sa pulsion meurtrière à l'égard des êtres et des visages, pour ne rien dire de son besoin de mécanisation. En riant, Manuel se moque gentiment de moi et m'explique cette œuvre qu'il aime et connaît par le détail.

Il y a également d'autres sorties. Certains soirs, nous sommes invités par le couple Peignot. Durant ces soirées amicales, nous jouons à des jeux surréalistes. Sur les murs de leur appartement, j'admire leur magnifique collection de Vuillard de toutes les époques. Les toiles sableuses et mates créent des gris indécis et me laissent rêveur.

Déjeuner avec Pierre Meunier

Lorsque le colonel Manuel m'a confié le classement des archives et la rédaction du *Livre blanc* du BCRA, il m'a demandé si je revoyais mes camarades de la Résistance. Après ma réponse positive, il m'a demandé de lui rédiger des comptes rendus de nos rencontres*.

De ces notes du passé, je n'en ai retrouvé qu'une

1. Il s'agit du Salon d'automne inauguré le 6 octobre 1944, sous le nom de « Salon de la Libération ». Y sont exposées soixante-dix-neuf œuvres de Picasso, qui suscitent effectivement un scandale et de violentes réactions.

* Le colonel Passy, après son voyage autour du monde, avait repris la place de directeur de la DGER et m'avait demandé de lui adresser mes comptes rendus directement.

qui n'est pas la moins intéressante toutefois, car elle concerne Pierre Meunier. À cette époque, il était à la fois le secrétaire général du Conseil national de la Résistance et le chef de cabinet de Maurice Thorez[1]. Nos relations étaient toujours amicales et nos conversations des plus franches[2].

1. Il est possible que Daniel Cordier confonde les périodes. Maurice Thorez n'est devenu ministre (d'État) qu'en novembre 1945. Auparavant, Pierre Meunier est membre de l'Assemblée consultative provisoire.

2. Daniel Cordier avait prévu ici la publication de ce compte rendu, qui n'a toutefois pas été retrouvé.

IX

La victoire en pleurant

avril – août 1945

Dîner avec le colonel Passy[1]

Début avril, André Manuel me convoque dans son bureau. Il ne l'a jamais fait et je suis inquiet. Certes mon travail n'avance pas vite, mais j'ai à peu près dépouillé ce qui concerne mon domaine.

« Êtes-vous libre à dîner ? demande-t-il en souriant. Venez chez moi, je dîne avec le colonel Passy. Peut-être avez-vous des questions à lui poser sur votre travail. »

Je n'ai pas revu le colonel Passy depuis le printemps 1943, où Jean Moulin me l'a fait rencontrer rue de la Faisanderie[2]. À cette époque, il était en civil et avait quelque chose de juvénile, en dépit de sa calvitie, qu'accentuait encore le bleu clair de son regard. En dépit d'une amabilité de surface, j'ai le souvenir d'un chef sévère. La distance qui nous séparait était celle de la hiérarchie puisque, en dépit de mes fonctions auprès de Rex, il demeurait mon

1. Daniel Cordier situe ce dîner le 16 avril 1945.

2. Dans *Alias Caracalla*, Daniel Cordier donne la date du 12 avril 1943 (*op. cit.*, p. 779). Par ailleurs, il s'était présenté au colonel le 13 juillet 1941 à Londres, lors de sa candidature au BCRA (*ibid.*, p. 236-239).

chef de corps. En 1943, cette distance naturelle était insupportable à cause de cette situation. Dès le premier jour, j'avais compris qu'elle était en contradiction avec les plans du BCRA. Mais surtout, il y avait eu le conflit Brossolette-Moulin dans lequel nous étions dans des camps opposés. En allant dîner, je ressasse ce passé qui entretient une vague inquiétude sur notre rencontre. Il vient d'être nommé directeur de la DGER en remplacement de Jacques Soustelle. Ce qui me rassure, car s'il me jette à la porte de son service, ce serait la chance de m'engager, enfin, dans une unité combattante.

J'arrive le premier. Quelques minutes plus tard, il entre. Dès les premiers mots, je sens que son attitude à mon égard a changé : peut-être parce qu'avec le temps, nous sommes tous devenus les « Français libres de juin 1940 ». En attendant le dîner, je comprends, à travers les propos à bâtons rompus qu'il échange avec Manuel, qu'il est fort détendu. Il vient d'effectuer un tour du monde pour mettre en place, dans les services à l'étranger, les chefs de la DGER. Il évoque l'Afrique, l'Asie, et ce qu'il dit des Indes ou de la Chine aiguise ma curiosité, même s'il n'a pas gaspillé son temps à la cour des maharajas ou en chassant le tigre à dos d'éléphant ! En revanche, quand il parle de son travail, ses clichés naïfs me distraient. À mesure que le dîner avance, je me détends. Puis, il parle de la France, de Paris. Parfois, il pose une question sur tel ou tel résistant. J'évoque d'Astier, Bourdet, Frenay, mais aussi Sartre ou Vailland qu'il n'a jamais rencontrés. Il a un culte pour Bergson, dont il cite de mémoire de longs passages. Manuel, lui, m'interroge sur l'avancement du *Livre blanc*. J'attire son attention sur le travail minutieux et long que représente la partie militaire de l'action du BCRA :

les parachutages d'armes, les sabotages et surtout l'organisation de la radio qui est au cœur des polémiques à Paris. Tous les matériaux sont là, mais je suis en difficulté pour faire une synthèse de ce sujet très spécialisé. Je lui pose la question : pourquoi ne pas en demander la rédaction à l'un des anciens du bloc Opérations qui en fut acteur ? Quant à ma partie personnelle, la mission de Moulin dans les deux zones, elle est en bonne voie d'exécution. Mais elle représente relativement peu de chose par rapport aux services de renseignements et aux questions militaires que traite Vitia.

Après avoir évoqué quelques procès de l'épuration, je ne sais comment nous passons aux pièces de théâtre. Je parle avec enthousiasme de *Huis clos* que j'ai vu avec Vitia et, enfin, des livres de Sartre.

Manuel m'a recommandé de partir tôt : à onze heures, je demande la permission de me retirer. Je rentre à pied à Montparnasse, apaisé par cette soirée de détente. Toutefois, je ne comprends pas pourquoi Passy a voulu me rencontrer : il aurait pu obtenir de meilleurs renseignements sur le *Livre blanc* en convoquant Vitia dans son bureau. D'ailleurs, s'il a écouté avec attention mes explications, il n'a fait aucun commentaire. Curieusement, il a été plus intéressé lorsque j'ai évoqué le théâtre, les livres, les chefs des mouvements, les anciens résistants et surtout la vie parisienne…

Une promotion inattendue

Le lendemain matin, lorsque j'arrive aux archives, la secrétaire de Manuel m'annonce : « Le colonel vous a demandé. »

Je suis étonné, car il n'est pas neuf heures. Manuel n'est pas dans son bureau dont la porte est ouverte.
« Mais il n'est pas là !
— C'est le colonel Passy qui vous demande. »

Je suis interloqué. Pendant que je me dirige vers son bureau, je m'inquiète de savoir si, la veille (en dépit des apparences), je n'ai pas commis un impair. Sa secrétaire me fait patienter. Après un moment, elle me fait entrer dans la plus grande pièce de l'immeuble : immense salon ovale transformé en bureau du directeur (c'est là que, quelques jours auparavant, Soustelle nous a fait ses adieux). Passy, assis devant son bureau, me regarde intensément : « Il y a un grand travail pour transformer cette maison. Vous connaissez les critiques, les obstacles, vous les avez vécus sur le terrain. Nous sommes peu nombreux pour défendre cette maison : j'ai décidé de vous choisir comme chef de mon cabinet. Vous y retrouverez Bienvenue[1] que j'ai nommé directeur. Il y a beaucoup de travail. Voyez avec lui comment organiser le vôtre. »

Je n'ose poser aucune question tant je suis surpris par cette promotion : surtout après avoir découvert et lu l'original de la lettre que Brossolette a adressée au colonel Passy, son ami et son chef, où il me critiquait radicalement parce que j'étais nul.

Je vais voir Lagier. Il n'avait pas changé : « J'espère que vous allez montrer les qualités des agents de la section Action. »

Après son absence de deux ans, je suis rassuré de le retrouver : toujours le même, précis, méthodique et traitant tous les sujets avec une gentillesse bourrue. Je lui demande de m'expliquer en quoi consistent mes nouvelles fonctions.

1. Raymond Lagier.

« C'est simple. Vous vous occupez de l'agenda du colonel et de tous ses contacts extérieurs au service : vous filtrez ses rendez-vous, vous lui préparez les dossiers, vous répondez à sa correspondance venant des solliciteurs, des organisations, des ministres, vous préparez tous les projets, vous l'accompagnez dans ses dîners. Soyez ponctuel, aimable et ferme, sinon vous serez balayé. »

Dans cette formule, je reconnais mon capitaine qui aime porter les choses au pire. Autrefois, il me traumatisait, aujourd'hui je distingue les avantages : avec lui, les relations sont sans ambiguïté.

« Voyez avec Manuel pour savoir comment organiser les choses. »

Je me dirige donc vers son bureau. Il vient d'arriver et sa porte est encore ouverte.

« Entrez Cordier, toujours matinal ! » dit-il en souriant.

Je me jette à l'eau : « Mon colonel, j'ai besoin de vos conseils.

— Fermez la porte, je vous écoute.

— Je sors de chez le colonel Passy qui m'a demandé d'être son chef de cabinet.

— Mes félicitations.

— Oui, mais j'ai un problème pour accepter. »

Manuel ne semble pas convaincu : « Effectivement, vous êtes un garçon à problèmes. Heureusement avec vous, tout finit par s'arranger…

— Oui, mais aujourd'hui c'est grave.

— Pourquoi ?

— À cause de Jean Moulin. »

Il est en train de feuilleter son courrier et redresse la tête, interrogatif. « Vous vous souvenez, mon colonel, des relations exécrables de Moulin avec Brossolette et Passy : il les a réexpédiés à Londres sans ménagement ? Dans les archives pour le *Livre blanc* du BCRA, j'ai trouvé la lettre de Brossolette adressée à Passy, à l'automne 1943. Il lui demandait de me rappeler à Londres à cause de ma nullité dans l'exercice de mes fonctions. »

Manuel me regarde avec curiosité et gentillesse :

« Je me souviens d'autant mieux que c'est moi qui ai reçu cette lettre. Mais ça n'a aucune importance, c'est le passé. Et puis Brossolette, vous savez... paix à ses cendres. Quant à Moulin, vous posez tous les problèmes en termes sentimentaux. C'est comme si vous me disiez que vous vous êtes engagé en 1940 pour faire plaisir à de Gaulle. Vous semblez oublier que vous n'êtes pas dans l'armée pour leur faire plaisir, mais pour servir. (C'était presque mot à mot ce que le capitaine Lagier m'avait dit à propos de Bidault, deux ans auparavant.) Sous les ordres de Moulin, vous exerciez des fonctions. Il se trouve que le courant est passé, que vous vous êtes attaché à cet homme d'autant plus fortement qu'il était admirable. Mais cette fonction, vous avez continué à l'exercer auprès de Serreulles, sans vous poser de question : c'était votre devoir. Aujourd'hui c'est la même chose. Vous ne servez pas un homme, vous exercez une fonction. Je vais vous dire pourquoi le service a besoin de vous : parce que vous êtes le mieux placé pour user des liaisons politiques avec les chefs de la Résistance. Vous les connaissez tous et vous avez de bons rapports avec eux. Passy n'est pour rien là-dedans. C'est un grand chef, il a fait le BCRA. Au moment où il fallut créer un organisme de renseignement en France, efficace et nouveau, il fut l'homme le mieux placé pour le faire. Dans le domaine que je vous indique, vous pouvez aider le service. Ne pas accepter serait déserter ! Le passé, c'est votre vie privée. Ici il s'agit de votre avenir. Rompez », dit-il en riant.

Il s'approche et me donne l'accolade : « Quand vous avez des problèmes... je vous aime bien. » Je claque les talons et sors soulagé, quoique incertain.

Il a raison, d'autant que, maintenant, je n'ai plus l'échappatoire de combattre : la guerre est presque finie. Quant à Rex, j'ai toujours l'espoir de le revoir. Cela me rassure parce que, dès son retour, je suis sûr qu'il aura besoin de moi. Je quitterai tout pour travailler avec lui, comme autrefois. Je ne doute pas que de Gaulle lui confiera les plus hautes fonctions de l'État.

Cependant parfois, je m'inquiète : hélas, s'il n'avait plus besoin de moi...

Passy m'a demandé de lui soumettre un plan d'organisation de mon service et de définir comment j'envisage son fonctionnement[1]. Quelques jours plus tard, il approuve mon projet et je m'installe dans mes nouvelles fonctions. La guerre s'achève : la bataille de Berlin a commencé le 27 avril 1945 ; Mussolini est fusillé par les Italiens le 28 ; la France se prépare pour les élections municipales du 29 ; enfin, le 30, on apprend le suicide d'Hitler.

Mélancolie de la victoire

Une semaine plus tard, le 8 mai 1945, l'armistice est ratifié à Berlin[2]. La guerre européenne se termine enfin. J'ai suivi avec passion cette agonie,

1. Dans le manuscrit, Daniel Cordier a noté ici : « Texte ?? grand texte présentant l'ensemble des attributions avec les remarques de Passy. »

2. Il s'agit en fait d'une capitulation et non d'un armistice.

parce qu'elle est notre victoire. Mais je suis occupé par la création du secrétariat de Passy et tous mes soins sont consacrés à l'organisation de ces nouvelles fonctions. Je n'ai pas l'occasion d'épiloguer sur les événements qui viennent de s'achever.

Pourtant, le 8 mai, je suis heureux de déjeuner avec Jean de Lipkowski qui, depuis la Libération, est devenu avec Gaussen et Labouret, un ami très cher[1]. Entre nous le rire est un lien indestructible. Pourtant, ce jour-là (qui a été le but de notre jeunesse, et auquel nous avons tout sacrifié), je ne sais pourquoi, le trop-plein de mes souvenirs encombre ma mémoire. Même si je suis incapable d'expliquer ce que j'attendais de la victoire, ce n'est pas « ça » que j'espérais.

D'abord, à la fin de la guerre, je n'ai pas retrouvé ma famille comme j'en ai rêvé. Mon père, avec qui j'étais brouillé, est mort sans que je puisse me réconcilier avec lui. Quant à mes camarades de juin 1940, les plus chers de tous, où sont-ils ? Et tous ceux dont je suis sans nouvelle ? Au premier plan, mes camarades déportés : Maurice, Briant, Germain[2], Mado, Suzette… Sont-ils vivants ? Où sont Philippe, André[3], Guéna[4] et Marmissolle, mon ami ? Et Jean Moulin, qui pour moi, est beaucoup plus que Rex ?

Où sont-ils ? Et dans quel état ? À mesure que la date de leur retour potentiel approche, j'ai peur, en fait, de les perdre à jamais.

1. Jean de Lipkowski (1920-1997), évadé de France et engagé dans des FFL, s'apprête alors à passer le concours des attachés de consulat. Son père et son frère ont été tués pendant la guerre.

2. Le courrier Hugues Limonti.

3. André Montaut.

4. Yves Guéna (1922-2016) a été parmi les premiers engagés dans les FFL en juin 1940. Daniel Cordier s'est lié d'amitié avec lui à Annerley School. Il appartient alors à la 2e DB et a été blessé au mois d'août 1944.

Quant à Lipkowski, que la guerre soit finie est, pour lui, incroyable. Pendant le déjeuner, nous retraçons, à bâtons rompus, les étapes de ces années qui sont celles du massacre de l'Europe. Mais, aux événements mondiaux qui nous ont frappés, se mêlent étroitement nos souvenirs personnels. Soudain nous entendons les cloches sonner. Jean ouvre l'une des fenêtres donnant sur le boulevard Saint-Germain. Nous regardons : en dépit du temps radieux, il n'y a personne. Nous sommes étonnés que Paris ne soit pas envahi par une foule délirante, et nous-mêmes de ne pas suffoquer de joie. Nous répétons, comme pour nous en convaincre : « C'est fini, on a gagné… » Mais cela sonne faux, car il n'y a rien dans le spectacle que nous contemplons qui révèle cette paix tant attendue. C'est un jour comme les autres, à la limite de l'ennui, dans une ville déserte*…

Finalement, je le quitte pour me rendre à la DGER, d'où mon patron est absent et où je suis tranquille pour préparer la journée du lendemain.

Les fantômes de la gloire

Mes camarades déportés commencent à rentrer. L'interminable attente va prendre fin. Vitia est de plus en plus inquiète. Pourquoi suis-je à l'opposé ? Je les attends tous, et d'abord Jean Moulin à qui j'espère n'avoir pas été infidèle dans le *Livre blanc*.

Un matin, la secrétaire du service des Déportés me téléphone pour me signaler l'arrivée, à la gare du Nord, de camarades du BCRA. On ne me donne

* J'appris le lendemain par les journaux que la foule immense avait fêté la victoire… sur les Champs-Élysées et autour de l'Arc de Triomphe.

aucun nom. Le cœur battant, je traverse Paris à toute vitesse (sans feu rouge et presque sans circulation). Quand j'arrive à la gare, il y a un train à quai dont commencent à descendre des garçons vêtus de costumes rayés blanc et bleu. Ils sont squelettiques et certains, même, allongés sur des civières. Je veux savoir les noms, mais le désordre est indescriptible. Tout le monde court dans tous les sens. Brusquement je me trouve à côté d'un homme qui s'écrie : « Alain ! » Je le fixe intensément pour ajuster ce visage squelettique à un visage connu... Heureusement son regard vif et moqueur me permet de le reconnaître : « Montet ! » Il s'agit de Maurice Montet qui dirigeait le service d'évasion vers l'Espagne et qui a été arrêté quelques jours avant Rex[1]. Nous nous embrassons. Je n'ose lui demander comment il va. Je suis horrifié de ce que je découvre d'un coup et je me sens d'autant plus coupable d'avoir échappé à la déportation, mais surtout d'avoir imaginé la vie paisible des déportés. Rompant le silence, il me dit : « Ça a été dur, mais on les a eus », et avec un faible sourire : « Tu vois, j'ai même gardé toutes mes dents. Le reste, ça se change. » Il pèse trente-cinq kilos. Il ne sait que dire sur les camarades que je lui nomme. Après l'avoir abandonné, je me faufile parmi les groupes pour essayer d'en savoir plus. Je suis perdu, je ne connais personne ! Devant sur une autre civière : « Denviollet ! » Allongé, il est dans un état d'autant plus pitoyable qu'il était un garçon plutôt rondouillard[2]. Quand il m'embrasse, je suis frappé

1. Maurice Montet (1918-1996) était en charge d'un réseau d'évasion des aviateurs alliés dépendant du BCRA (Brandy).

2. Georges Denviollet (1921-1974) avait gagné la Grande-Bretagne en 1940 en bateau de pêche et s'était engagé dans les FFL. Envoyé en mission en zone libre en 1942, il fut blessé grièvement lors de son parachutage. Arrêté au printemps 1943, il a été déporté à Buchenwald.

par la même odeur que celle de Montet, celle d'autrefois : la terre, la paille, l'étable. Je suis désemparé car je me sens inutile. Pire, je suis un étranger. Je venais chercher mes camarades pour les emmener dans un Paris désormais libre, pour les inviter à déjeuner afin de rire à nouveau comme en Angleterre ou en France. J'avais tout imaginé, sauf ce que je vois : ceux qui reviennent sont de grands malades !

En rentrant au bureau, je n'appelle pas Vitia, car maintenant, je comprends son inquiétude. J'essaie de me renseigner sur le retour éventuel d'autres camarades. Personne ne sait rien. Simplement, ils arrivent par paquets à la gare du Nord. On me signale également un bureau à l'hôtel Lutetia où les plus valides vont directement. Je m'y précipite. Briant, Cheveigné, Diebold, Limonti, Moret… Aucun n'est encore rentré, ou du moins ne se trouve sur les listes qu'on me communique.

Comme le Lutetia est proche de Montparnasse, où j'habite, chaque matin je passe devant en allant au bureau et le soir, en rentrant chez moi. C'est ainsi qu'un soir, je retrouve Maurice de Cheveigné qui vient d'arriver. Apparemment, il est en meilleur état, puisqu'il peut marcher, bien qu'il soit, lui aussi, terriblement amaigri. Nous nous étreignons dans la joie, et aussitôt il reprend sa distance espiègle, tandis que je le regarde intensément : « Eh bien quoi ? On dirait que tu ne m'a jamais vu. Où va-t-on ? »

Je l'emmène chez moi et je prépare aussitôt un lit sur le divan du living : « Tu ne crois pas que je vais me mettre au lit à sept heures du soir ! Je suis libre, ce n'est pas pour dormir. »

Muet, je le regarde, ne sachant que lui proposer pour lui faire plaisir. « Tu étais plus drôle dans la Résistance.

— D'accord, allons dîner. »

Je ne sais pas pourquoi je ne lui pose aucune question. Je suis gêné face à une expérience humaine que je n'ai pas connue, mais surtout que j'ai été incapable d'imaginer. Le spectacle incroyable et hallucinant de ces derniers jours est paré d'une dimension sacrée qui m'oblige à respecter la souffrance de ces êtres que j'ai le droit d'écouter, mais pas de questionner. Leur misère physique arrête toute curiosité qui me paraît indiscrète et même odieuse. Après un silence, Maurice qui s'est affalé dans un fauteuil, semble répondre à ces questions que je ne formule pas.

« Tu sais, ce n'était pas aussi dur que ça. Il y en a qui ont moins bien supporté que d'autres. »

Je lui prête un costume.

« Tu as honte de moi ?

— Non, mais je veux que tu te sentes chez toi.

— Alors je vais prendre un bain. »

Il se met tout nu en jetant sa tenue de déporté par terre.

« D'accord pour ton costume. Je donnerai le mien à nettoyer. C'est un souvenir. »

Il y a de longs silences entre nous. Je le regarde toujours avec une stupeur que je ne cherche pas à dissimuler.

« Tu croyais que j'étais mort ?

— Non, mais jamais je n'aurais cru que les Boches vous traitaient comme des bêtes.

— C'était pire. »

Peu à peu, au fil de la soirée, je découvre en lui une lassitude profonde que je n'avais pas remarquée d'abord, à cause de la joie de nous revoir. Est-ce pour ça qu'il est laconique dans ses souvenirs ? C'est lui qui pose les questions : les livres, les films, le théâtre. Heureusement, il est encore curieux.

Quand il est prêt, il est ragaillardi et excité de se retrouver dans la ville de sa jeunesse. Il se croit libre pour toutes les expériences. Il veut descendre immédiatement dans la rue. Je me souviens de son dernier séjour à Paris de décembre 1943 à février 1944, il y a à peine plus d'un an. Tous les deux aux aguets, chaque rendez-vous ouvrant sur un piège qui, à Lille, s'est refermé sur lui. Pourtant, je n'éprouve pas le besoin de lui rappeler et de souligner le contraste avec aujourd'hui. S'en souvient-il encore ? Désire-t-il même s'en souvenir ? Que représente notre passé pour lui ? A-t-il encore la notion de ce passé ?

Lorsque nous sommes sur le boulevard du Montparnasse, au milieu de la foule, il s'arrête un instant, comme étourdi. Il regarde intensément les gens qui passent, indifférents à sa présence. Il semble au bord de sa nouvelle vie, comme au bord d'une plage, un jour de grand vent où on s'arrête pour respirer profondément, pour s'accorder au rythme de la mer avant de poursuivre sa promenade. Soudain, il me prend la main qu'il serre longuement. Je suis bouleversé par cette étreinte muette. Je comprends, enfin, que ma présence n'est pas inutile : je peux lui apporter un réconfort qui prolonge les liens profonds tissés entre nous durant la guerre, par la peur et l'espérance. Je sais aussi que je ne dois pas craindre le silence nouveau qui s'est installé entre nous, car je dois lui laisser le temps de me rejoindre parmi les vivants. Tout ce que je peux lui offrir quand il en a besoin, c'est une oreille attentive. Je l'emmène dans un bon restaurant du boulevard Montparnasse, à La Palette, car je veux fêter dignement son retour. Bien que je sente son plaisir, j'observe qu'il est en décalage avec ce que ses yeux semblent exprimer, sans que des mots les accompagnent. Il commande de tout et je suis heureux qu'il puisse combler sa faim. Mais, à ma surprise, s'il se jette goulûment sur les plats, après quelques bouchées, il semble rassasié et laisse son assiette presque pleine. Il part d'un éclat de rire : « J'avais tellement faim après être sorti du camp que j'ai été voler une poule dans une ferme. Les Boches commençaient à crier et un vieux m'a couru après. Je lui ai pris la main avec tant de haine que son doigt s'est cassé. J'ai lâché la poule tellement je riais : moi qui pesais quarante kilos, j'avais cassé du Boche ! »

Bien que ce souvenir l'amuse, j'ai l'impression que son rire n'est que l'écho assourdi de ce qu'il raconte. Je me hasarde : « C'était comment, chez eux, à ce moment-là ? »

C'est ma première question. Il réfléchit : « Un bordel monstre. Comme chez nous en 1940. » Je n'insiste pas.

Ce soir-là, c'est tout ce qu'il dira de son expérience. Le dîner fini, il écourte la soirée et, de lui-même, prend le chemin de l'atelier. Je suis frappé par la lassitude de sa démarche. Heureusement que le lit dont il se moquait est préparé. Après être rentré, il s'allonge dessus tout habillé et, sans un mot de plus, s'endort. J'éteins alors la lumière et monte dans ma chambre. Je suis bouleversé de n'avoir pu l'arracher à sa solitude, dont j'ignore les fantômes cruels qui en ferment l'accès.

Le lendemain matin, je me lève à six heures et sans bruit me prépare pour partir au bureau. Quand je descends dans le living, il n'a pas bougé, toujours allongé sur le ventre. Un affreuse pressentiment m'étreint : et s'il était mort ! Son souffle régulier me rassure. Je lui prépare son petit déjeuner, lui laisse ma clef, mon numéro de téléphone et ferme sans bruit la porte du palier.

Les journaux que je parcours pour la revue de presse du colonel sont pleins de récits du retour des prisonniers. Ici ou là, je découvre les impressions que je ressens depuis quelque temps. Le Paris des déportés est submergé par une détresse indescriptible dont chaque jour permet de prendre conscience.

Heureusement Maurice reprend peu à peu une vie d'apparence normale. Parfois son rire juvénile semble venir directement de nos années de travail ensemble. Mais, en rentrant, le soir, je le trouve assis dans un fauteuil ou sur le tapis, sans rien faire et le regard perdu sur les toits de Paris qui, de la fenêtre de l'atelier, s'ouvrent à l'infini.

Mme Moret et Suzette

Au bureau, un matin, une voix m'appelle au téléphone : « Charles[1], nous sommes rentrés. »

J'ai peine à reconnaître cette voix brisée, mais il y a très peu de personnes qui connaissent le prénom de ma fausse identité : Mme Moret, mon hôtesse à Lyon et sa fille Suzette.

« Où êtes-vous ?

— Mais chez nous, boulevard Malesherbes !

— J'arrive immédiatement. »

Je dégringole les escaliers et me jette dans ma voiture. Le boulevard Malesherbes n'est pas loin de mon bureau et aujourd'hui que je connais la tragédie des camps, je m'émerveille que ces deux femmes en

1. Charles Daguerre puis Charles Dandinier furent les identités figurant sur les faux papiers de Daniel Cordier en 1942-1943. Sur les Moret, voir *Alias Caracalla*, *op. cit.*, p. 326-327 et p. 400-402. Suzanne Moret a travaillé au secrétariat de Jean Moulin puis à la Délégation jusqu'à son arrestation, en juin 1943.

soient rescapées. À mesure que j'approche, je suis inquiet de l'état dans lequel je vais les revoir. Au moment d'appuyer sur la sonnette de l'appartement, mon cœur bat comme si j'avais couru à pied depuis mon bureau. C'est Mme Moret qui m'ouvre. Elle a beaucoup changé, amaigrie et, comme tous les déportés, elle a quelque chose d'absent dans son visage. Pourtant, il est plein de pudeur et peu démonstratif. Elle m'accueille comme si nous étions encore à Lyon après une journée de travail, et me dit simplement : « Comment allez-vous ? »

Mais avec elle (comme avec tous les déportés), je n'arrive pas à dire un mot tant je suis effrayé par leur présence que j'ai tellement espérée. Je n'ose l'interroger au sujet de sa fille. Comme si elle devinait mon inquiétude : « Suzette vous attend. Elle est dans sa chambre. »

Quand j'entre, Suzette, couchée dans son lit, m'ouvre les bras lentement. Pendant qu'elle murmure faiblement « Charles », je l'étreins longuement. Elle me fait asseoir au pied de son lit qu'elle ne peut quitter. Bien qu'elle soit elle aussi amaigrie (mais plus mal que les déportés que j'ai déjà rencontrés), je retrouve la très jolie fille que j'avais rencontrée il y a trois ans… Au-delà de son épuisement, elle conserve heureusement son éclat, nourri par un feu intérieur qui brûle son regard. À elle seule, j'ose faire l'aveu qui me tenaille depuis quelques jours : « Je regrette de ne pas avoir été arrêté avec vous. » Sans doute est-ce maladroitement formulé, même si cela signifie : « Je regrette de ne pas avoir partagé vos souffrances. » Dans la vivacité de sa réponse, je la reconnais tout entière.

« Vous êtes fou. Heureusement que vous étiez dehors pour continuer à vous battre. Si vous saviez comme nous pensions à vous, avec l'espoir que vous nous vengeriez. »

Cette fougue retrouvée, un instant, par la jeune fille impétueuse et toujours directe, l'a incroyablement épuisée. Elle retombe sur ses oreillers et soudain semble absente à tout. Mme Moret, qui était dans la pièce à côté dont la porte est ouverte, vient me chercher.

« Malgré les apparences, elle est très fatiguée. J'espère qu'on pourra la sauver. »

Il n'y avait nulle passion dans ces mots prononcés car elle non plus n'est pas complètement revenue de ce séjour des morts. Brusquement, je comprends que mes camarades, en dépit d'un éventuel aspect de santé (toujours trompeur), sont atteints très profondément : ils sont tous en danger de mort.

« Laure Diebold vient de rentrer. Appelez-la, elle sera si heureuse de vous parler », me dit-elle en griffonnant un numéro de téléphone[1].

Au-delà de l'émotion qui m'étreint lors de ces rencontres qui débordent sur mon travail, je suis envahi par un sentiment d'irréalité. J'éprouve comme un flottement, une étrangeté de rêve, une sorte d'exil intérieur avec tous ces êtres, chers entre tous.

Je commence à me poser une question : reviendront-ils jamais ?

François Briant

Après le départ de Maurice pour Londres, où il va revoir ses amis Gimpel, je reçois un appel dans mon bureau et j'entends une voix proche : « Ici

1. Laure Diebold est revenue à Paris le 16 mai 1945.

François Briant. » Enfin ! Depuis mon engagement, il fait partie de mes intimes. Mais n'ayant pu retrouver son nom sur aucune liste, je désespérais de le revoir.

« Où es-tu ?

— Dans ton immeuble. »

Je suis stupéfait : « Viens vite au quatrième étage. Demande-moi au planton. »

Après les rencontres avec mes autres camarades, je m'attends au pire. En ouvrant la porte, il m'apparaît tel que je l'ai quitté, deux ans auparavant : le jeune Breton trapu, placide, est intact devant moi. Est-ce possible ? Après s'être reposé quelques jours chez sa mère, il est venu à la DGER pour régler sa situation et a appris ma présence. Ne pouvant bavarder avec lui, je l'invite à mon logement de Montparnasse dont je lui donne la clef.

En dépit du travail qui s'accumule de toute part, ma journée se traîne interminablement : toute ma pensée est avec lui. Chacun de mes camarades est un morceau de ce terrible passé. Mais rares sont ceux, comme Briant, curieux de tout, à qui je dois des découvertes littéraires ou politiques. Plus qu'avec aucun autre (même Pierre Rateau), notre lien le plus étroit est Dieu. J'étais devenu son ami à cause du courage qu'il manifestait dans sa foi. En 1940, mon premier dimanche en Angleterre, j'étais retourné à la messe. Cette époque marque, pour moi, le retour à ma propre foi[1]. Avec le temps, les dangers de ma mission en France m'en ont éloigné. Ce problème n'était pas réglé pour autant et se retrouva au cœur de nos conversations. Lui, au contraire, jusqu'à notre dernière rencontre, a été fidèle à lui-même, puisqu'il

1. Voir *Alias Caracalla*, *op. cit.*, p. 93.

n'a jamais varié dans sa volonté de devenir père Blanc en Afrique.

Comment a-t-il vécu ces deux ans dont je viens de mesurer l'intensité infernale à travers les bribes de récits de mes camarades déportés ? Si j'avais conservé une foi intacte en la bonté de Dieu, aurait-elle survécu à l'immolation des déportés ?

Lorsque je reviens le soir dans l'appartement, il feuillette un livre de reproductions de miniatures anciennes. L'après-midi, il s'est promené, il a flâné au bord de la Seine et a visité Notre-Dame.

« Je ne me souvenais pas de sa beauté. C'est vrai aussi pour Paris. Peut-être à cause du printemps que rien n'empêche de goûter et dont j'ai l'impression qu'il sera éternel. Et puis les gens ont l'air heureux d'être libres. »

En l'écoutant, j'ai l'impression qu'il vient de rentrer de Bretagne après de longues vacances.

En allant dîner, je lui explique à bâtons rompus les difficultés de la Libération, le travail que j'exécute auprès du patron de la DGER. Écoute-t-il ? Il est plus préoccupé par les problèmes d'avenir. Quel régime politique va naître ? Il est inquiet des communistes qu'il trouve agressifs. Cependant, il ne fait pas la moindre allusion à sa déportation et je ne lui pose aucune question. Pour rentrer, nous prenons le métro. En sortant de la station, il me dit : « Quand je suis sous terre dans le métro, que je vois les voyageurs qui sortent du wagon, ça me fait rire. »

J'écoute sans comprendre.

« Un jour, je travaillais dans une mine : à la fin de la journée, nous avons chargé dans des wagonnets les cadavres de quelques déportés, morts d'épuisement ou de mauvais traitement dans la journée. Puis les wagonnets, tirés par un treuil, remontaient lentement à la surface tandis que nous marchions à côté. Soudain le câble s'est rompu et les wagonnets sont repartis en arrière de plus en plus vite : les corps entassés étaient éjectés comme des pantins. Nous avons tous éclaté de rire sans pouvoir nous arrêter. »

À l'évocation de ce spectacle monstrueux, je reste sans voix et nous terminons silencieusement les quelques mètres qui nous séparent de mon immeuble. En arrivant, il me prévient : « Je suis obligé de me coucher tôt. »

Je monte alors dans ma chambre sans en savoir plus.

Le dimanche après déjeuner, il a envie de flâner devant les bouquinistes des quais. Je suis heureux d'être avec lui. Feuilletant les livres, nous regardons certains titres qui suscitent nos interrogations et nos commentaires. À un moment, il me montre le livre de Frédéric Sieburg, *Dieu est-il français ?*[1], en me disant : « Je ne suis pas sûr que la question se pose aujourd'hui de cette manière. » C'est la première fois que Dieu revient entre nous. Espère-t-il une réponse, n'importe laquelle, qui enchaîne avec nos conversations d'autrefois ? Hélas, sur ce sujet, je n'ai plus rien à lui dire. Sans lui avouer que je ne crois plus, je souris en continuant à regarder les livres.

Durant la semaine, tandis qu'il fait la grasse matinée et passe l'après-midi à visiter Paris, je travaille toute la journée au bureau. Comme je suis heureux de l'avoir retrouvé ! Presque tous les soirs, nous sommes ensemble. Mais ce qui est étrange, c'est que la vie d'autrefois n'existe plus entre nous. Après quelques jours, il n'a toujours rien dit de sa

1. Ce livre publié en 1929 est un tableau anecdotique de la culture et de la société françaises, brossé par un journaliste allemand en poste à Paris.

pensée profonde. Bien que notre amitié et notre confiance mutuelle me semblent intactes, je sens un indéfinissable éloignement entre nous. Pendant trois ans, nous avons collaboré étroitement à la même tâche : libérer la France. Avec lui, comme avec Maurice et quelques autres, nous étions, en France, parfaitement unis par les mêmes responsabilités et les mêmes peurs. Mais, après quelques jours, je découvre, avec tristesse, que notre passé est le seul lien de notre présent, car il s'apprête à regagner l'Algérie et son abbaye. Moi, je suis toujours occupé par un travail qui occulte un avenir dont je n'ai pas la moindre idée. Notre amitié est enracinée dans la richesse de nos souvenirs, mais nous ne les évoquons jamais. Peut-être sommes-nous conscients de ne plus partager aucun futur.

Un soir où je rentre tôt, je le trouve assis dans un fauteuil, le regard perdu sur l'horizon des toits, puis enchaînant avec ses pensées, il avoue : « Je n'aurais pas dû revenir à Paris. C'est un spectacle effrayant, parce que je n'ai plus de place nulle part. »

Je m'assois en face de lui et vois son visage éclairé par le soleil couchant.

Il poursuit : « Comment puis-je croire en Dieu, après l'horreur des camps ? J'essaie de prier, mais je ne prie plus. Au lieu de m'apaiser, les paroles de soumission, d'adoration, de glorification raniment des images insoutenables que je veux oublier. Elles me tourmentent car elles sont dans ma tête. Personne sauf les fous ne peut imaginer les atrocités absurdes que nous avons subies. Je ne comprends pas que Dieu se taise, accepte que son œuvre soit caricaturée. »

Puis, me regardant dans les yeux : « Tu étais plus inquiet autrefois. Il semble que tu ne t'interroges plus ? C'est un terrible exemple, pour moi, de vivre à côté de toi. »

Je suis déchiré par ces aveux qui sont la preuve bouleversante de notre intimité d'autrefois. Hélas, ils soulignent notre éloignement. Surtout ils révèlent un désarroi que je n'ai pas soupçonné. J'aurais voulu lui apporter la paix, c'est-à-dire qu'il retrouve une foi sereine. Mais comment trouver les mots pour exprimer ce que j'ai moi-même perdu ? Ma difficulté est d'autant plus grande que mon éloignement s'est établi progressivement, à cause de ma vie clandestine. Elle m'a d'abord éloigné des pratiques puis de mes pensées : l'indifférence s'est insensiblement installée.

Pourtant, la perte de la foi n'a effacé aucun problème : d'abord celui du sens de la vie. Mes conversations avec Pierre Kaan, qui m'expliquait la philosophie de Sartre et ses éclaircissements lumineux, ne m'ont apporté aucune réponse, sinon définitive, du moins satisfaisante. Autour de moi, la communauté des incroyants a remplacé celle des croyants. Je ne suis pas plus seul qu'autrefois, mais je suis conscient de l'inutilité de cette explication. Aussi j'encourage Briant à rejoindre son séminaire : il aura le temps de réfléchir et surtout, après sa retraite, peut-être la possibilité de choisir une autre voie.

Quelques jours plus tard, il me quitte, laissant un grand vide dans mon cœur. Certes j'ai déjà souffert de passions sans issue, mais ce départ n'est nullement une rupture, il me révèle l'étendue secrète de tout ce que nous avons partagé. Mais rien ne m'a manqué durant son absence. Aujourd'hui, je suis conscient que c'était un autrefois sans retour.

De Jean Moulin à Pierre Cot

À mesure que les déportés reviennent, les questions que je pose sur Jean Moulin au service des rapatriements restent toujours sans réponse. Mon inquiétude grandit sur les chances de son retour. Je déjeune de temps à autre avec Meunier et, début juin, alors que tout espoir semble perdu, je lui fais part de ma tristesse. Il me regarde profondément : « Je n'ai rien voulu te dire pour ne pas t'attrister : à l'automne 1943, en remettant une urne à sa sœur, les Allemands l'avaient prévenue qu'il était mort et avait été incinéré… Elle n'en a jamais parlé parce que ce pouvait être un piège des Boches. Aujourd'hui je dois constater hélas que pour une fois ils disaient la vérité[1]. »

En l'écoutant raconter cette histoire qu'il connaît depuis longtemps, je mesure à son accablement l'étendue de son chagrin. Il a connu Rex avant-guerre, ils ont été jeunes ensemble, ils partageaient les mêmes espérances et les mêmes combats politiques. La Résistance les a encore rapprochés.

« C'était un esprit politique de premier ordre. Sa disparition est une catastrophe pour la France. »

Je n'ai rien à ajouter car, si nos raisons de croire à son retour n'étaient peut-être pas les mêmes, notre conclusion, hélas, est identique. Il ajoute : « Avant-guerre, il était le collaborateur de Cot que je revois souvent. Il aimerait rencontrer Passy. Est-ce que tu peux organiser quelque chose ? »

1. Les propos rapportés ici posent deux problèmes. Tout d'abord, l'interrogatoire de Daniel Cordier par les services du contre-espionnage anglais, en mai 1944, montre qu'il savait déjà que les Allemands avaient annoncé la mort de Jean Moulin à sa famille (en octobre 1943). Quant à l'urne contenant possiblement ses cendres, elle n'a jamais été remise à sa famille, mais déposée en juillet 1943 au crématorium du Père-Lachaise où elle sera attribuée à Jean Moulin au terme d'une enquête de 1945, reprise en 1947.

Après ce déjeuner, je fais part à Passy de ce souhait. Il sait que Pierre Cot est antigaulliste et critique des services secrets. Comme il aime affronter les difficultés en face, il accepte aussitôt.

Déjeuner chez Pierre Cot[1]

Nous pénétrons dans le salon d'un vieil immeuble du quai d'Orléans. Il fait un temps printanier et la vue est théâtrale : au premier plan, la Seine, puis la montagne Sainte-Geneviève et les maisons du vieux Paris, le tout couronné par le Panthéon. Mais c'est l'homme que je regarde avec curiosité, l'orateur exceptionnel qui, à la tribune du Luxembourg, m'avait séduit. Plus encore, pour moi, il a été le patron de Jean Moulin, mon propre patron. En scrutant son visage, en écoutant ses propos, j'essaie de comprendre la nature des liens qui ont réuni ces deux hommes. Pour moi, lorsque j'ai découvert leur relation, j'ai été surpris : Cot restait l'homme du Front populaire et le « fossoyeur de l'aviation française ». Certes, mes opinions politiques ont évolué et je trouve normale la présence des communistes dans la Résistance. Mes relations de confiance avec tel ou tel d'entre eux, si elles effacent toute prévention à leur égard pour le présent et l'avenir, n'ont toutefois nul effet rétroactif. Les images polémiques du passé ne modifient en rien mes convictions nouvelles et mes amitiés d'aujourd'hui, mais elles ont existé.

En passant devant la table du déjeuner qui se trouve dans un coin du salon, je suis choqué de la voir

1. D'après les carnets de Daniel Cordier, le déjeuner a eu lieu le 11 juillet 1945 (voir *infra* « Pages des carnets intimes », p. 269). La chronologie n'est pas respectée, mais nous avons conservé le récit tel qu'écrit par Daniel Cordier.

recouverte d'une nappe brodée de petits avions bleus, blancs et rouges : inconscience ou provocation ? Mais, pour l'instant, je suis attentif à la rencontre de l'ancien ministre de l'Air, qui se proposa au général de Gaulle comme un des premiers combattants, avec mon colonel, aujourd'hui maître des services secrets. En fait, je suis comblé par cet hôte courtois. Je suis sous le charme de sa voix, de sa culture, de son intelligence. Passy, apparemment détendu, écoute en souriant. Meunier m'a remis le rapport que Cot a rédigé après son voyage en URSS[1] et que mon colonel a lu. La conversation commence, naturellement, par des questions que se pose mon colonel (qui n'est pas allé en Russie) : dans quel état matériel se trouve ce pays ? La « libéralisation » imposée par la guerre se poursuit-elle ? A-t-elle une chance de s'étendre ? Le Komintern est-il véritablement dissous ou continue-t-il sous une forme occulte[2] ? Quel homme est Staline ?

Ces questions d'apparence journalistique et naïves que Passy lance, je sais qu'il en connaît les réponses, cent fois recoupées. Mais les exprimer lui permet de créer une atmosphère de neutralité, de courtoisie entre deux êtres d'opinions antagonistes, adversaires déterminés. Cot répond avec précision et chaleur, citant des chiffres, des faits. Visiblement, il a été conquis par son séjour en URSS et pressent un grand avenir à son idéologie, à ses ressources industrielles et sociales : pour lui, c'est le modèle absolu.

1. Le voyage de Pierre Cot en Union soviétique, fait avec l'aval du Comité français de la Libération nationale, a eu lieu de mars à juillet 1944. Son rapport, daté de septembre 1944, plaide pour un rapprochement franco-soviétique. Fin 1944-début 1945, le ministre des Affaires étrangères Georges Bidault envisage de faire de lui l'ambassadeur de France à Moscou. Converti au communisme pendant la guerre, Cot appartient néanmoins encore au parti radical.

2. L'Internationale communiste ou Komintern a été officiellement dissoute en mai 1943 pour détendre les relations avec les Alliés.

Passy, intéressé, le relance sur les sujets qui l'intriguent. Même pour moi, qui commence à savoir interpréter ses réactions, son visage juvénile reste impénétrable. Le repas est enjoué, chacun raconte des anecdotes sur certaines péripéties politiques de la guerre ou du présent : Londres, Berlin, New York ou Alger. Un auditeur, ignorant le passé des deux hommes et leurs convictions actuelles, entendant la liberté de certains jugements amusés, pourrait croire à une véritable complicité. Pour ma part, oubliant mes préventions, je suis conquis par cette conversation. L'euphorie n'est pas feinte : quelles que soient nos origines, nos préventions ou nos engagements passés ou présents, tous les quatre (car Meunier s'est joint à nous), nous avons combattu dans le même camp pour la même cause, et pour le même résultat : la libération du monde et de notre patrie des nazis. Certes les communistes inquiètent Passy. Il est sur ses gardes, car il y a aussi des interrogations sur l'avenir des Russes. À mes yeux, ce sont nos véritables libérateurs. Les années qu'ils ont passées à combattre pour la victoire, leurs plus de neuf millions de morts sont, pour moi, un lien affectif plus fort que toute opinion et tout calcul[1].

En prenant le café, Cot s'enquiert des projets de Passy à l'égard des services secrets. Du même ton détaché, le colonel expose les grandes lignes de ses intentions : constituer un grand service commun aux trois armes, bien entendu au détriment du Conseil supérieur de la guerre. Son modèle est l'Intelligence Service, dont il a pu observer, pendant la guerre, les avantages. Mais, pour lui, le problème immédiat est la liquidation des réseaux de Vichy et de la foule qui

1. En fait, plus de vingt-cinq millions de morts.

encombrent les services. Il y a actuellement plus de dix mille personnes à la DGER. La guerre est finie, il faut ramener ce chiffre à deux mille. C'est la première difficulté car les résistants n'y sont nullement préparés.

Cot écoute attentivement. Après que Passy a terminé son exposé, il réplique par le plus simple des conseils : « Pourquoi vous ne renvoyez pas tout le monde dans ses foyers ? »

Passy sourit : « Ce serait évidemment plus simple. »

Cot enchaîne : « D'autant que ce serait une solution élégante et nécessaire au problème des services secrets ! »

Je vois Passy se tendre : « Je ne comprends pas en quoi ce serait une solution puisqu'il faudrait réembaucher d'autres agents.

— Non justement, réplique Cot, cela mettrait un terme à l'existence des services secrets ! »

Bien qu'il se maîtrise totalement, je sens que Passy, qui garde le silence, est interloqué, tandis que Cot poursuit : « Si on veut construire une paix durable, la disparition des services secrets est une nécessité. Comment faire croire à la bonne foi de toute négociation pendant qu'on espionne la nation qu'on cherche à persuader de sa confiance et de son amitié ? Il faut détruire les services secrets qui entretiennent la méfiance, le soupçon, l'animosité et empêche une entente loyale entre les peuples. »

Passy sourit : « C'est évidemment tentant, mais n'est-ce pas une généreuse utopie ? Pour que cela soit envisageable, il faudrait que tous les pays soient d'accord et acceptent un contrôle sur la destruction de leurs services. Je n'y crois pas.

— Vous avez tort. Il faut que quelqu'un donne l'exemple. Pourquoi ne serait-ce pas la France ? Les autres suivraient.

— Je ne vois pas l'intérêt pour la France d'être totalement désarmée à l'égard des autres pays. La guerre nous a suffisamment affaiblis pour ne pas aggraver volontairement notre état.

— Le rayonnement de la France affaiblie n'est plus dans sa puissance militaire, désormais secondaire. Elle est comme toujours dans ses idées généreuses qui sont le modèle de l'humanité. Imaginez le retentissement si la France proclame unilatéralement l'abolition des services secrets !

— J'avoue que je ne l'imagine pas parce que je n'ai pas été désigné pour liquider les derniers atouts de la France, mais au contraire les renforcer. »

À ce point de divergence, la conversation n'a plus d'intérêt. Je suis stupéfait de la proposition de Cot, dont je ne puis croire qu'elle soit exprimée sérieusement. Son aveuglement ne contient-il pas de la légèreté ? Je suis consterné par cette conclusion à notre visite que rien ne laissait prévoir, mais qui, pour Cot, est sans doute l'objet réel de cette rencontre. Ce coup de théâtre rend plus présente encore la question que je me posais en arrivant : comment des êtres aussi différents que Moulin et Cot ont-ils pu être des amis ? Certes, je comprends la séduction que Cot a exercée sur Moulin. Mais je viens d'être témoin des propos d'un intellectuel délirant, qui tente encore de justifier l'échec d'un ministre de l'Aviation qui n'a pas su construire les avions dont la France avait besoin, lors de la déclaration de guerre.

Nous nous levons ensemble et nous nous dirigeons vers la fenêtre pour admirer la vue. C'est une manière de mettre un terme à ce désaccord brutal et, pour ma part, inattendu. D'ailleurs Passy et Meunier (qui ne se sont pas revus depuis 1943) ont entamé une conversation sur ce que sont devenus les camarades qu'ils ont rencontrés ensemble à cette époque. Cot étant seul dans l'embrasure d'une fenêtre, j'en profite pour lui parler : « Je suis très ému de vous rencontrer, car Meunier m'a révélé que Moulin était votre collaborateur et que vous étiez des amis intimes. »

Il se tourne vers moi avec un air évasif : « Oh ! des amis intimes... Nous étions jeunes, nous faisions parfois du ski ensemble. Nous sortions quelquefois au cinéma, dans les restaurants... »

En dépit de ce détachement apparent, j'essaie d'en savoir plus : « Comment était-il à cette époque ?

— Tout ça est bien loin et puis, il y a si longtemps que je n'avais pas de ses nouvelles. Je ne peux rien vous dire de bien intéressant à son sujet. »

Je suis immensément déçu de son oubli. J'avais attendu cette rencontre avec son ancien patron, pour obtenir sur Rex des détails de son existence, de son travail et surtout de son engagement politique qui, pour moi, le feraient revivre tel qu'il était avant la guerre. Comment l'oubli de Cot est-il possible puisque Meunier m'a dit et répété qu'« ils ne se quittaient pas » ! Ai-je mal compris ? A-t-il dit n'importe quoi ? A-t-il tout oublié ?

Quand je rejoins Passy dans sa voiture, je brûle de connaître ses impressions.

« Vous avez dû être édifié sur les égarements d'un homme très intelligent, mais sectaire. Heureusement qu'il n'a aucun pouvoir. Cela montre à quel point il faut être vigilant pour défendre les intérêts essentiels de la France. Cela révèle aussi que la bataille sera rude. Gardez le contact avec Meunier. »

Changeant de sujet, Passy me demande de le représenter à la tribune officielle, à l'occasion du défilé de la Victoire, le 18 juin 1945.

Le défilé des larmes

Place de la Concorde, face aux Champs-Élysées, la tribune est dressée devant l'Obélisque. C'est la première fois que je participe à une cérémonie militaire nationale. Je suis très intimidé de représenter le chef des services secrets français, mais surtout de me retrouver au milieu de hauts fonctionnaires, d'ambassadeurs de tous les pays, tous plus âgés que moi, et surtout d'être installé juste derrière le général de Gaulle. Tout ce que j'ai vécu depuis cinq ans ne modifie en rien la relation hiérarchique et admirative d'un adolescent pour le Général. Non parce qu'il est devenu un personnage mythique, ce qui n'a aucune valeur à mes yeux. Mais la distance, le respect et surtout l'admiration qu'il m'inspire vont au fondateur et au chef, en juin 1940, de notre minuscule armée française. Puis, au fil des années, il a traversé des péripéties, souvent humiliantes pour cette armée, qu'il conduisit jusqu'à la victoire pour l'amour de la patrie. L'homme que j'admire et que nous aimons tous n'est pas le président du gouvernement de la République, ni le chef de l'armée française, mais le *Rebelle* qui m'a fait comprendre autrefois l'importance de l'engagement, fût-ce celui d'un enfant.

Je suis assis au second rang depuis quelques instants lorsque une voiture officielle entourée de motards se range au pied de la tribune devant les fauteuils dorés. De Gaulle descend lentement de voiture. Il porte son uniforme de général de brigade (dans lequel il m'est apparu il y a cinq ans, presque jour pour jour, à l'Olympia Hall). Suivi du sultan du Maroc, il gravit lentement les marches, saluant l'assistance où je me trouve, avant de se retourner vers les Champs-Élysées[1].

Sauf en photo ou aux Actualités, je ne l'ai pas revu depuis notre dernière rencontre à Londres, dans son bureau. Il m'avait félicité de la mission accomplie en France durant presque deux ans[2]. Il me paraît moins fatigué, mais il n'a plus le visage jeune de l'officier général (à titre provisoire !), dont la photo était dans mon journal depuis 1940. Son regard parcourt l'assistance sans que son visage marque autre chose qu'autorité et détermination. Je suis derrière lui et bien que fugitivement, j'entre dans son champ de vision. À défaut de ne m'avoir reconnu, m'a-t-il seulement vu ? Ce matin, j'ai revêtu mon uniforme de chasseur, mais mon extrême jeunesse détonne au milieu de cette réunion de grands chefs et de représentants de tous pays. Non pas que mon grade de lieutenant ait quelque valeur, mais j'espère que ma croix de la Libération (que personne ne reconnaît, sauf le Général et quelques rares militaires) justifie ma présence.

Le défilé commence. Le temps de la victoire de 1945 est identique à celui de la défaite de 1940 : le ciel radieux et un soleil brillant qui avaient rendu plus poignante, encore, notre déroute. La musique militaire, que je n'ai pas entendue depuis longtemps, joue des marches militaires. Depuis l'Arc de Triomphe, des fantassins, des marins, des aviateurs, des chars me bouleversent à mesure que je les vois défiler devant moi. En observant ces hommes, parmi lesquels sont présents quelques volontaires de « notre » France

1. Le film du défilé peut être vu sur https://edu.fondation-marechal-leclerc.fr/18-juin-1945/. Il comprend des images de la tribune où se trouvait Daniel Cordier.

2. Daniel Cordier n'a pas fait le récit de cet entretien dans ses Mémoires. Cette entrevue aurait au lieu le 13 juin 1944.

libre, ma gorge se serre et lentement je suffoque dans mes larmes. Au garde-à-vous, je tente de conserver une apparence militaire : les larmes coulent sur mon visage et je ne peux les masquer. De temps à autre, je me mouche le plus discrètement possible, imaginant derrière moi un public qui m'observe en ricanant... Je suis au supplice en même temps que défilent, dans ma tête, les déportés, les morts, tous ceux avec qui je me suis engagé avec une déraisonnable espérance et dont la jeunesse fut massacrée. Aujourd'hui, je suis conscient que *Tous* me laissent seul dans cette tribune pour me souvenir et les représenter.

Lorsque tout est terminé, après le départ du Général et alors que les conversations s'engagent autour de moi, je quitte rapidement la tribune. Je ne comprends pas pourquoi ma présence de routine a provoqué en moi cette émotion qui ne m'avait jamais submergé pour le Débarquement, la libération de Paris, le défilé du 11 novembre 1944 ou le jour de l'armistice du 8 mai. Ces événements m'avaient laissé non pas indifférent, mais heureux. Aujourd'hui, je ne comprends pas pourquoi j'ai cédé aux mêmes sanglots que ceux, toujours présents, du 17 juin 1940 à midi trente-cinq, à la fin du discours de Pétain. Tout ce qui s'est trouvé bridé depuis tant d'années s'est libéré d'un coup, car ce jour de joie pour la Victoire est aussi celui de la mort de mes camarades et surtout de mon patron, Jean Moulin, que j'admire plus que tout...

Après ce terrible et bouleversant spectacle, je jure de ne plus assister à un défilé militaire*. Je n'avais pas besoin de cette expérience pour savoir que je n'ai

* Effectivement, je n'ai plus jamais participé à ces cérémonies, sauf certaines que je regarde parfois à la télévision.

aucune des qualités d'un chef, dont la première est la maîtrise de ses émotions.

Le jugement de l'histoire

Pendant que la France fête sa victoire, elle se prépare à juger son passé politique infâme. Le maréchal Pétain s'est constitué prisonnier le 26 avril 1945 et j'espère qu'il sera condamné à mort ! Son procès[1] marque pour moi la fin d'une controverse, où les traîtres de tout acabit se protégeaient derrière ce vieux fourbe.

Trop occupé par mes fonctions, je n'ai malheureusement pas le temps d'assister au procès, mais je lis attentivement tous les journaux, ne serait-ce que pour mon colonel. De plus, chaque jour des conversations avec des journalistes, qui veulent obtenir de moi des papiers officiels pour sortir de France, me permettent de suivre d'une manière vivante les débats. Je suis scandalisé quand je découvre que la demande d'armistice a été retirée de l'acte d'accusation car pour moi, c'est un « crime fondateur », qui est la cause de tous les autres. Cependant, les fautes de Pétain n'effacent pas celles des hommes politiques (Daladier, Flandin) qui pérorent à la barre et accablent le Maréchal pour se justifier[2], alors que tous ont préparé la plus grande défaite de notre histoire. Les hommes de la IIIe République sont tous coupables et je souhaite que leur procès

1. Le procès du maréchal Pétain se déroule du 23 juillet au 15 août 1945.
2. Pierre-Étienne Flandin ne fait pas partie des hommes politiques qui ont témoigné lors du procès Pétain. Témoignèrent Paul Reynaud, Édouard Daladier, Albert Lebrun, Jules Jeanneney, Louis Marin, Léon Blum et Édouard Herriot, ainsi que Pierre Laval. Flandin fut brièvement à la tête du gouvernement au début de 1941. Il sera lui-même jugé par la Haute Cour en juillet 1946 et condamné à cinq ans de dégradation nationale avec sursis.

succède à celui de Pétain ! Pour moi, ce n'est d'ailleurs pas tant les sanctions qui importent que la mise au jour des mécanismes, des reniements, des fautes qui ont plongé la France aux abîmes. Un seul homme, le général de Gaulle, pourrait être l'accusateur de Pétain : son discours du 18 juin 1940 est une condamnation éternelle. Le procès qu'il a instruit chaque jour durant quatre ans justifie absolument les étapes de son combat pour défendre les intérêts de la République et l'honneur de la France[1].

Le matin du 15 août 1945, le verdict tombe : Pétain est condamné à mort. Je suis scandalisé de constater que ce jugement est assorti d'une demande de grâce. Je ne peux croire que de Gaulle puisse l'accepter. Lui qui, avec raison, a refusé la grâce de Brasillach ne peut accorder celle de Pétain : il n'y a aucune mesure entre le crime des deux hommes.

C'est avec stupeur (et je l'avoue avec colère) que deux jours plus tard, j'apprends que le Général commue la condamnation de Pétain en détention à perpétuité. Il dérobe la victoire d'abord à ses soldats, ensuite à la France ! Je constate que les communistes, eux, sont fidèles à un objectif que de Gaulle, lui-même, a cent fois répété. Or aujourd'hui, il abandonne au moment où nous l'avons atteint par la ténacité et l'héroïsme de nos morts. Après avoir discuté toute la journée avec mes camarades de cette iniquité, je rentre chez moi très tôt. Je veux être seul pour réfléchir.

Pétain a revendiqué le jugement de l'histoire[2]. Ce jugement est écrit avec le sang de nos martyrs. Oui,

1. Voir *infra* « Pages des carnets intimes », 28 juillet et 14 août 1945, p. 270.

2. À deux reprises : en octobre 1940 (« C'est moi seul que l'Histoire jugera ») et lors de sa déclaration au premier jour de son procès (« À votre jugement répondront celui de Dieu et celui de la postérité »).

la collaboration est un crime ; oui, la traque des résistants est un crime ; oui, l'erreur politique, quand on prétend incarner le présent et l'avenir d'un peuple, est un crime ; oui, Pétain, dès le jour de l'armistice et durant quatre ans, a ruiné l'espérance d'un peuple qui, sans lui, aurait poursuivi les combats depuis l'Afrique du Nord ; oui, l'armistice est un crime impardonnable. Le drame de conscience des militaires, l'attentisme des Français, la justification de la collaboration, la lutte contre les Anglais en Syrie, à Madagascar, le sabordage de la flotte à Toulon, c'est Pétain. Les encouragements à la LVF[1], à la Milice, c'est lui. Les condamnations de la Résistance et du général de Gaulle, c'est lui. En résumé, si en dépit de la volonté de De Gaulle et du sacrifice de ses soldats, la France fut absente de Yalta et de Potsdam où s'est joué le sort du monde, c'est sa faute !

À la suite des hommes qui ont trahi l'honneur de la France, le Maréchal s'inscrit, dans l'Histoire, comme un traître.

Je suis scandalisé des pleurnicheries de Mauriac, qui fut le premier à condamner de Gaulle en 1940 et qui est aujourd'hui le dernier à soutenir Pétain, avec une mauvaise conscience hypocrite[2].

Les communistes sont-ils les seuls à être fidèles à la dignité de nos morts ? Pour la première fois de ma vie, ce soir-là, je me pose la question.

1. La Légion des volontaires français contre le bolchevisme, qui combattait sur le front de l'Est sous uniforme allemand.

2. Il s'agit d'un résumé très personnel des positions de François Mauriac qui, après avoir pensé pendant quelques mois que Pétain faisait son possible pour limiter les conséquences de l'Occupation, a pris part, tôt et non sans risques, à la résistance intellectuelle. Il n'a jamais accablé publiquement le général de Gaulle auquel, au contraire, il s'est rallié au point d'être vilipendé par les collaborationnistes. Il est vrai qu'à partir de l'automne 1944 il prend position en faveur de la clémence et de la réconciliation.

X

Puisqu'il faut mourir un jour

août 1945 – janvier 1946

Mission à Madrid

À la fin de notre premier rendez-vous du matin[1], Passy m'annonce : « Préparez-vous à partir à Madrid. Le gouvernement espagnol a invité le Général à un voyage qu'il a bien évidemment refusé. La France ne peut apporter une caution, même morale, à Franco. En revanche, il y a un problème qu'il m'a demandé d'étudier, c'est celui de la résistance espagnole. Vous savez que le gouvernement en exil s'agite beaucoup et, dans la région toulousaine, les républicains espagnols (qui ont participé à la Résistance) font une campagne de mobilisation pour que la France les aide à préparer la reconquête du pouvoir en Espagne. Ils prétendent que l'armée qu'ils sont prêts à mobiliser en France serait accueillie à bras ouverts. L'opposition se soulèverait et rétablirait la République.

« De Gaulle veut connaître la vérité. Il m'a demandé d'aller me renseigner. C'est exclu pour de multiples raisons, dont les premières sont les calomnies contre

1. Daniel Cordier date cette annonce du 14 août 1945.

la DGER. Que dirait-on si l'on savait que j'ai rencontré les "fascistes" espagnols ?

« Vous me représenterez donc là-bas. »

Il précise que je dois rencontrer, selon la proposition espagnole, le ministre des Affaires étrangères, le chef d'état-major, le chef de la Phalange et le chef des services secrets[1]. L'acceptation de la France est assortie d'une demande de liberté absolue dans le pays et de la délivrance d'un passeport pour M. X (interdit de séjour), qui a tous les contacts avec les représentants de l'opposition en Espagne. Il m'accompagnera car il s'engage à me présenter tous les chefs de l'opposition, ainsi que le président du « Conseil de la Résistance » espagnol.

La revanche de Miranda

Après l'examen des détails de ma mission, Passy me dit en riant, le jour de mon départ[2] : « Je vous envie parce que vous allez vous balader dans la Mercedes de Goering[3] ! » Effectivement, quand je descends au garage, on me désigne un coupé décapotable blanc au moteur immense, aux dimensions spectaculaires, avec deux roues de secours sur le côté. Je suis enchanté parce que j'aime les voitures ronflantes et surtout parce que je suis réconforté par l'aspect imposant de son standing : j'en ai le plus pressant besoin pour exister dans cette mission qui m'inquiète.

1. La Phalange espagnole, organisation politique nationaliste et fascisante fondée en 1933 par José Antonio Primo de Rivera, intégrée à l'État franquiste après la fin de la guerre civile.

2. Daniel Cordier date ce départ du 15 août 1945.

3. Hermann Goering, flamboyant numéro 2 de l'État nazi, est détenu en Allemagne par les Américains, en attente de jugement.

Les derniers préparatifs m'ayant retenu trop longtemps, je ne quitte Paris qu'en fin de journée. Bien que les routes soient désertes et que je roule à vive allure, nous ne passerons la frontière que vers trois heures du matin. Très fatigué, je m'endors par moments au volant et je zigzague sur la route, au grand effroi de mon passager. Il me conseille de nous arrêter dans le premier hôtel venu. Mais je refuse car je veux arriver à Madrid le lendemain soir, si bien que j'ai fixé notre arrêt à San Sebastian. Afin de me tenir éveillé, nous discutons, lorsque la voiture fait une embardée : un des pneus avant a éclaté. Le silence est absolu dans la forêt landaise. La nuit est noire, mais heureusement les phares illuminent les immenses platanes bordant la route. Cela ressemble à une gravure romantique. En prenant le cric dans le coffre, je m'aperçois que la tige pour le monter est manquante. Je la remplace par une pince. Glissant sous la voiture, je m'adonne à cet exercice difficile. Après plus d'une heure de travail, nous repartons.

Lorsque nous arrivons à San Sebastian, à l'heure du petit déjeuner, je m'écroule sur mon lit et je m'endors aussitôt. Nous repartons dans le courant de l'après-midi et, dans la soirée, nous sommes à Madrid.

Le lendemain, nos rencontres commencent par une conversation avec le directeur des services secrets. Je lui demande de faire des recherches sur l'argent de *Charles Daguerre* (que je présente comme un de mes amis emprisonné à Miranda) que les Espagnols lui ont confisqué l'année précédente. Quelques jours plus tard, je trouve à l'hôtel une enveloppe contenant la somme et les objets qui m'avaient été confisqués.

Après les nombreuses rencontres que j'ai eues, les visites et déjeuners officiels, la fin de mon voyage approche[1]. Je goûte l'ironie de ma situation. Traité comme un paria à Miranda, je suis aujourd'hui accueilli fastueusement à cause de ma mission.

La victoire de Franco

Dès mon retour à Paris, le 10 septembre 1945, je me présente au colonel Passy, qui est curieux des conclusions que je rapporte. Je l'avertis aussitôt : il n'y a rien qui ne soit connu de nos services ou de l'ambassadeur. Qu'on le regrette ou non, Franco est solidement implanté en Espagne, parce que le peuple, rassasié de sang et d'horreur, refuse la reprise d'une guerre civile. Certes, une minorité (principalement d'exilés), souhaite le renversement de Franco. Mais, dans le pays, même ceux qui s'opposent à sa politique ne veulent pas d'une nouvelle guerre civile. D'ailleurs, le problème est très simple : la « résistance » n'a pas d'armes ! Si l'on veut être fidèle au traité des Nations-Unies, tout en armant le peuple contre les militaires au pouvoir, il faut accepter les risques que cela comporte. À moins de choisir la guerre civile, la France doit continuer les pressions de toutes sortes pour assouplir la dictature, et attendre la mort de Franco, pour obtenir un changement.

Je suis triste de ma conclusion qui ne correspond pas à mes opinions. Car j'ai expérimenté moi-même, dans les prisons espagnoles, l'abominable condition de vie des républicains. J'ai écouté les récits des opposants au franquisme sur les atrocités subies,

1. Daniel Cordier avait prévu de développer son récit en s'inspirant de son rapport de mission, mais celui-ci n'a pas été retrouvé. Son retour à Paris a été retardé à la suite d'un accident survenu à Madrid le 30 août, qui le tient alité quelques jours.

que ma propre captivité rendait crédibles. Enfin, ayant combattu en France quatre ans pour le rétablissement de la liberté, je suis de cœur avec tous les révoltés du monde !

Mais le colonel ne me demande pas d'exposer mes opinions personnelles, seulement un état objectif de la politique de Franco et les mesures qu'elle impose. Les conclusions de mon rapport sont celles d'un serviteur de l'État, quoique, depuis le début de la guerre, j'aie prouvé que je suis avant tout un soldat de la liberté.

La parole au peuple français

Curieusement, cette mission me ramène à mon choix politique de 1940 qui est paradoxal. Depuis mon engagement sous les ordres du général de Gaulle, je n'appartiens plus à aucun parti. Cela en dépit de leur reconstitution et de leur développement depuis la Libération. Mais je n'ai nul désir de militer dans aucun d'entre eux.

Certes, depuis plusieurs années, mon action clandestine et mes relations m'ont conduit politiquement à changer d'engagement : désormais, je suis à gauche. Mais c'est à la fin de la guerre (après le retour de mes camarades déportés) que je m'y suis engagé. La gauche est alors aussi variée que la droite : radicaux, socialistes, communistes, trotskistes… En octobre 1945, la préparation du référendum pour ou contre la IIIe République, puis une élection pour l'Assemblée constituante sont une occasion de choisir[1].

1. Après les élections municipales des 29 avril et 13 mai 1945 viennent les votes du 21 octobre. Les Français sont appelés à se prononcer par référendum sur le retour aux institutions de la IIIe République ou le choix d'une nouvelle Constitution. Ils doivent aussi

Tous les matins, pour Passy, mon patron, je fouille la presse où fait rage la bataille électorale, avec des arguments et des programmes que je lis attentivement. C'est dans les arguments des socialistes et des communistes que je me reconnais. Il y a pourtant le général de Gaulle : en lui seul, j'ai eu durant cinq ans une absolue confiance. Non seulement, il a été l'acteur et le chef d'un choix politique conforme à l'honneur et aux intérêts de la France. Surtout, il a été le *seul* à choisir la liberté. Je considère que les hommes de tous les partis (même ceux qui ont voté contre Pétain) ont trahi la démocratie, alors que leur devoir était de la défendre et d'expliquer au pays les mérites absolus de la République. Si ce crime fait condamner le fonctionnement de ces institutions, tous les hommes politiques ont failli dans l'accomplissement de cette mission sacrée.

Or, aujourd'hui, je constate chaque jour la contestation du pouvoir du Général. Même de sa légitimité ! Un article de Blum que je lis dans *Le Populaire* au retour d'Espagne m'indigne, d'autant qu'il est parmi les très rares hommes politiques du passé à avoir soutenu de Gaulle dans la solitude de son exil[1].

J'ai vu de mes yeux que ce Général (à titre temporaire), partant de rien, a réussi (pratiquement seul) à maintenir la France dans une situation insurrectionnelle. Les objectifs qu'il a fixés dans ses discours

élire des parlementaires qui, en vertu du résultat du référendum, seront des députés ou les membres d'une Assemblée constituante. Les Français votent massivement en faveur de la rédaction d'une nouvelle Constitution et donnent 26 % de leurs suffrages au Parti communiste, 24 % au MRP chrétien-démocrate, 23 % à la SFIO socialiste, qui détiennent à eux trois 78 % des sièges à la nouvelle Assemblée constituante.

1. Léon Blum (1872-1950), chef de file de la SFIO, ancien président du conseil du Front populaire, a été emprisonné et jugé par le gouvernement de Vichy comme responsable de la défaite. Le 3 mai 1942, dans une lettre, il préconise à la Libération la reconstitution d'un gouvernement républicain autour du général de Gaulle et entretient autant que possible des liaisons avec le chef de la France libre. Interné en Allemagne, il est rentré en France en mai 1945 et a refusé de participer au gouvernement.

furent ceux d'un chef responsable. Il s'était engagé à rétablir la République. Après la guerre, il est le seul moralement qualifié pour accomplir ce rétablissement.

Après la campagne électorale qui a provoqué une bataille serrée entre les anciens résistants, les élections ont lieu*. La France est libérée et la vie politique rétablie... Le souvenir de mes études latines a fixé le rôle des généraux vainqueurs : je souhaite que de Gaulle quitte le pouvoir puisqu'il a rempli sa mission.

Hélas, à l'issue de marchandages avec les communistes (qui me semblent scandaleux), il devient chef du premier gouvernement de la IVe République[1]. Après les jours d'incertitude sur les destinées de la DGER et le maintien à sa tête de Passy, la vie continue comme par le passé. Georges Bidault est confirmé comme ministre des Affaires étrangères et mon travail se poursuit, avec le patron, comme auparavant[2].

André Malraux ou la France de Brutus

Parmi les nouveaux ministres dont tout le monde parle se trouve André Malraux, qui a été choisi par de Gaulle pour l'Information. Raymond Aron, un de ses proches amis d'avant-guerre, est devenu son directeur de cabinet, ce dont je me réjouis.

Début décembre, toujours curieux, Passy me

* Je ne me suis pas inscrit sur les listes électorales et n'ai pas voté durant cette période.

1. En fait, le général de Gaulle demeure le chef du gouvernement provisoire, réélu à l'unanimité par la nouvelle Assemblée, le 13 novembre 1945. La IVe République ne sera instituée qu'un an plus tard.

2. Daniel Cordier avait prévu de faire ici le récit d'un dîner où il avait rencontré Claude Mauriac. Le fils de François Mauriac appartenait alors au cabinet du général de Gaulle.

demande d'organiser, le plus discrètement possible, un déjeuner ou un dîner avec Malraux. « Surtout pas au restaurant ! » Je téléphone à Aron et nous choisissons finalement d'organiser le dîner chez moi*. Il y aura Aron, Malraux, Manuel, Passy, Fourcaud[1] et moi. Le but de cette rencontre est de connaître le jugement du ministre sur la réorganisation des services secrets, que Passy doit soumettre à de Gaulle.

J'ai fait venir du Catalan le repas, qui est servi par ma femme de ménage. Il fait très froid et n'ayant qu'un poêle pour chauffer l'atelier, j'ai fait une grande provision de bois que je brûle toute la soirée avec joie.

Malraux arrive le premier. Je suis curieux de rencontrer cet homme dont Pierre Kaan m'avait parlé avec enthousiasme en me faisant découvrir *L'Espoir*[2]. Lorsque j'ouvre la porte, j'ai à peine le temps de l'aider à ôter son pardessus qu'il se dirige vers un tableau représentant une bacchanale (copie ancienne de Rubens), que j'ai accroché au-dessus d'un lit-divan… Il se plante devant et pointant l'index sur les corps de femmes nues soutenus par des satyres : « Ah ! Rubens, c'est le seul qui a su peindre la chair féminine… Sa lumière, sa transparence, ses reflets. Un centimètre carré de peau peut le faire reconnaître entre tous. Mais la nature qu'il peint est un tableau. Il faut enlever les personnages pour qu'elle fasse illusion. Dans l'improvisation, l'esquisse, le brouillon, il est unique, même s'il faisait achever ses tableaux par les autres ! »

À côté de lui, tenant son manteau sur mon bras,

* J'habitais toujours le petit atelier du 75, boulevard du Montparnasse. Je fus inquiet de ce choix.

1. Pierre Fourcaud (1898-1998), qui fut l'un des premiers adjoints de Passy à Londres et l'un des premiers envoyés du 2e Bureau de la France libre en France, en 1940, est désormais l'adjoint du colonel Passy à la DGER.

2. Pierre Kaan est mort en mai 1945 des suites de sa déportation à Buchenwald.

je suis médusé. J'attendais un « colonel » de la Libération, un poseur de bombes, l'homme du ciel de Madrid et de la brigade Alsace-Lorraine, popularisé par sa photo en colonel à cinq galons avec béret basque. J'ai devant moi un esthète illuminé, dont le pardessus en cachemire porte l'étiquette de Lanvin… M'a-t-il seulement vu ? Sait-il que je suis là ? À qui s'adresse-t-il ? Heureusement, Aron, Fourcaud et Passy arrivent ensemble.

Pendant le dîner, Malraux et Passy reviennent sur les événements qui concernent le gouvernement, les coups de boutoirs des communistes pour forcer la main du Général. Malraux précise : « De Gaulle aura le dernier mot parce que sa valise est toujours prête. »

Aron fait remarquer placidement à Malraux qu'un jour on ouvrira la porte et on poussera de Gaulle dehors.

« Il sera le plus fort parce qu'il reviendra par la fenêtre. » C'est pratiquement la seule phrase que Fourcaud prononcera de la soirée.

Après le dîner, chacun s'installe dans l'atelier. Passy est assis dans un fauteuil face à Malraux, lui exposant ses projets de réorganisation des services secrets.

La soirée avance. Il doit être deux heures du matin et je suis inquiet parce qu'à force d'essayer de maintenir une haute température, ma réserve de bois s'épuise. On revient à la Résistance. Malraux évoque la cassure du MLN sauvé de justesse de l'emprise des communistes[1]. Fourcaud regrette alors que les mouvements n'aient pu se transformer en parti de

1. Le MLN (Mouvement de Libération nationale), né en septembre 1944, avait vocation à devenir le grand parti de la Résistance. Concurrencé par les nouveaux et les anciens partis politiques, il a tenu en janvier 1945 un congrès où se sont affrontés partisans et

la Résistance pour renouveler la vie politique. L'œil noir de Malraux le regarde : « C'était impossible. Ces hommes avaient du courage, ils n'avaient pas d'idées. La politique c'est le contraire : une hypothèque sur l'avenir pour gérer le présent. D'ailleurs, que voulez-vous faire dans un pays où tout le monde s'appelle Brutus ! »

Presque toute la soirée, Aron reste silencieux. Il observe parfois de son œil malicieux Malraux, pendant ses tirades épiques, qu'il anime d'une improvisation intarissable et stupéfiante. Un détail me surprend : ses reniflements profonds que personne d'autre ne semble remarquer. Il y a aussi ses regards sombres par en dessous, qui accompagnent ses thèmes funèbres, caustiques et héroïques qui reviennent comme des leitmotive wagnériens. En revanche, je suis étonné car il ne rit jamais. Constamment tendu, il est à l'écoute d'une *voix intérieure* avec laquelle il cherche à demeurer en contact permanent.

Parfois il exprime des faits drôles et cruels.

« Quoi qu'on dise aujourd'hui, les résistants étaient des farfelus : peut-il en être autrement quand les élites trahissent ? »

Je suis choqué par cette remarque qui réécrit, certes avec talent, sa longue attitude « attentiste », dont Pierre Kaan (en dépit de son admiration) était lui-même scandalisé. Aujourd'hui, cette réalité semble fort loin. Et j'apprends le mot « farfelu » que je n'ai jamais entendu prononcer…

Il est presque trois heures du matin lorsque les invités quittent l'atelier.

---

adversaires (Malraux en tête) d'une fusion avec le Front national communiste. Dans les mois qui ont suivi, le MLN a éclaté.

Exilés de l'histoire de France

Selon les informations politiques que nous recueillons et que nous étudions à la DGER, le climat politique français se détériore. L'agressivité publique à l'égard du Général devient ostensible et les parlementaires, qui ont voté son maintien au mois de novembre à l'unanimité, ne cessent de lui dresser des embuscades médiocres. L'une d'elles me paraît odieuse.

Lors d'une séance à la Chambre[1], une discussion a lieu au sujet des décorations remises aux soldats qui ont combattu *contre* les Américains lors du débarquement en Afrique du Nord en 1942. Herriot est virulent : il réclame que le gouvernement les annule. De Gaulle juge qu'ils ne sont pas responsables et explique que ces malheureux n'ont fait qu'obéir aux ordres. Il serait injuste et indigne de les leur retirer. Herriot s'enflamme et attaque de Gaulle, ce qui lui vaut cette réplique du Général : « Quand je me suis expliqué avec Vichy, ce n'était pas avec des lettres mais à coups de canon[2] ! »

L'ignoble perfidie d'Herriot est scandaleuse. Comment cet homme, qui est un des responsables politiques de l'effondrement de la France, dont la

1. Le 16 janvier 1946.

2. Édouard Herriot (1872-1957), figure du Parti radical-socialiste, maintes fois ministre et chef du gouvernement sous la IIIe République, était président de l'Assemblée nationale en 1940. Il s'était abstenu lors du vote accordant les pleins pouvoirs au maréchal Pétain, lui ayant toutefois rendu hommage. En 1942, il protesta par lettre contre la suppression du bureau de l'Assemblée nationale, puis contre l'attribution de la Légion d'honneur aux membres de la Légion des volontaires français contre le bolchevisme qui combattaient sous uniforme allemand, et fut placé en résidence surveillée. Ayant finalement été interné en Allemagne, il était rentré en France en mai 1945 et il avait été élu à l'Assemblée constituante.

conduite par la suite a consisté en l'attentisme le plus hypocrite, qui a systématiquement refusé de rejoindre de Gaulle à Londres en 1942 (alors que le Général avait tant besoin de lui), qui ne s'est rallié qu'en 1943 en assurant le Général qu'il était prêt à participer au gouvernement qu'il formerait à la Libération (ce qu'il n'a pas fait), comment a-t-il l'impudence de se poser en justicier ? Ce qui me touche le plus est l'indifférence des Français devant un tel outrage. Mon indignation est à la mesure de l'oubli de ce que furent les Français durant ces années : attentistes et pétainistes. Certes, depuis la Libération, ils acclament le Général, mais le ralliement apparent de la classe politique masque une réalité : de Gaulle et ses premiers compagnons resteront *toujours* des exilés de l'histoire de France ! Je perçois si bien cet opprobre silencieux, mais partout présent, que je n'ai jamais interrogé personne sur son passé ou engagé la discussion sur ces sujets avec des inconnus, ni même avec ma famille, en particulier avec mon beau-père, qui a pourtant payé le bateau qui nous a conduis en Angleterre en 1940. Hélas, je connais d'avance les mensonges de tous les Français. La situation des résistants, après la libération de la France, m'a définitivement fixé à ce propos lors de mon retour d'Angleterre[1].

1. Ici se place, dans la chronologie, un incident amusant que Daniel Cordier a simplement évoqué dans un témoignage (Service historique de la Défense. Entretien n° 3 avec Daniel Cordier, 26 janvier 1999, GR3K40), mais qui nous est mieux connu grâce au Journal de Raymond Queneau : l'offre faite à Gallimard, par Daniel Cordier, de publier le *Livre blanc* du BCRA qui déconcerte pour le moins l'éditeur : « C[ordier] est venu proposer l'Histoire du 2e B[ureau] à la famille G[allimard] en émoi. Comment le connaissez-vous ? etc. Est-ce que la DGER n'est pas mal avec les communistes. Je réponds : Naturellement. Léger affolement. Toute la famille m'entoure avec inquiétude. » (Raymond Queneau, *Journaux, 1914-1965*, Gallimard, 1996, p. 583, 17 janvier 1946.)

Les confidences de Malraux

La secrétaire de Malraux transmet à Passy, Manuel et moi-même une invitation à déjeuner[1]. La rencontre a lieu chez Drouant, dans un cabinet particulier. Après la fameuse soirée chez moi, Passy et Malraux ont sympathisé, sans doute à cause de leurs caractères et de leurs cultures si différents, pour ne pas dire opposés. Je sens que le courant passe. Aujourd'hui, dès son arrivée, Malraux me semble plus agité que d'habitude : « Le Général a pris sa décision. Il va démissionner !

« Il est dégoûté car il est impossible de gouverner avec cette Assemblée. »

Malraux nous confie que de Gaulle pourrait revenir au pouvoir, mais après un certain délai. Il croit qu'une guerre prochaine est possible contre l'Union soviétique.

Passy reste impassible, tandis que Manuel laisse paraître sa surprise. Bien entendu, je suis muet, mais bouleversé par cette annonce imprévue. Certes, je sais que la situation se détériore, je connais les positions théâtrales du Général et je n'oublie pas qu'en novembre, j'ai souhaité moi-même qu'il se retire pour l'Histoire, la guerre étant finie. Cela me paraissait une noble fin, correspondant à ce que fut notre engagement solitaire, il y a cinq ans, pour la liberté.

Aujourd'hui, parce que cette décision intervient au moment où je ne m'y attends pas, je suis désarçonné alors que Malraux explique les raisons que de Gaulle lui a données et la conversation qui s'en est suivie.

1. Daniel Cordier date ce déjeuner du 7 janvier 1946, mais il semble qu'il ait eu lieu un vendredi, ce qui le place le 11 ou, plus probablement, le 18 janvier.

Manuel et Passy déclarent que, dans ces conditions, ils partiront eux aussi. Ils approuvent d'ailleurs la décision du Général qui, dans ce jeu parlementaire, risque le discrédit et une chute humiliante.

À la fin du déjeuner, Passy signale à Malraux qu'il avait prévu de partir après-demain en vacances. Il va donc les annuler. « N'en faites rien. Tout doit paraître improvisé. Il est très bon que le chef des services secrets soit en vacances. Cela évite de faire croire à un coup d'État. »

Quand je repars pars avec lui, Passy m'explique qu'il souhaite avoir une confirmation du Général et me demande de solliciter une audience, avant son départ*.

L'avenir commence ce soir

Comme prévu, le samedi 19 janvier 1944, nous partons faire du ski à Davos. Ce sont les premières vraies vacances du colonel depuis quatre ans : il m'a invité et, avec Pascale (sa jeune et ravissante femme[1]), nous prenons le train de nuit.

Le matin, après transbordement, le train de montagne nous conduit à Davos. En fin de journée, Palewski appelle Passy pour lui raconter les détails de la démission du Général, qui a surpris tout le monde[2]. Bidault est à Londres : j'imagine sa fureur

* Cette audience a lieu le 19 janvier 1946.

1. Le colonel Passy se mariera en mars 1946 avec Pâquerette Guinoiseau.

2. Gaston Palewski (1901-1984) est alors directeur du cabinet du général de Gaulle. Depuis deux mois, les projets constitutionnels de la majorité de l'Assemblée et du Général se sont révélés incompatibles. Les rapports se sont détériorés au point de donner lieu, le 30 décembre 1945, à un très vif incident sur le vote des crédits militaires et le général de Gaulle a dû accepter que la discussion en soit remise au 15 février. Après quelques jours de retraite, de Gaulle convoque le 20 janvier les ministres pour leur annoncer qu'il démissionne.

de ne pas avoir été prévenu et de n'avoir pu assister à ce départ historique. J'ajoute que, jusqu'à la minute où Passy me donne cette confirmation, j'ai eu de la difficulté à y croire.

Dans mes fonctions auprès de la Résistance et maintenant avec mon colonel, j'ai entendu tant d'informations, de supputations, de projets qui se sont révélés inexacts... Surtout, Malraux me paraît si romanesque que je dois avouer avoir douté. Mais aujourd'hui, c'est fini. À cet instant, l'engagement que j'ai pris cinq ans et demi plus tôt dans l'armée de Gaulle s'achève. Le soir, le départ du Général est annoncé à la radio. Après dîner, nous sommes installés, tous les trois, dans un coin du grand salon. Bien que mon colonel ne laisse paraître aucune émotion, je sens qu'il est obsédé par le passé.

En juin 1940, nous étions parmi les premiers volontaires. Nous avons lutté sous les ordres du général de Gaulle, qui fut notre chef et, plus encore, notre légende. Pour mes camarades et moi-même, qui n'avions pas vingt ans, il remplaçait nos familles. Avec mon colonel, nous demeurons des vestiges de cette aventure : Passy au sommet, moi à la base*. C'est pourquoi je suis toujours curieux de l'entendre évoquer de Gaulle à différentes époques : il donne une présence à ce qui, pour moi, est un symbole lointain, même si, dans mon cœur, le Général a une proximité familiale, comme avec un vieil oncle original qui me fascine par son verbe et ses apparitions. Je ne doute pas qu'il s'adresse à chacun d'entre nous. À cause de notre extrême jeunesse, n'avons-nous pas le privilège d'être ses enfants ?

Mais, ce soir, je suis triste, car tout est fini.

* Le colonel Passy a alors trente-quatre ans et moi vingt-cinq.

Pourtant, cela n'est pas arrivé d'un coup. Il y a eu des étapes et, si j'avais été plus perspicace, je les aurais perçues comme préparant progressivement cette fin inévitable : l'arrestation de Moulin, mon retour à Londres, puis à Paris et à Bescat, la fin de la guerre et, par-dessus tout, le retour de mes camarades déportés. Enfin mon poste civil auprès de Passy[1]. Malgré tout ce que je sais, ce soir je suis submergé par ce passé. Je suis envahi d'un sentiment que j'éprouve pour la première fois de ma vie : la nostalgie.

Passy garde un long silence, puis il raconte des souvenirs de certaines rencontres ou de difficultés avec de Gaulle. Il y a, pour moi, quelque chose d'émouvant dans cet homme pudique qui évoque les situations critiques avec détachement et avec humour. En l'écoutant, certaines images apparaissent et les secrets se dénouent. Il énonce les conséquences de cette brusque démission, les erreurs commises et, naturellement, Brossolette, dont il a été l'ami intime et qui ce soir, visiblement, lui manque cruellement. Son monologue est une partie du dialogue qu'il poursuit avec cette ombre.

« Avec Brossolette, rien n'aurait été pareil ! Malheureusement de Gaulle ne l'écoutait pas volontiers, il avait une méfiance à son égard. Il avait tort car Brossolette a été le plus clairvoyant de la France libre. Il a parlé trop fort, mais sa conception du rôle du Général était prophétique. D'ailleurs, tôt ou tard, il y viendra : devenir le chef d'un rassemblement de gaullistes de tous bords. Seul Brossolette aurait pu le convaincre et nous n'en serions pas là. Les partis

1. Le dossier militaire de Daniel Cordier indique qu'il était démobilisé depuis le 2 novembre 1945 (Archives de l'Ordre de la Libération).

auraient été pulvérisés au lieu d'être les maîtres et de le chasser. »

Je ne suis pas surpris des propos puisque je connais sa fidélité à Brossolette. À la suite de cette longue évocation, Passy garde le silence. Après un moment, j'exprime mon sentiment car, en l'écoutant, je pense à Moulin, à sa lutte contre Brossolette, à leur opposition sur le Conseil de la Résistance. Ils avaient pourtant une vision identique du rôle du Général. Moulin vivant, l'après-Libération aurait été différente pour les gaullistes. Aurait-il échappé à l'issue politique devant laquelle succombe le Général ? Puisqu'il faut mourir un jour et puisqu'il est mort et que nous n'avons pu le sauver, je dois me réjouir qu'il demeure intact pour la postérité, afin d'incarner l'honneur de la Résistance. Hélas, à l'exception de quelques chefs qui l'ont connu, aujourd'hui il ne représente rien et demeure un inconnu. Cependant Brossolette, soutenu par le Parti socialiste, commence à apparaître comme *le* héros de la Résistance.

Je regarde Passy : « Puisque de Gaulle a décidé de partir, je regrette qu'il ne l'ait pas fait au mois de novembre ! »

Surpris, le colonel me considère, tandis que je poursuis : « Il y a longtemps, lorsque je pensais à la fin de la guerre, j'imaginais que de Gaulle après les élections qu'il avait promises, réunirait l'Assemblée. Durant la première réunion, il demanderait au Président la permission de s'adresser directement à elle (bien que la loi ne l'autorise pas puisque automatiquement, il aurait dû démissionner la veille). Mais il était possible pour lui et pour une fois, de faire une exception. »

J'imaginais alors de Gaulle montant à la tribune, sans une note et s'adressant à l'Assemblée comme il l'a souvent fait devant nous à Londres. Je pensais à un texte solennel et simple comme le premier qu'il nous adressa à l'Olympia, le 6 juillet 1940[1] :

« En juin 1940, j'ai appelé les Français à l'espoir et à la résistance. J'ai été entendu par ceux qui croyaient en la France. Après de multiples obstacles, nous avons finalement gagné. Car, pour finir, la vérité et l'honneur doivent vaincre. Ce que j'ai promis à mon pays, vous êtes les témoins que je l'ai tenu, puisque nous sommes aujourd'hui tous ensemble, dans une France libre dont vous êtes les représentants qualifiés. La tâche que je m'étais imposée, et que j'avais proposée aux Français, est accomplie.

« Je m'efface donc devant vous. Je souhaite bonne chance à la République et à la France ! »

Je l'imagine descendant alors calmement de la tribune, se dirigeant vers la sortie sous les acclamations des députés, debout et stupéfaits. Son départ aurait été un coup de théâtre aussi historique que son entrée dans l'histoire, le 18 juin 1940.

Passy m'a écouté, mi souriant, mi sérieux, car nos rapports sont familiers et l'amitié y a, me semble-t-il, une grande part. Quand j'en ai terminé, il me regarde : « Vous êtes bien romanesque ce soir ! »

En dépit du passé qui nous lie, je perçois que chacun d'entre nous pense à autre chose. Notre avenir est là, il commence ce soir. Pour nous, il révèle le piment de l'inconnu, tous les possibles, toutes les aventures, et avant tout : la liberté*.

1. Voir *Alias Caracalla*, *op. cit.*, p. 107.

* Le colonel Passy avait voulu vérifier que les propos de Malraux, au cours du déjeuner du vendredi, étaient exacts : le Général les lui avait confirmés. Mais quand Passy lui avait révélé sa volonté de démissionner publiquement le lendemain de la démission de celui-ci, le Général lui demanda de ne pas l'accomplir, mais au contraire d'attendre que le nouveau directeur du service lui annonce son remplacement. Le colonel me confia qu'il avait décidé de quitter le service dès que le départ du Général serait annoncé publiquement.

J'ai envie d'être seul. Après avoir demandé la permission de me retirer, je monte dans ma chambre et, une fois sur mon lit, j'éteins la lumière, mais le sommeil me fuit. Depuis cinq ans, je n'ai jamais pensé à ce que pourrait être mon existence « après ». Je n'ai aucune passion, aucun don. Pire, je ne sais rien faire. La Résistance a révélé mes défauts : imprudence et désordre. Passy, qui juge bien les hommes, estime que je suis trop sentimental ! Avec un tel caractère, quelle vie m'attend ? N'ayant jamais affronté le danger en face, je n'ai pas réussi à faire une guerre telle que je l'ai lue dans les livres. J'ignore l'essentiel : suis-je lâche ou courageux ?

Les « vrais » anciens combattants de ma jeunesse peuvent continuer à me condamner : « Tais-toi, tu parleras quand tu auras fait la guerre... » C'est bien triste. Pourtant, dans ma tête, ce remue-ménage s'arrête brusquement et je m'endors d'un bloc.

Ce premier jour de ma liberté, je l'ai vécu sans projet et surtout, sans avenir...

FIN

Désigné chef des services secrets de la France Libre, début juillet 1940, Passy ne voulait pas demeurer dans le service une minute de plus que le Général. Bien que j'aie gardé le silence, c'était également mon intention, parce que j'avais combattu pour être libre.

PAGES DES CARNETS INTIMES

Tout au long de sa vie, mais sans régularité, Daniel Cordier a tenu son journal intime. De 1943 à 1945, il a pris des notes dans des carnets. Ce sont parfois des agendas aux mentions lapidaires, parfois des cahiers avec de plus longs développements. Le tout d'une écriture presque cryptique. Certaines périodes de silence s'expliquent aisément par les impératifs de la vie clandestine. D'autres sont seulement dues au manque de temps ou d'envie d'écrire.

Nous reproduisons les extraits des carnets qui ont trait aux souvenirs rédigés par Daniel Cordier pour ce volume.

28 juillet 1943

Il y a quelque temps je suis allé voir *Les Mouches* de Sartre. Je lis le livre après la pièce qui me le montre excellent plus encore qu'à la scène. Elle représente un geste durant la période où nous sommes.

Jupiter : « Le secret douloureux des Dieux et des rois : c'est que les hommes sont libres. Ils sont libres, Égisthe. Tu le sais, et ils ne le savent pas. »

Jupiter : « Je t'ai donné ta liberté pour me servir. »

Oreste : « Il se peut, mais elle s'est retournée contre toi et nous n'y pouvons rien, ni l'un ni l'autre. »

Clytemnestre : « Tu es jeune, Électre. Il a beau jeu de condamner celui qui est jeune et qui n'a pas eu le temps de faire le mal. »

15 août 1943

Conversation avec G[ermain] [*Hugues Limonti*] dont je n'ai jamais, je crois, mentionné l'existence dans ce cahier et pourtant, il me parle de son existence d'ouvrier, me dit quel dégoût il en éprouve. « Avoir un but, dit-il, se donner à quelque chose de grand. » Que de problèmes, toute la destinée des hommes sous ces mots si simples. Il parle de partir. Jacqueline me dit en me répétant le propos : « C'est une marque de jeunesse. Il croit qu'il trouvera quelque chose. »

21 août 1943

Depuis que je suis ici [*à Vernon*], le temps est gris. Ciel bouché. Signe précurseur de cet automne qui est si beau à la campagne. Je fais chaque jour de longues promenades aux alentours. La Seine coule entre deux lignes de collines, je vais tantôt sur l'une, tantôt sur l'autre. De chaque point des sommets, on a une vue assez agréable vers des prolongements d'eau, de buis. Mais je n'ai pu encore m'éloigner assez de la ville – petite cependant. Son insupportable présence me gâche le plaisir que je pourrais éprouver à être enfin à la campagne. J'ai la nostalgie de mes montagnes, ce calme, ce silence, cette solitude parfaite que nulle crainte de *coins* troublés ne gâte. Jacqueline est venue hier me voir. Avec elle, je fuis vers l'une des promenades familières. Une allée toute droite au sol mousseux, au plafond de feuillage telle que l'atmosphère *Grand Meaulnes* nous la rend, ou encore *Caroline ou le départ pour les îles*. Il y a peu de temps que nous nous connaissons, il y a entre nous une bonne entente.

[...]

J'ai commencé *Le Rouge et le Noir*, mais n'avance pas. C'est trop simple. La plupart des romans que j'ai lus sont d'une psychologie plus marquée, soulignée de réflexions morales. Rien de tout cela n'existe dans un tel livre, seulement un récit limpide, les faits, les actes, ce qui se voit, c'est tout. Peut-être suis-je dérouté – ou tout simplement trop jeune pour apprécier quelque chose de si simple.

27 août 1943

Je viens de terminer ma troisième lecture de *Jean Barois*. C'est un bouquin très fort, malgré qu'il traite certains problèmes de pure actualité comme l'Afrique. Le style reste partout si tendu, si plein, d'une sobriété toute concise et fine, et l'on suit effectivement les pas du héros dans ces discussions mêmes qui pourraient alourdir la marche du roman. Mais est-ce bien là un roman ? Il soutient plusieurs thèses car celle pour laquelle il semble avoir opté finalement n'est pas celle qui nous attache peut-être le plus. La forme adoptée pour donner le plus de vie à l'ensemble est le dialogue. Un peu comme au théâtre, chaque personnage y est soigneusement présenté, avec des éclairages différents. Beaucoup de problèmes, des plus fondamentaux, sont soulevés dans ces pages denses, d'où s'échappe un souffle de vie intense. J'aime la vie – cri de Jean – cri du livre. Je suis bien obligé de m'apercevoir en poursuivant ces pages de l'absence totale de but, de foi, où je me trouve en ce moment. Je suis au point exact d'un scepticisme complet. Défense de valeur, *in ferro veritas*, Justice, Liberté, voilà à quoi se peut résumer mon élan. [...]. J'ai fait, quoique très jeune, le tour de pas mal d'idées, surtout de pas mal d'hommes. Je crois d'ailleurs l'apprentissage des hommes moins salutaire, instructif que celui des livres – quoique mes passions restent encore à ceux-ci. J'entrevois difficilement ce que pourrait être ma vie après-guerre, partagé que je suis entre le dessein de ce dilettantisme aimable, où me porte mon expérience, et le désir d'exister, d'être, qui m'oblige à lutter pour soutenir un idéal (ce que j'ai), mais à l'aide d'une doctrine, d'un système qui ait pour chacun sa raison sociale, son honorabilité.

23 janvier 1944

Je reprends, après une interruption si longue qu'il n'y en a pas de comparable, ce cahier, compagnon de ma solitude. Quinze jours environ que j'ai quitté mon poste et que je recommence à avoir une vie qui ne soit pas un tourbillon de folie. Dans deux jours, je pars sur la Côte d'Azur et là, reposé, j'espère pouvoir écrire tout au long les pages d'amitiés, de douleur, parfois aussi de joie que furent [*sic*] ma vie depuis deux ans. À l'instant où je m'arrête pour retracer ces lignes, pourtant, je crains que les heures sombres – surtout les ombres de tous ceux qui les jalonnent – n'apparaissent plus seulement dans le gris de nos jours écoulés. Depuis quelque temps, je sors pas mal, vais au théâtre. Je ferai à tête reposée un petit carnet des spectacles.

17 mars 1944

Une vérité plus exacte, plus forte que l'évidence.

En montagne, une grange. Après une marche sous la pluie, dans les bois, valise énorme en main, nuit extraordinaire de repos, de délassement dans le foin, comme si tous les membres avaient retrouvé un fonctionnement parfait. Le jour qui grandit à travers les trous, les fentes de la toiture auréolant les toiles d'araignée. J'étais à l'extérieur sur une pierre. Quelques nuages. Il fait doux. Un silence plein, qui étonne par sa présence vivante, qui n'est plus seulement l'absence du bruit, mais qui possède une existence. Le moindre froissement s'entend. De l'autre côté du vallon, des vaches qui pissent en marchant, un homme siffle un peu plus bas, cris de charretiers, craquement de bois, coups de hache, les corbeaux, délicieusement aussi des pinsons un peu partout… On s'étonne alors de pouvoir oublier ce plaisir, ce calme, pour aller se plonger dans la fournaise, le tourbillon insensé des villes. Je reviens vers le temps heureux de ces abandons montagnards – vieux Béarn.

Hier, Théo[bald] est allé voir mes parents. Je crois que je m'attendais à une grande joie en retrouvant Pau, les montagnes. Il faisait un temps merveilleusement doux – comme si le temps savait que j'étais de retour. Rien cependant n'a marqué ce passage. Aujourd'hui, je reste sans souvenir de ces quelques heures écoulées dont je m'étais promis une grande joie. Je suis non pas blasé, mais blindé. Si la souffrance n'a plus de prise, hélas la joie perd également son efficacité. C'est d'une égale humeur, presque indifférente, que j'ai passé quelques instants en retrouvant mes montagnes, le Pic d'Ossau, et qu'hier soir tard dans la nuit, je trébuchais désespérément dans la boue gluante des sentiers. Apaisement, calme : je ne puis écrire que ces mots pour marquer l'état où je me trouve entre les moments de ma vie où je ne suis pas plongé dans une activité débordante. L'aventure elle-même, qui pourrait piquer la curiosité de plus d'un, me laisse assez froid. Cet écoulement des jours sans que j'en puisse connaître le poids me blesse. Réussir dans cet état, où d'abord le temps ne compte plus, où seule la pensée marque par des étapes de perfectionnement une progression dans la durée, échapper à tout prix à l'étreinte du temps. Gaspillage de pouvoir, de forces.

Suis assez heureux des nouvelles que me rapporte Théo, bonne santé, joie de mes nouvelles. Attitude de Charly [*son beau-père*] meilleure que je ne l'aurais cru. Assez réconforté.

23 mars 1944

Lecumberri

Après une journée à Pampelune, nous sommes dirigés sur un camp à trente kilomètres de là. Hôtel dont on ne peut pas sortir. Nourriture excellente et abondante. [...] J'aimerais, durant cette période de repos, revoir mes notes, faire mon introduction et ma conclusion. J'ai vu hier soir, parmi les camarades qui sont partis ce matin, Reily avec qui j'avais aimé parler il y a deux ans. Je lui donne rendez-vous à [*illisible*] où il pourra sans doute m'aider à faire du bon travail !

Avec l'éloignement, le voyage, les soucis se déplacent, en quelque sorte disparaissent. Je regrette simplement de sentir en moi cet état neutre sans joie, sans peine, où les jours passent [*illis.*] doucement la vie, comme ces gaves qui [*illis.*] des siècles, polissant les rochers sans les emporter dans leur course.

La manière d'énoncer un problème doit imposer sa résolution

« Nous ne demandons pas au faiseur de récit de nous apporter une œuvre qui vienne du monde de la vérité, mais une œuvre qui y conduise. » Th. Maulnier.

9 avril 1944

Hier je lis un article d'Aron – dans un numéro de *La France libre* de novembre 1943 –. Je prends ce passage particulier, qui me paraît remarquable [...]. J'en discuterai avec Aron :

« Les partis français, en dépit de leur organisation lâche, sont indestructibles parce qu'ils plongent leurs racines loin dans le passé du pays, parce qu'ils traduisent des états d'esprit étrangement stables. »

La fin : « Le salut de la patrie est la loi suprême. »

Projet de lettre à François Briant :

Miranda
Vieux François

Je suis depuis deux jours dans ce camp qui possède une certaine [*réputation*]. *Il la mérite : c'est une honte. Il n'y a pas d'autre mot pour nos camarades qui ont fait divers camps ou prisons, n'ont rien vu qui approche cet endroit par son manque d'hygiène, punaises, etc.*

Dans le camp, il y a une variété complète de l'Europe, Allemands, Italiens, Russes, Français, etc. Il y en a ici depuis trois ans.

Devant les apatrides, je pense à ces Juifs qui n'ont plus de pays et qui, pour tous, sont marqués [*très*] *profondément par tout ce qu'ils ne possèdent plus.*

Je voulais t'écrire plus longuement, malheureusement assis sur le coin de mon lit, à côté une conversation d'un ancien officier des brigades avec Jean [*sic*].

Je regrette un peu de ne pas avoir noté autrefois mon attitude vis-à-vis de certains problèmes : Patrie, Famille, Religion. Aujourd'hui je n'ai pas encore trouvé une attitude. Je sais déjà ce que je ne veux plus, mais je ne vois rien de très constructif devant moi. Je vais essayer ces jours-ci de mettre par écrit le point où je suis arrivé – pour y voir plus clair. Je ne sais pourtant si je trouverai le calme suffisant pour arriver à une méditation minimum de ces questions.

16 avril 1944

Je me suis fait tirer les cartes hier soir. Il est curieux de constater, sans autres pensées, comme tout ce qui m'a été dit se rapporte à ma situation. Je retiens les conclusions qui m'amuseront de contrôler [*sic*]. « Pensées d'une femme légère et d'un camarade. » « Triomphe dans un procès contre un homme qui cherche à me nuire. » « Échec d'un jeune homme blond qui me veut du mal. » « Une femme d'un certain âge qui est dans la peine à cause d'une nouvelle. » Enfin, le centre du jeu était formé par la dame de cœur qui figure « une jeune femme blonde éprise d'amour ». Lorsque j'ai recouvert chaque paquet, c'est le roi de trèfle (c'est-à-dire moi) qui suis venu la recouvrir.

Je me suis parfaitement acclimaté aux conditions de vie, et cette laideur que je ressentais en présence des anciens, ce sont les nouveaux qui doivent l'éprouver devant moi.

J'essaie de faire un journal du camp, mais je suis atteint de flémingite. Les jours s'écoulent rapidement, sans que l'on sache ce qui les remplit, sans que l'on cherche à les occuper

Je lis dans le numéro spécial de *Confluences*, sur le problème du roman, quelques pages sur le roman de [*illis.*], qui méritent attention que je recopierai plus tard.

Hier soir séance du cardinal [*illis.*]. Suis reçu chevalier – avec beaucoup d'indulgence. Je suis souvent resté étonné devant l'enfantillage des foules, des groupes, qui s'alignent toujours sur le plus bas.

Trouve dans un vieux numéro de *La Revue mondiale* ces quelques vers de Supervielle qui me réconcilieraient avec lui.

Coucher de soleil

C'est la fin d'un premier beau jour au pays basque
La lumière est si fine au ciel amenuisé
Qu'au moindre vent du soir elle va se briser…

Et pourtant elle vient de l'horizon fantasque
Par le couchant marin, des flammes traversé.
Les bois profonds que les piques du soleil fouillent
Se dressent d'un seul jet de la terre de rouille
Carnage de lumière en toute la forêt...
Sous les rayons à vif, les fougères s'offensent,
Les arbres, par degrés, se livrent rouge-clair,
Et le soleil épars, angoissé d'être immense,
Se limite à son disque et glisse dans la mer.

J. SUPERVIELLE

[*La Revue mondiale*] 1er décembre 1919

27 avril 1944

Dans quelques jours le départ – attendu d'ailleurs sans impatience. Donne une petite séance de théâtre. Avant d'entrer en scène et pendant que je débite des âneries, je pense soudain avec mélancolie à toutes les souffrances dont quelques kilomètres nous séparent, à tout ce passé de peine, de labeur que je viens de quitter, qui m'est aussi absolument étranger que celui qu'un autre me conterait. Mes nouveaux compagnons, ma nouvelle vie, cela seul m'est sensible, cela seul compte.

Ai été invité par les Allemands. Assez drôle cette réunion où nous soudoyons ces gestapos.

Dominique me raconte un certain nombre d'histoires dont je note le titre – également d'autres amis :

« Je me saborde »

« Moi, je ne sais pas je suis à cheval »

« Colonel Laurence – intelligence service »

« Des gâteries – déjà »

« Hu-da-da hu-da-dahu-da-da »
« Ça ne fait rien je pilonnerai à côté »
« La truie dans la brouette »
« Une marche arrière – une marche avant »
« One – two – three – pipi »
« Hitler – la propagande »
« La poudre à chasser les éléphants »
« Et la fortune »

Lundi 1er mai 1944

Libération du camp de Miranda. En prenant ma valise, en passant le seuil du camp sans aucun obstacle, j'ai compris seulement que ma liberté m'avait été supprimée depuis un mois et demi. Je laisse quelques bons camarades : Dominique, [*illis.*], Jeannot, etc. Que seront-ils dans ma vie, ces amis qui un instant ont [*suscité*] ma confiance, mon attachement ou ma curiosité, maintenant que le destin nous reprend ? Immense impression de rêve de mon être.

[…]

Visiter Miranda, toute l'Espagne, dans ce soleil écrasant, cette pauvreté sale, cette foule, les rives de l'[*illis.*], sans fraîcheur. Au loin les maisons blanches du camp où les vies continuent avec leurs habitudes – et la mienne.

4 mai 1944

Dans le peu de temps passé à Madrid, je n'ai pu marquer mes impressions. D'abord celle-ci que j'ai remarquée : tout est en décrépitude ou en construction, amour et mendicité, visage de la ville, promenade dans les rues. Suis resté dans cette foule qu'en France nous appellerions métèque, mais dont voici la patrie. Excellent dîner au Bavario, comme avant-guerre, dont la saveur, le fini n'a aucun rapport avec ce que nous avions de plus cher à [*illis.*]. Fini le soir dans un théâtre espagnol assez médiocre. Sortie à deux heures du matin, foule énorme avenue José-Antonio jusqu'à une heure très avancée.

Le lendemain matin visite du Prado. À la sortie, après deux heures, étourdissement, allégresse, dans cette communication spirituelle de quelques chefs-d'œuvre. Avec [*le tournis*], je retiens quelques titres que j'éprouve être les plus beaux, les plus prenants. Je voudrais discerner cependant ce qui cause ce choc, ce qui établit ce contact qui devant certain [*illis.*].

Je recopie la liste comme souvenir.

Raphaël : *Sainte Famille*
[*Barocci*] : *Naissance du Christ*
Titien : *Mise au tombeau*
Danaë [*ou la pluie d'or*]
[*Portrait d'*] *Isabelle* [*de Portugal*]
Tintoret [Iacopo] : *Judith et Holopherne*
Joseph [*et la femme de Putifar*]
La chaste Suzanne [*Suzanne et les vieillards*]
Tintoret [Domenico] : Portrait de jeune fille
Greco : *Saint Jean* [*sic* pour *Saint André*] *et Saint François*
J.C. mort dans les bras du père [*La Sainte Trinité*]
Vélasquez : *Nain – don Sébastien* [*Sebastián de Morra*]
Peinture de l'instant [*Les Ménines*]

Rubens :	*Nymphes*
Jordaens :	Portrait des *Trois musiciens*
Goya :	*Maja*
	Trois mai
	Sainte Famille
	Grotesque
	Enfants aux fruits [*Garçons cueillant des fruits*]
Rembrandt :	Portrait
Marinus :	[*illis.*]
	Saint Jérôme
[Rubens] :	*Prométhée*
Murillo :	[*Les*] *enfants* [*à la coquille*]
Ribera :	*Saint André*
Murillo :	*Assomption* [*L'Immaculée Conception ?*]
Bosch :	[*Le*] *Jardin des délices*
Baldung :	*Les* [*trois*] âges [*et*] *la mort*
Dürer :	*Autoportrait*
Brueghel :	[*Le*] *Triomphe de la mort*

6 mai 1944

Gibraltar

Cette petite maison espagnole simple tranquille, si près de la rue étroite qu'on semble y habiter. Quelle curiosité que cette ville presque sans femmes, pleine à craquer d'hommes de toutes les armes, ce contact des civils espagnols et des soldats anglais. Cela seul provoque l'étonnement, par là-dessus une chaleur vibrante, proche de l'Afrique.

Ce départ dans cette chaleur me rapproche de celui d'il y a quatre ans. Quelle différence entre le jeune homme de maintenant et le gosse que j'étais. Que de connaissances, de visages entrevus, aimés, tous disparus, dans l'attente de nouveaux. Je pars de chaque lieu sans regret, sans peine. Rien ne m'y accroche. C'est justement dans l'instable, l'incertain, le provisoire que mes attachements naissent – ils en meurent aussi. Je ne dirais pas hélas. [...] Je suis étonné des deux ans qui viennent de s'écouler avec une rapidité étonnante. Un avenir nouveau, sur le seuil duquel je reste indécis, s'ouvre devant moi.

Un mois seulement que j'ai quitté la France. Tout ce qui s'y passe m'en devient prodigieusement étranger, indifférent. Je lis ce soir un numéro de *Je suis partout*, comprends difficilement l'intérêt que ceux qui sont là-bas y portent. L'émigration n'est pas un vain mot – le jugement est poussé. Je voudrais rester pourtant fidèle à ce que j'ai appris.

18 mai 1944

Hier soir tout à fait par hasard je rencontre un ami intime d'André Marmissolle, qui me confirme sa mort et me raconte cet accident d'auto, dans lequel il fut brûlé vif, mettant plus d'une heure à mourir. Nous parlons durant trois heures de cet esprit fantaisiste et délicieux et aussi de Philippe. Je sens d'après la [*description*] qu'il me donne de sa vie que, malgré la joie de le revoir, nous serons assez éloignés, pour la même raison qui m'éloigne de tous mes camarades.

22 mai 1944

Depuis quelques jours sur Londres les « pilotes » [*V*1]. Sensation assez désagréable. La nuit, le moteur me réveille, j'écoute le ron-ron s'approcher. Va-t-il s'arrêter, continuer ? Il passe, nous frôle, s'éloigne. Une lueur, une explosion, la maison bouge un peu. Des hommes sont morts, d'autres blessés, pleins d'effroi, des gens qui, d'un cœur haletant, il y a quelques instants écoutaient. Des débris, de la poussière. La peur, la souffrance. Il n'y a que quelques mètres entre nous.

[...]

Lu hier dans *Fontaine* un article de D'Astier sur « Sept jours de Résistance », qui me plonge dans l'atmosphère où je viens de vivre et qui m'est chère, me donne envie d'écrire ce que j'ai vu. Cela dépendra beaucoup du travail que je vais avoir. Pour l'instant calme, mais fatigué cependant. Ce climat m'épuise. Le soir, je rentre de bonne heure pour faire tourner quelques disques. Je vais de découverte en découverte. Après Franck et Beethoven, c'est Mozart et Bach. Je ne sais lequel admirer le plus, les connaissant fort peu l'un et l'autre. La symphonie *Jupiter*, la sonate [*illis*.], le quintet en A m'étourdissent par la sérénité, l'allégresse et aussi la parfaite élégance des mouvements. Bach cependant dans ses *Préludes*, son *Art de la fugue*, que je viens d'acheter, me transporte bien loin, vers cet oubli qui est un paradis. Tout d'abord Tchaïkovski, Rachmaninov, Chopin même, qui avaient eu mon désir, me paraissent enflés. Travail tellement [*sic*] dans Bach et Mozart : « l'essentiel seul reste » – le « travail » – comme ces délicieux primitifs où l'auteur a délicieusement figé sa figure dans une « surréalité » plus étonnante de [*illis.*] et l'auteur (dans la crainte de l'emphase).

Par combien d'erreurs faut-il passer pour se former ? Quand [*par*] un léger retour en arrière, je parlais d'un ton méprisant de Bach et Mozart, n'en ayant somme toute jamais entendu ou plutôt écouté – les assimilant d'avance à l'ennui –, plaisir de contredire les affirmations, jalousie de ne pas connaître et de ne pas pouvoir partager.

16 juillet 1944

La veille [*7 juillet 1944*], j'avais été voir Vourc'h, blessé, que j'ai plaisir à voir debout. Peu de temps nous était donné pour bavarder. Cependant j'ai le temps de lui parler assez longuement. Me paraît assez déprimé, bas, dégoûté. Il est curieux que nous arrivions après deux ans, partis de points opposés, à nous comprendre parfaitement. M'explique son désarroi – a honte d'être français – que je ne partage pas entièrement.

6 août 1944

Rien écrit depuis plus d'un mois. Pourtant, comme toujours, pas mal de choses à dire. Mais m'asseoir devant une table, prendre un crayon, un carnet où la page blanche m'attend comme une malchance dans la vie, tout ce que je pensais et qui jaillit à longueur de journée dans mes conversations disparaît comme par enchantement. Si je m'obstine à tenir ce carnet, c'est pour une raison que je ne discerne pas. Tout ce qui pourrait être intéressant de ma vie ne s'y trouve pas. Seulement des notations maladroites, que mon manque d'habitude d'écrire rend encore plus vaines.

Revu Rouxin, qui [*vient de passer des*] mois de prison. Il me dit sa joie de me retrouver, son attachement. Me fait lire un carnet qu'il a tenu en prison où mon nom revient quelques fois avec un besoin de confiance. Je découvre que somme toute il n'a pas beaucoup changé. Certaines de ses idées ont évolué, mais la « trame » de son être est la même. Je ne sais pas ce qui le pousse vers moi, encore moins ce qui me pousse vers lui, alors que chacun de nos jugements nous amène aux extrémités opposées [...]. Cette rencontre me confirme combien je me suis durci durant ces deux ans. En effet peu d'émotion profonde en le revoyant. Il va repartir incessamment, me parle d'un certain Henri que j'aurais plaisir à connaître.

[...]

Revu Seeds. Malgré la grande joie de nous revoir, peu de choses à nous dire. Cependant son évolution se fait dans le même sens que moi, avec cependant un souci d'améliorer la société qui ne m'intéresse plus depuis que j'ai découvert ce qu'elle est. Je lui fais lire *L'Étranger* qu'il trouve remarquable. Je lui demande d'en préparer une traduction et il accepte.

[...]

La situation actuellement est celle-ci : nous sommes écœurés parce que [*malgré*] l'effort que quelques chefs ont demandé aux peuples, cette tension, cette volonté de mieux faire, ce désespoir créateur, ce besoin de faire plus grand et mieux après quatre ans, nous sommes retournés de toute la hauteur et [*de toute*] la force de nos illusions vers un sentiment qui sera plus fort plus profond [*sic*]. Ici les chefs ont trahi l'idéal [*des*] troupes [...]. Je crois qu'il y a là quelque chose de plus grave, [*de*] plus général que la simple correspondance d'une faillite passagère. C'est la foule qui toujours essaie que ses chefs ne la trahissent [*pas*].

7 août 1944

L'avance des Américains est foudroyante. Rennes, Bretagne : libérés. Laval, Saint-Nazaire, Lorient à portée de canon. Florence prise, Varsovie incendiée. Dans quelques semaines, nous allons voir finir ce cauchemar dont tout le monde est [*las*] sauf peut-être les combattants.

15 août 1944

Les journaux font grand cas de la présence en France de la division Leclerc. Dois-je avouer mon dépit – et mon envie –, de ne pas en être, quand je lis l'accueil merveilleux qui lui a été réservé, et que je pressens les sentiments qui ont bouleversé tous ces jeunes magnifiques ? Je reviens vers ce passé, je pense aux larmes que je verse presque à l'idée de retrouver la France, à l'accueil. Pourtant rien de tout cela n'a été. Seule une grande amertume me reste de ces quatre ans, de ce geste que j'accompagnais de [*tant*] d'espoir. Au lieu de cette rénovation, de ce renouveau que nous attendions, nous sommes retombés dans les mêmes erreurs, le même réseau d'intrigues, de bassesse, de schismes. Heureux ceux qui ont su passer à côté [*illis.*], fidèles à eux-mêmes.

17 août 1944

Au-dessus des régimes, au-dessus des hommes qui ont été dans le passé, ce qui importe c'est la fidélité aux hommes qui ont vécu et qui sont [*morts*] en combattant pour la liberté.

26 août 1944

Paris s'est libéré lui-même cette semaine. Le combat a duré sept jours et a commencé le 19 août samedi. J'avoue que je suis un peu mélancolique à l'idée de ne pas avoir assisté à cet événement que l'on peut bien appeler historique. J'ai pensé à la place que j'aurais eue si j'étais resté. Mais n'ai-je pas eu raison après tout de partir, alors que contre ma conscience depuis de longs mois je luttais ? D'ailleurs j'ai eu l'expérience d'Espagne et surtout de Londres. J'avoue que cela vaut la peine. Il faut que j'[*efface*] de ma pensée cette passion politique qui depuis mon jeune âge s'est emparée de moi. J'en connais tous les détours, les peurs, ce qui m'y accroche encore, c'est le besoin d'action que j'ai instinctivement. Il y a tant d'objets sur lesquels je peux me [*pencher*], plus intéressants à coup sûr. Ma vanité seule me retient. Le problème pour moi est très simple : ou, dès ma rentrée à Paris, je me lance dans le journalisme (comme directeur, organisateur, car je suis incapable d'écrire pour l'instant), ce qui donnera toute satisfaction à ma vie de parade ; ou laissant toutes les opportunités, je pars à la campagne et pendant un an ou plus, je travaille à fond la philo, l'histoire, la littérature. Ce qui me fait hésiter, c'est de ne pas pouvoir rattraper par mon seul talent, ou ma seule valeur, les possibilités que mes amitiés entretenues peuvent me donner. Pourtant, si je suis le chemin de ma conscience, c'est cette seconde voie que je dois prendre (sans compter qu'elle est plus appréciée que la première). Je suis dans le chaos le plus profond – au point de vue pensée – si je ne mets pas de l'ordre en moi-même, en me cultivant, en m'enrichissant de tous les événements, les contraintes qui m'obligeront à une attitude. Si Max [*Jean Moulin*] est vivant, le problème ne se pose plus pour moi : je m'en remets à lui.

30 août 1944

Mon ordre de mutation est arrivé et accepté, en même temps qu'une mission pour les Vosges m'est proposée. J'accepte avec joie. Enfin la guerre, la vraie, [*illis.*] sans combinaison. Celui qui est en face de vous et qui n'a pas le même casque, on le tue. Le problème est simple. Je suis merveilleusement heureux.

11 septembre 1944

Depuis huit jours j'attends dans une station – magnifique propriété, lac, cygnes, chevaux, quoique malgré la date – 1690 –, l'intérieur très ordinaire. J'ai pu rompre net avec le passé en acceptant cette mission. Je crois que je n'ai plus longtemps à attendre. Pour moi, cela représente un souffle nouveau, à peu près le début de la Résistance en France. Parmi ces hommes – officiers d'active en général –, point de rivalité, une seule idée hante tous les esprits : se battre. Finis les combinaisons, les faux sourires, les petites mesquineries. La mort est trop près. Déjà elle purifie tout.

26 septembre 1944

Ainsi faux départ. Vingt jours passés à la campagne pour attendre l'ordre d'envol. Puis rien. Je suis rentré à Londres. Vu le bureau désert, les caisses où s'empilent les archives. Les gens sans aucune préoccupation ne pensent qu'à leur proche départ. D'un coup j'ai compris : on m'offrirait une mission que, maintenant, je la refuserais. Il me semble qu'au moment où je mourrai, j'aurai sous les yeux l'immense désarroi de ce service en décomposition qui part.

Je ne regrette cependant pas ces quinze jours. J'ai appris à jouer au poker, à connaître les chevaux que, à ma grande honte, j'avoue n'avoir jamais vus de près auparavant.

[...]

J'ai donc essayé de faire empiriquement le point, sans essayer de me rattacher à autre chose qu'à mon désir d'un monde meilleur. Actuellement, du point de vue politique, aucune question : il nous faut de Gaulle comme chef. La démocratie, d'accord, mais d'abord la France. Quand je dis la France, je ne veux pas tomber dans l'isolement d'un précaire nationalisme. À l'instant où je vois les États-Unis, l'Angleterre, la Russie se partager, ou plus exactement se disputer, la puissance du monde, je ne vois aucune raison d'abandonner la lutte au profit de tel ou tel des partenaires ou adversaires. Dans le cadre étroit de ces données, tout nous incite, au contraire, à lutter pour reconquérir notre place qui, abandonnée, ne profiterait, j'en suis convaincu, à personne. Nos titres dans un passé récent sont assez éclatants et nombreux pour l'existence de cette prétention. Nos actes dans l'instant, quoique discutables par rapport à un absolu, dans le relatif de la comparaison avec l'attitude de nos voisins et alliés, n'ont rien à envier à personne. Dans le domaine de la politique extérieure : respecter les droits de la France. Dans le domaine politique de l'organisation du monde, dans le domaine économique et financier de la répartition des richesses, dans le domaine militaire, au sujet de l'équilibre des forces [*sic*]. L'homme le mieux placé pour la lutte au sujet de ces points est sans conteste de Gaulle. D'une part, le prestige qu'il s'est acquis par son intransigeance, sa fierté durant ses quatre ans, d'autre part par l'efficacité dont il fit preuve sur les mêmes problèmes durant la même période.

À l'intérieur, depuis les conversations que je viens d'avoir avec pas mal de personnes venant de Paris ou de province, la situation donne en gros ceci : la France est à la fois un champ de bataille et une barricade – c'est-à-dire que l'on tire successivement, quelquefois simultanément, sur les ennemis de l'extérieur et l'ennemi de l'intérieur –, d'où confusion et désordre extrême. Lutte faite par des hommes qui ont souffert, qui sont aigris, qui pour la plupart ne possèdent rien, qui sont difficilement commandables et qui forment des bandes éparses ayant plutôt des objectifs de rancune individuelle que d'intérêt national. Les difficultés sans nombre que rencontre le regroupement de ces gens dans un cadre uni montre bien le point délicat du problème. Donc désordre provoqué par ceux-là mêmes qui sont l'honneur de la nation. D'autre part, les éléments de Vichy auxquels viennent se raccrocher et s'agglomérer toutes les consciences pas très claires, les conservateurs, les bourgeois de tout poil, qui sont une opposition violente – ou insidieuse suivant le moment –, les communistes – élément dynamique dont on ne peut dire encore la forme politique adoptée, ni le nombre des adhérents et sympathisants –, enfin la masse inerte des Français, sous les yeux effarés desquels vient de se dérouler une des révolutions les plus essentielles de notre histoire, qui, ne cherchant pas à comprendre, cherchent du moins à se raccrocher à une réalité humaine qui lui permette d'espérer la protection efficace de ses biens. Pour ces quatre [*groupes*] grossièrement délimités pour les [*besoins*] de l'explication, de Gaulle représente, à des titres différents, l'espoir qui rallie, mais surtout cette réalité unique, immédiate : le pouvoir. Les FFI pensent que de Gaulle les aidera à prendre les leviers que depuis quatre ans au moins, peu ou prou chacun à son échelon désire – et plus rarement mérite. Les vichystes espèrent que cet ancien militaire pour une fois [*jouera*] le jeu de l'ancienne droite agrandie et renouvelée, par un gouvernement à forme dictatoriale. Pour les communistes, de Gaulle est l'homme qui les a fait rentrer au pouvoir, qui a promis à plusieurs reprises des réformes sociales essentielles. Il représente l'homme en vue, de qui on attend la décision sinon le salut. Il représente le pouvoir établi. Ils lui accordent une neutralité bienveillante.

Le problème purement politique de De Gaulle n'est pas autre chose que la conciliation de ces désirs contraires, de cette attente impatiente, pour la coordination, l'exploitation de ces forces vives au profit du relèvement matériel et moral du pays – et du prestige à reconquérir auprès des autres nations. Je ne parle pas du problème de pure administration qui, mal organisée, pourrait créer la plus sérieuse embûche au déroulement de ce programme.

Là encore, de Gaulle me paraît réaliser la chance la plus nombreuse de réussir cette œuvre gigantesque (il faut lire dans le passage ci-dessus « gouvernement » et non « de Gaulle »).

Ce qui est le plus mauvais c'est [*illis.*] des Français uniquement préoccupés de problèmes intérieurs, qui ne sentent pas les difficultés de politique extérieure.

La conclusion est donc uniquement, je le répète, dans l'instant. Parce que dans l'instant il groupe le maximum de chances d'efficacité : ralliement autour de De Gaulle. Il faut se reporter à l'article dans *La France libre* d'Aron, qui me semble parfait sur ce point.

J'ai défini plus mon attitude politique momentanée [*sic*] – je suis à quelques jours de ma rentrée à Paris. L'intérim de six mois que je viens de passer ici prend fin, me voici « replongé » dans l'activité de Paris. Malgré moi, je me sens repris par cette vie active brillante et vaine – malgré mon désir de repos, mon besoin de connaissances plus approfondies.

Vu Bienvenue [*Raymond Lagier*] qui me dit que le BCRA est très attaqué, a besoin de se défendre. Non pas qu'en lui-même il représente une chose importante, mais, à travers lui, on veut frapper le Général. « Aussi, me dit-il, nous allons nous tourner vers des activités plus économiques, [*illis.*]. Il y aura du travail pour vous qui connaissez tout le monde. »

8 octobre 1944

Me voici à Paris à nouveau après six mois d'absence. Je retrouve mon petit appartement comme je l'ai quitté, mes livres. Ma vie commence donc aujourd'hui. Ma vie, c'est-à-dire autre chose que la poursuite, l'instabilité, la crainte – la vie de Paris. Je suis parti de Londres il y a dix jours environ. Vedettes rapides, puis stop jusqu'à Paris en camion américain. Paysage désolé des villes détruites, Valognes, Lisieux, Caen. La chaîne ininterrompue des camions, sur les bas-côtés, les Français craintifs, pauvres, sans maison, mangeant tout juste, regardant passer leurs libérateurs. La France vit avec les restes de l'armée américaine.

15 octobre 1944

Dîner hier soir avec Philippe Viannay, qui a écrit dans *Défense de la France* du soir un article intitulé « Les élites révolutionnaires », où il écrit : « le soulèvement n'a pas été préparé par les bureaux de Londres » – mais je recopierai plus loin, il faut citer exactement. Je lui demande la raison. Il m'explique que c'est l'absence d'armes du Bureau des opérations aériennes. Je rapporte ce matin la conversation à Manuel, qui me dit : « Il faudrait écrire le *Livre blanc* du BCRA. » Malheureusement, il me dit qu'il n'y a pas une archive. C'est la chose la plus folle qui soit : un service secret, sans archive. Il me parle de quelqu'un qui devrait se mettre à la besogne. Il faudrait au moins un an pour arriver à mettre sur pied quelque chose. D'ailleurs cela vaut-il la peine ?

Dans un sens oui pour ceux qui sont morts. Mais cela serait-il en leur faveur ? Je ne le crois pas.

5 novembre 1944

Le BCRA, très attaqué par les communistes, inquiète assez Manuel. Mais quand je lui dis les manœuvres qu'on nous impute : « Quel malheur que ce ne soit pas exact, ça serait une grande maison. » Je lui parle de sa Buick et lui indique qu'il serait sage de retourner à une Citroën. Il me dit le faire d'ici peu. Je pense peu à peu gagner sa confiance. Homme d'ailleurs sympathique, mais assez faible, avec des mouvements d'humeur, de brusques volontés. Je crois que, bien organisé, je peux arriver à un bon résultat.

26 novembre 1944

Mercredi dernier à l'Assemblée [*consultative*], réunion et débat sur la politique extérieure du gouvernement. Belle séance. Schumann très applaudi, excellent orateur, disant des choses très simples pleines de bon sens, représentant exactement la tournure d'esprit de ceux de juin 1940. « Il ne s'agit pas seulement de vivre, de revivre, il faut survivre. » « Pour avoir fait la politique de nos difficultés nous avons eu les difficultés de notre politique. » « La fin. » « Il ne faut pas que les fils meurent parce que les pères ont menti. » Ensuite le rapport de Vincent Auriol très parlementaire, assez clair. Enfin de Gaulle, calme grave, parlant bas, autre conviction, criant tout haut la puissance et la grandeur de la

France. « En pansant ses plaies et ses blessures, recouvrer sa puissance, voici quelle est aujourd'hui la querelle de la France. »

5 décembre [1944]

Plus de trois mois ont passé. Je n'ai presque rien écrit dans ce cahier. Pourtant chaque jour est d'une richesse considérable d'expériences, mais je pars le matin de bonne heure, je rentre le soir tard, harassé. Même si j'avais un peu plus de temps, ma pensée est diffuse, je n'arrive plus à la rassembler. Pourtant ma vie se croise, s'entremêle avec beaucoup de gens différents que j'aurais intérêt à noter.

1er janvier 1945

J'ai délaissé ce carnet – quelques choses à écrire cependant – suis allé en vacances à Bescat

Le 28, je devais aller à Bordeaux voir bon-papa. J'arrive à quatre heures. On m'apprend qu'il est mort le 25 décembre. Je ne comprends pas, puis me mets à pleurer. Cette partie de ma famille, qui n'était pas indifférente mais pour laquelle je n'avais pas une affection passionnée, que je n'avais pas vue depuis quatre ans, elle me manque terriblement, elle [*est*] un trou, un vide dans ma vie. Tout mon passé qui s'en va. Tant qu'une personne est vivante, quelque attitude que l'on ait, on peut la modifier. La mort rompt le jeu. On ne peut plus qu'aller de l'avant, tout retour est interdit. J'ai donc passé deux jours tristes et très occupés dans ce Bordeaux qui n'est plus rien pour moi, errant dans ce grand appartement sans vie dont le sens secret, tout chargé de la présence de bonne-maman, m'échappe. Ces morts rapides échelonnées sur un an bousculent ma vie, n'entrent dans aucune des perspectives que l'on se fixe – que je veuille ou non, je suis obligé d'aller dans un sens. Je regarde les papiers, trouve un certain nombre de photos de moi étant enfant, diverses choses, l'acte de divorce de ma mère, la photo de papa qui me paraît extrêmement jeune. Je reste frappé par l'accent douloureux de sa physionomie que je n'avais jusqu'alors pas remarqué. D'ailleurs sur cette mort, je n'ai le temps de rien noter, trop pris par ma douleur et si je reste sur l'impression de la mort de mon grand-père, c'est qu'à travers lui, je pleure papa auquel je n'avais pas eu le temps de penser, trop pris par la crainte d'alors. Mais aujourd'hui, pour la première fois, je me demande « où est-il ? », sans trouver aucune réponse satisfaisante. Maintenant qu'il n'est plus, je pars à la recherche de ce que fut sa vie pour laquelle je n'ai jamais eu aucune curiosité.

1er mai 1945

Quelle étrange semaine nous avons passée. De quoi faire rêver les anciens rédacteurs de *Paris Soir* qui tirait trois éditions spéciales à un million pour un simple vol ou une cour d'assises. C'est bien dépassé. La mort de Roosevelt, la succession Truman, l'ouverture de la conférence de San Francisco, la prise de Berlin, les élections, le retour de Pétain, la rentrée des prisonniers, les propositions de paix d'Himmler, la mort de Mussolini. Sans compter les soucis quotidiens de vivre, les morts que l'on apprend, son travail, etc. Le Seigneur a mis sept jours à créer le globe. Dans ce raccourci saisissant, j'ai l'impression que les hommes n'ont pas mis plus de temps pour le détruire. Ce n'est pas fini.

10 mai 1945

Avant-hier c'était l'armistice.

Hessel est rentré, très fêté. Le soir, dîner en son honneur. Cristaux, Limoges, surtout en dentelles, etc., jolies femmes, les hommes habillés. Lui en costume de bagnard, tondu, fatigué par trois heures de voyage et deux ans de prison. On lui fait raconter sa vie au camp, il parle du four crématoire où il portait ses camarades morts pour les brûler, il s'arrête à cet endroit, mange un peu, et pendant qu'il boit une gorgée, une femme polie, auditrice attentive, se penche vers lui : « et alors, vous disiez, les cadavres... »

11 juillet 1945

« La politique c'est l'art des opportunités », me dit Cot. J'écoute avec attention la discussion entre Passy et lui sur l'existence des services secrets. De cette discussion une évidence ressort : la meilleure argumentation (ou celle qui est la plus juste ou la plus logique) n'est pas celle de la meilleure raison. Avec un brio extrême, Cot lance dans la conversation les inquiétudes démocratiques que peuvent éprouver les gouvernements alliés devant cette méfiance de la France instituant un service secret, alors qu'elle n'en a jamais eu. Malgré les arguments, la rigueur de cette démonstration ne peut cacher l'extrême pauvreté de son départ qui est une [*illis.*] a priori contre notre service.

28 juillet 1945

Le procès Pétain est en vedette. Mal posé car deux mille hommes qui ont eu raison ne peuvent l'emporter devant les tribunaux face à quarante millions qui ont eu tort. Le procès Pétain, ce n'est pas le procès de l'armistice, car celui-ci, seul de Gaulle pouvait le faire. C'est le procès de novembre 1942 où la trahison est caractérisée.

14 août 1945

Ce procès Pétain, quelle pièce de théâtre extraordinaire ! On pourra en [*parler*] dans quelques années : cette assemblée de vieillards qui se poussent dans la tombe, ces journalistes indifférents, ces étrangers sympathisants, les avocats hostiles au procès, par-dessus tout, ce Paris indifférent – et cet homme sans un mot, étranger à ce qui se passe.

ANNEXES

1

RAPPORT ALAIN[1]

Dans sa souffrance et dans sa lutte, le peuple français a le sentiment d'être abandonné. Révolté par l'exploitation de son vainqueur, découragé par le bluff des Alliés, déçu par l'expérience d'Alger, il reporte vers le général de Gaulle l'ultime espoir de son attente.

La vie du pays se déroule à huis clos. Malgré cette réclusion forcée, jamais les esprits n'ont tant attendu de l'extérieur. Au-delà du désespoir, ce sont encore les Russes, les Anglais, les Américains qui signifient « Libération ».

L'absence d'expression des [*un mot effacé*] et des sentiments a redonné à chacun une individualité de penser et de sentir. Cependant, de grands courants d'opinion se font jour. À travers l'extrême désarroi des esprits et des cœurs, nous avons interrogé la diversité française, essayant dans les pages qui suivent de saisir une présence de la France.

Les temps sont proches. Si les Français n'ont pas encore pris conscience de ce qu'ils désirent, ils savent très exactement ce qu'ils ne veulent pas. Malgré l'incertitude de l'avenir, les différences et les querelles, ils s'unissent contre

1. Une date manuscrite figure tout en haut de la feuille, mais a été en partie coupée. On devine 10 (ou éventuellement 16 ou 18) mai 1944. Il est probable que le rapport a été écrit pendant le séjour en Espagne. (Voir *supra* « Pages des carnets intimes, 23 mars 1944, p. 250.) Ce texte de Daniel Cordier est moins un rapport de fin de mission au sens strict qu'un panorama de l'état de l'opinion française. Malheureusement la partie supérieure de la p. 6 du rapport est endommagée et présente quelques lacunes (voir *infra*, p. 281).

l'oppresseur. 90 % des Français veulent chasser l'Allemand. C'est tout.

Mars 1944 – Voici un an et demi que la France est entièrement occupée par les troupes allemandes. Si cet événement a rendu plus compréhensive une partie de la zone Sud, l'unification des esprits autour d'un but commun de lutte n'est pas encore accomplie. L'action conserve une physionomie beaucoup plus politique en zone Sud qu'en zone occupée où, dès le premier moment, le combat a été exclusivement placé sur le terrain de l'opposition à l'envahisseur.

Le ravitaillement reste l'axe des préoccupations françaises, l'élément moteur des activités sous-alimentées. On peut dire que, par sa permanence, ce problème, qui chaque jour se pose avec les mêmes difficultés, laisse loin derrière lui les décisions avec les enthousiasmes passagers causés par l'actualité internationale[1].

Situation politique intérieure – Vichy – Pour l'ensemble du pays, le gouvernement de Vichy n'a plus qu'une existence nominale. Mis à part la fidélité de quelques vieux artisans, de maires ou de la clientèle du nouveau régime, le Maréchal n'est plus considéré que comme une figure du passé, dont les créateurs ne se donnent même pas la peine de soutenir leur [*sic*] popularité. Laval, qui est arrivé au maximum d'impopularité, s'abrite derrière Darnand qui lui sert de repoussoir. La politique de Laval est de conserver le pouvoir le plus longtemps possible. Il espère qu'un renforcement d'alliance [*sic*] à la faveur d'un ratage du Débarquement pourrait le sauver. Un pacte germano-américain pour lutter contre le Bolchevisme est envisagé comme une chance de salut par l'ensemble des personnalités compromises depuis trois ans.

1. Une partie de la phrase a été corrigée à la main sur la dactylographie. Quelqu'un a ajouté un point d'interrogation dans la marge.

Excepté les têtes de l'Administration, qui sont encore attachées au régime, l'ensemble des fonctionnaires est gaulliste.

Collaboration – Il ne faut pas confondre collaborateurs et profiteurs de la défaite. On compte parmi les premiers des intellectuels, des écrivains, des hommes politiques dont on peut penser qu'ils furent sincèrement attachés à une réconciliation franco-allemande. Les seconds ne comptent que des gens sans idéal : gros industriels, commerçants, trafiquants du marché noir. Il y a loin de Céline à Renault. Il est à remarquer que les industriels sont assez tranquilles sur la tournure que vont prendre les événements, car ils comptent beaucoup, pour les sauver, sur leurs attaches avec les capitalistes anglo-américains ; estimant que n'importe quel gouvernement ne peut se passer de leur appui.

Contre – Nous plaçons dans ce paragraphe les Français qui, par ce que nous considérons comme une erreur, s'intitulent « gaullistes ». Propriétaires mal payés par la réquisition, parents dont les enfants sont réclamés par le STO, familles de prisonniers et en général tous ceux qui ont subi une vexation de la part de Vichy ou des Allemands. Ils forment une masse amorphe, indécise, que l'on pourrait appeler les sympathisants magma, dans laquelle vient [*sic*] se fondre certains éléments qui, au lendemain de la défaite, avaient pris sans éclat position pour Vichy (il ne faut pas oublier qu'en juin 1940, Pétain a été publicité [*sic*] par 80 % de la population au moins – tel journal ou tel mouvement clandestin était à l'origine anti-allemand mais pro-Vichy[1]).

Cette masse constituée par plus de la moitié de la population est nerveuse, inconsistante. C'est elle que l'on trouve dans notre histoire toujours prête à favoriser le mouve-

1. Dans la marge, quelqu'un a écrit : « pourquoi ? comment ? ».

ment qui lui promet l'ordre et le maintien de la rente. Elle est assez bien caractérisée par le bourgeois qui écoute Schumann contre les Allemands, mais Henriot contre le Bolchevisme.

La Résistance – Il importe de distinguer le militant et le gaulliste. J'entends par militant celui qui exprime sa pensée par des actes : impression, diffusion de journaux clandestins, maquisards, saboteurs, etc. Nous avons là une minorité active magnifique de dévouement, capable pour la cause des plus purs sacrifices. On trouvera dans les prisons les meilleurs.

Combattants de la première heure, sans étiquette de parti ou de mouvement, ils suivent le Général jusqu'au bout de sa lutte pour la Libération. Les événements de la politique extérieure, Londres ou Alger, Netuno ou Stalingrad, influent peu sur leur conduite qu'ils conservent la même depuis le début de l'Occupation. « Tout contre les Boches. »

Le gaulliste est celui qui attend le dernier quart d'heure pour se déclarer. On ne peut douter de ses sentiments qu'il vous confie en grand secret, mais sa position, sa situation sociale l'empêchent de se manifester. Il écoute chaque soir la BBC. Le gaulliste est un partisan politique. Souvent, il a d'abord été contre Vichy avant d'être contre les Allemands.

*

Depuis six mois, environ, la cote de la Résistance est en baisse auprès des Français. Certaines raisons sont fondamentales, d'autres passagères.

Absence d'une doctrine de lutte. Elle n'a jamais été formulée (ou, si elle l'a été, les résistants n'en ont pas eu connaissance). Ne pas oublier que pour agir, le Français a besoin de comprendre la portée de son acte.

La Résistance ne peut être passive. La Résistance dynamique à la manière yougoslave progresse. Celle statique à la manière française est appelée à la longue à s'effriter et à disparaître (il ne faut pas s'arrêter aux sabotages et aux attentats divers effectués en France qui sont le fait, nous le soulignons, d'un nombre extrêmement restreint d'individus).

L'absence d'un chef qualifié possédant le sens de l'action clandestine, des besoins, des désirs, capable de s'imposer dans les débats qui divisent journellement les partis ou les mouvements, capable non de temporiser mais d'arbitrer, de ramener toujours le débat à sa véritable position : « faire la guerre ».

L'inaction des Alliés qui, depuis des mois, promettent un débarquement dont l'attente est déçue chaque mois. Un sentiment nouveau s'est développé depuis l'échec des troupes en Italie et la répression qui a suivi : la crainte de la force allemande, la peur d'un échec qui causerait une inutile effusion de sang. Actuellement, la répression milicienne sur tout le territoire, la répression allemande en Savoie, dans le Massif central font réfléchir les gens sur ce qui se passera le jour du Débarquement. Le sommet de la Résistance a été la formation des maquis. L'écho constitué par l'absence d'ordre, de vivres, le manque d'organisation suivant un plan étudié, la différence, parfois même l'opposition des directives données par la Résistance métropolitaine et la radio anglaise ont fait naître un doute dans les esprits en leur découvrant l'absence d'une direction énergique, de détermination prudente qu'une telle entreprise aurait demandées. Si la Résistance a une cote assez basse (et en baisse), c'est qu'en toutes les grandes circonstances, on peut dire qu'elle s'est laissé devancer dans l'attitude à conserver par les simples réflexes de l'opinion et qu'elle s'est souvent laissé [*un mot manquant*] dans la canalisation de ses élans[1].

Nous ne pensons pas qu'il soit prématuré de dire que par l'effet des préoccupations politiques qui, chaque jour davantage, prennent le pas au sein des mouvements sur le souci de la lutte armée, la Résistance s'est aliénée un nombre considérable de bonnes volontés prêtes à servir l'heure de la Libération [*sic*]. Ces préoccupations sont tellement évidentes qu'un journal de la Résistance a pu écrire dès septembre 1943 : « Un grave danger menace la Résistance française, c'est de dégénérer en une opération politique » (Indomitus *D*[*éfense*] *de la F*[*rance*], n° 38).

Sous l'emprise d'un état d'esprit néfaste, la Résistance a une tendance à se fonctionnariser, c'est-à-dire qu'aux échelons successifs d'une hiérarchie bien comprise, on ne trouve [*sic*] le goût de cette initiative qui a permis la création de ces admirables organisations souterraines. Chacun considère à travers le poste qu'il occupe les possibilités qui s'offrent à lui pour occuper dans l'administration de demain un poste égal ou supérieur. Cet état d'esprit tient en partie à l'absence de plus en plus cruelle des pionniers, de ceux qui ont dressé la première barricade. Les remplaçants de ceux qui sont déjà tombés dans la première bataille sont forcément moins purs, moins désintéressés que ceux qui, spontanément, s'étaient dressés sans rien attendre de leur geste que la satisfaction morale d'une action juste, accomplie.

Le désir de la population à un retour à la vie normale, tranquille [*sic*] se fait sentir dans sa réprobation de la vague d'attentats qui sévit de plus en plus violemment. Crainte que les troupes de débarquement n'arrivent pas à maîtriser les éléments patriotes que la presse et la radio de Vichy assimilent aux bandits et aux terroristes étrangers.

1. Ici, une croix et un point d'interrogation ont été écrits dans la marge.

Enfin, il semble naître dans la population une crainte que la Résistance se transforme en « Partis » susceptibles de renouer une tradition du « bon plaisir » en répandant sans contrôle les faveurs et les exclusions.

*

Partis politiques – Les anciens partis ne correspondent plus à la configuration politique du pays. Les troupes sont dispersées et pratiquement aucune communication n'existe entre les bureaux et les adhérents. Nous faisons toutefois une exception pour les communistes. Le Parti socialiste tente un vaste regroupement des forces depuis les chrétiens jusqu'aux communistes. Cependant l'homogénéité fait défaut malgré la volonté de reprendre la prépondérance de leurs cent soixante-dix sièges.

Les autres partis ne correspondent à aucune réalité vivante à l'intérieur du pays.

Les communistes – On peut noter pour l'ensemble de la population un classement sensible de l'élément conservateur et stable vers une attitude révolutionnaire de gauche.

La phrase : « Je ne suis pas communiste, mais si j'avais à choisir, c'est chez eux que j'irais », est souvent énoncée par des personnes venant des horizons politiques les plus divers. Plusieurs explications peuvent être données à cette attitude. Au premier plan, la victoire russe, qui a été accompagnée de modifications constitutionnelles sensibles. Ensuite, une bonne organisation, la stricte discipline, l'activité courageuse des F[rancs-]T[ireurs et] P[artisans], heureusement exploitée par une adroite propagande. Enfin et surtout, la création du F[ront] N[ational], qui correspond vraiment à une attente de tous ces Français de milieux sociaux, intellectuels, politiques, religieux différents, mais qui aspirent à une union nécessaire dans le danger couru par notre pays. Ce mouvement a répondu au désir de cette majorité d'esprits indépendants à la recherche de la plus large entente entre les hommes.

La création de comités spécialisés a répondu au besoin de faire une œuvre utile pour le bien commun, hors de cadres partisans.

Les Juifs – Après l'armistice, la persécution des Juifs a provoqué par son excès même une attitude favorable de la population, devenue dans son ensemble philosémite. Puis l'émigration sur la Côte d'Azur, le marché noir éhonté, le manque de tact dans les dépenses, la morgue et l'insolence retrouvées, la présence à Londres et Alger de personnalités marquées d'avant-guerre, une propagande habilement menée, tout a tendu à donner une attitude hostile à la population. Surtout la crainte que cette période de brimade fera [*sic*] naître un besoin de revanche.

On peut dire que, pour les Français, le problème juif se pose pour la première fois. Trois ans d'Occupation ont accompli ce que cinquante ans de propagande antisémite n'avaient pas réussi : la présence dans les esprits du problème juif. Devant cette attitude nouvelle, nous reprendrons le mot d'un de nos amis : « le véritable antisémitisme va naître ».

Les Alsaciens – Le problème alsacien se retrouvera, après les hostilités, sensiblement ce qu'il était après 1918. Le sentiment que nous les avons délaissés a donné aux Alsaciens un goût plus vif d'indépendance. Un fait qu'il serait intéressant de noter : les jeunes ne passent plus la frontière pour chercher un refuge en France, car beaucoup furent livrés aux autorités allemandes.

Alger – La prépondérance sur Radio Alger [*sic*] est une des raisons pour lesquelles le public est très mal informé de ce qui se passe en Afrique du Nord. D'autant plus mal que la propagande allemande brouillant les nouvelles à plaisir représente aux yeux des Français l'Afrique du Nord comme un vaste champ d'entraînement à la répression communiste et aux débordements anglo-américains.

Quelle est l'attitude des Français à l'égard d'Alger ?

Chez les militants gaullistes, jeunes et vieux, un attachement et une admiration très ferme vis-à-vis du général de Gaulle, avec toutefois le regret unanime qu'il n'ait pas codifié ce que contenait en puissance son geste d'honnêteté et de fierté de juin 1940, refus de l'esclavage. Regret d'autant plus vif qu'il a été exploité par la division des mouvements.

Une grande déception est née par la création de l'Assemblée consultative. Les Français ne voient qu'un retour offensif des mœurs parlementaires. Le choix des hommes ne satisfait personne. Dans les mouvements de Résistance, on estime que ces désignations arbitraires ne correspondent pas à ce que désire l'ensemble. Pour les anciens hommes politiques, les militants de partis trouvent que les hommes envoyés à l'Assemblée ne représentent plus la volonté des groupes.

Si le choix d'hommes nouveaux comme d'Astier, de Menthon, Massigli, Frenay, a été favorablement accueilli, on peut dire que les noms de Cot, Mendès France, Queuille, etc. sont unanimement réprouvés (excepté un petit clan de vieux partisans favorables au retour des anciennes formules dans leur intégrité).

Si la lenteur du procès Pucheu avait indisposé nombre de gens, la sanction finale a été fort bien accueillie. Toutefois, s'il est indispensable de châtier rapidement et sévèrement les têtes, on ne doit pas oublier que la France est à l'heure actuelle couverte de prisons et de camps de concentration. Ça ne représenterait rien de les vider pour les remplir. La justice et le châtiment des gros, l'amnistie des petits est la base de toute restauration[1].

1. Un point d'interrogation a été porté dans la marge en face de la dernière phrase.

Vis-à-vis d'Alger, le sentiment général est que les problèmes de la France intéressent peu la capitale africaine. On ne sent aucun lien entre la métropole et l'Afrique. Ceci est un malentendu fâcheux.

Anglais – En 1942, les Anglais étaient les libérateurs. Déjà le veau gras était prématurément sacrifié. Les mois ont passé, et deux années. Le fameux Débarquement a été continuellement remis. L'espoir a fait place à la résignation, l'abattement à la crainte.

Les Français se rendent assez bien compte de la difficulté d'une telle opération et n'en veulent pas aux Alliés d'ajourner une opération qui, réussie à deux mois de distance, peut épargner la vie de 500 000 hommes. Mais un courant de rancœur s'est formé devant les continuels appels aux armes, l'encouragement à la Résistance, que chacun s'efforce d'accomplir au péril de ses biens, de sa famille, de sa vie, mais qui n'est appuyé [*sic*] par aucune aide efficace. Le quasi-échec de maquis est significatif sur ce point de la rancune de quelques milliers de jeunes lancés dans cette aventure sans issue, et comme à la légère. La propagande allemande obtient son maximum d'efficacité quand elle souligne la légèreté des speakers de la BBC.

Qu'on ne s'y trompe pas. Dans les premières semaines du Débarquement la joie sera profonde certes, la perspective d'une vie sans danger, d'un ravitaillement amélioré, d'un confort partiellement retrouvé, participera [*sic*] à cette joie. Ce n'est là qu'un remous de surface, une partie de l'opinion a retrouvé son anglophobie primitive.

L'occupation étrangère a appris au Français la valeur de son existence communitaire [*sic*]. Un sentiment que l'on pourrait presque qualifier de nationaliste s'est fait jour dans l'esprit de la plupart. Les Français attendent des libérateurs, ils ne supporteront pas des conquérants.

Américains – Les sentiments vis-à-vis des Américains sont légèrement différents. L'éloignement de l'Amérique rend moins sensible la présence d'une sympathie naturelle. Lafayette et Pershing sont encore présents dans tous les esprits. [*Quelques mots effacés*] opérations en Italie : manifestation de l'impuissance [*une demi-ligne effacée*] peu à peu à inclure les Américains dans les représailles envers les Anglais. Cependant les Américains gardent pour eux le prestige des hommes qui ont derrière eux les ressources quasi inépuisables d'une économie [*quelques mots effacés*] à l'Europe une impulsion industrielle et commerciale.

Russes – Les Français préféreront des hommes qui savent se battre à ceux qui [*une demi-ligne effacée*] des Russes auprès de [*une ligne effacée*] et cela à celui des communistes. D'abord la découverte des [*quelques mots effacés*] : absence d'armée, d'industrie, révolution en cas de guerre, suppression des élites. Le peuple n'a pas encore pris entièrement conscience de cette révolution, il en est au stade de [*un ou deux mots effacés*] devant l'étendue de ce qu'on lui avait caché : sa sympathie toute [*un mot effacé*] va vers les Russes qui ont pu se défendre avec un tel acharnement. [*Quelques mots effacés*] est fonction aussi du piétinement des Alliés.

Il est curieux de noter l'attitude des Russes blancs qui ont oublié les tortures de leurs proches et qui sont de tout cœur avec leurs frères de race.

Allemands – Derrière l'Allemand en uniforme, tous les Français ont enfin reconnu la présence de la Gestapo. Chacun possède un proche, parent ou ami, dans les camps ou les prisons de la police allemande. Les arrestations plus massives chaque jour, la futilité ou l'absence de motif permettant l'incarcération donnent une impression d'insécurité qui a créé un malaise permanent parmi la population : personne ne se sent plus à l'abri. Pourtant, la courtoisie de l'occupant est restée la même. Mais beaucoup de Français, dans l'humiliation et la douleur de leur défaite, peuvent dire comme un de mes amis : « Je ne les vois pas. »

Pour le problème allemand d'après-guerre, les idées ne sont pas très nettes, mais chacun espère un châtiment très rude.

Les Milieux :

Les cloisonnements adoptés dans ce rapport ont l'inconvénient de systématiser les points de vue, partant, de les déformer. Pour animer à nouveau l'ensemble et lui redonner les couleurs des nuances de la vie, nous avons repris l'étude sous un angle différent, au lieu de considérer les compartiments idéologiques de la vie française, nous avons examiné succinctement la réaction des milieux sociaux.

Capitalistes – Les industriels s'excusent de collaborer par cette échappatoire : « il faut bien donner du travail aux ouvriers ». Ils sont restés longtemps attentistes, puis voyant les Allemands reculer un peu partout, surtout après la chute de l'Afrique du Nord (première manifestation de la présence des Alliés depuis juin 1940), un revirement s'est produit et des propositions de fonds ont été faites pour les maquis. Même, des versements ont été effectués, mais la plupart se sont arrêtés à mesure que nous allions vers une paix de compromis.

Ouvriers – Dans les villes, le moral est bon, dans les petits centres, moins. L'ensemble est porté sur la gauche pour les raisons que nous avons indiquées au chapitre précédent sous la rubrique « Communistes ».

Paysans – Ils représentent la classe de la société qui a été la moins affectée par la défaite. Au contraire, l'attention s'est portée sur eux, qui détenaient la puissance

sens moral dont font preuve les précoces mercantis de nos villes. Ce n'est pourtant pas dans le groupe des jeunes livrés à eux-mêmes à l'école, à la faculté, aux champs ou à l'usine que l'inquiétude peut s'accrocher. Une sévérité justement appliquée pourra remettre les esprits d'aplomb.

Un souci plus grave existe. Celui causé par l'avenir de ceux-là mêmes qui, oubliant par devoir leurs divertissements ou leurs travaux, se sont manifestés des hommes par leurs vertus de courage et parfois d'héroïsme. Qu'on ne s'y trompe pas, là est le véritable danger.

Dans quelques mois, quel échelon de la hiérarchie française va-t-on demander à ces jeunes de réintégrer ? Le problème est manifestement du combattant [*sic*] de [19]18 qui, en retirant son uniforme, redevenait sans avoir trop changé un médiocre ou un subtil. Ici, il n'y a pas d'uniforme. Et les jeunes de 18 à 25 ans qui ont ajusté leur vie ordinaire à cette existence tumultueuse, dont les poches sont pleines d'explosifs, les mains armées de mitraillettes, le cœur rempli d'audace, l'esprit prêt au suprême sacrifice, il sera peut-être difficile de leur [*faire*] abandonner tout cela, simplement parce que tous les hommes ont eu assez de la guerre. Ces dangereux jouets, ils les rapporteront à la maison ; à celui qui a tué, fait dérailler les convois, saboté une usine, distribué des tracts, transporté des armes ou des documents, à ceux qui, deux ou trois ans durant, auront vécu dans l'atmosphère enivrante et désespérée de la révolte, de la lutte souterraine (avec pour compensation une certaine facilité de la vie matérielle) pourra-t-on imposer de reprendre sagement cahiers et livres, salopettes pleines de cambouis ou l'ingrat labeur de la terre ? Alors ?

Alors, le gouvernement va se trouver en face de quelques milliers de jeunes hommes ardents et décidés, dont le climat nécessaire est l'aventure ; absolument inadaptés aux travaux sans gloire de la paix.

Après le sacrifice jusqu'à la prison et la torture endurées

au milieu d'une indifférence, d'un laisser-aller presque général, les leçons de morale civique et bourgeoise seront difficilement acceptées par des cœurs trop généreux. Ce sont eux, pourtant, le meilleur de la jeunesse française.

Quelle que soit la solution apportée, cette question, plus délicate parmi tant d'autres urgentes, doit être examinée avec soin.

Ceux qui ont aimé la France plus que tout ne doivent pas en devenir les réprouvés.

Ne transformons pas nos héros en parias.

II. Refaire la France avec les Français

Après quatre ans, les Français divisés vont avoir à reprendre en commun leur vie sociale. Si l'on pense à l'écartèlement de la vie française, les familles dispersées, les affections brisées, les situations anéanties, à des fortunes scandaleusement édifiées, la souffrance des uns, les prisons, les camps de concentration, les déportations, les bombardements, la torture, la lâcheté, l'héroïsme, si l'on songe aux mois écoulés sur tout cela, à la haine, à la révolte, au désir de vengeance, aux Français de zone Nord, à ceux de la zone Sud, aux Alsaciens, aux prisonniers militaires, aux travailleurs en Allemagne, aux légionnaires antibolchevistes, aux combattants de Londres, aux ralliés d'Alger, on peut penser que les Français à nouveau rassemblés se retrouveront étonnés devant la tâche qui leur fut pourtant familière de travailler ensemble.

On ne relève pas un pays abattu par les épreuves les plus imprévues à coups de décrets-lois, la générosité aura une aussi généreuse part que la compétence.

Certes, avant tout, il faudra essayer la justice. Qu'elle nous fasse grâce des lenteurs, des maquignonnages. Ceux des Français qui ont revendiqué, en 1940, le lourd devoir de guider un peuple et qu'il a [*sic*] conduit vers l'esclavage, devront payer sans délai leur trahison.

Ceux des Français qui ont profité des malheurs de la communauté pour s'enrichir scandaleusement, côtoyant sans honte des misères depuis si longtemps oubliées, devront être châtiés impitoyablement. Mais, après les exemples nécessaires, indispensables, une amnistie très large doit être accordée. Pour ceux qui se sentiraient lésés dans leurs vengeances, il faudra expliquer : on ne rassemble pas les hommes avec la haine, on ne retrouve pas un peuple en maintenant des divisions.

La trahison politique, celle de l'argent doivent recevoir les sanctions exemplaires de la mort. Encore une fois, nous disons : les chefs de file doivent payer. N'allons pas commettre l'erreur terrible de recommencer une nouvelle et dérisoire « saison des juges ».

Nous avons souffert, nous avons combattu contre l'oppression, la délation, le mensonge, pour la liberté, l'honneur du peuple. Notre premier et douloureux devoir sera sans doute cette amnistie envers les inconnus qui nous ont fait tant de mal, que ce soit notre don pour la réconciliation des Français. Des tâches plus rudes que le châtiment attendent nos efforts.

Parachevant sur le territoire métropolitain le geste inoubliable du général de Gaulle, la Résistance lui a donné son expression populaire. Si il est utile, dans l'intérêt du pays, de chercher dans les rangs des combattants les hommes que l'épreuve de la lutte a durcis et sélectionnés, il ne faut pas que le titre de Résistance soit un passe-droit pour supplanter dans n'importe quel poste la compétence technique. Les deux ordres sont différents. Une des causes de l'échec de Vichy relève de cette confusion. Profitons de cette erreur.

Au retour d'une mission de vingt mois en France, nous pouvons affirmer que le pays, dans une majorité importante, reporte tous ses espoirs dans celui de ses chefs qui, à un moment redoutable de son histoire, a eu pour tout un peuple le courage de refuser l'esclavage : le général de

Gaulle. Malgré l'expérience d'Alger, dont bien des actes ont déçu, cette confiance reste entière.

Il faut pourtant se souvenir que le pays a besoin d'un maître, non d'un chef de parti.

La Résistance à l'honneur – mais il y a : la France.

2

INTERROGATOIRE PAR LES SERVICES SECRETS BRITANNIQUES

INTERROGATOIRE D'ALAIN / BIP W / PATRICE / BENJAMIN / MACKEREL / MINOR / DANDINIER

(véritable identité : Dominique Cordier)[1]

15 mai 1944

1. Introduction

La source [*Cordier*] est arrivée en France le 25 juillet 1942. Il l'a quittée le 21 mars 1944, ayant quitté Paris le 17, et est arrivé au Royaume-Uni via l'Espagne le 9 mai.

2. Travail pour Rex[2]

(a) Lyon

Il est arrivé à Lyon début d'août 1942 et a immédiatement pris en charge l'organisation du secrétariat de Rex.

1. Il s'agit de la liste des pseudonymes de Daniel Cordier connus du SOE. L'erreur sur son prénom se retrouve dans d'autres documents plus anciens du SOE. Dominique est son second prénom.

2. Jean Moulin.

Il a exercé les fonctions de secrétaire de Rex jusqu'au 1er avril 1943.

(b) Paris

À cette époque, Rex passait la moitié du mois à Lyon et l'autre à Paris, et le 1er avril 1943, la source est allée à Paris pour y organiser son secrétariat.

Le secrétariat de Lyon a été pris en charge par Ludovic / Marc / Grammont (véritable identité : De Graaf[1]) pendant deux mois et demi, puis par Jourdain / Le Maraicher[2]. Jourdain a, depuis, remplacé la source à Paris.

(c) Arrestation de Rex

La source était à Paris lorsque Rex fut arrêté durant la dernière semaine de juin 1943.

Il y a eu beaucoup de rapports différents sur le sort de Rex, mais la source, qui était son secrétaire et son ami et a fait toutes les recherches possibles à son sujet, affirme qu'il n'y a aucune base solide à tous ces rapports, à une exception près : les Allemands ont un jour convoqué la sœur de Rex et lui ont dit qu'il était mort d'une insuffisance cardiaque.

3. *Le secrétariat de Sophie*[3]

La source a continué de gérer le bureau de Paris dont Sophie a pris la direction.

1. Sur le document a été portée une mention manuscrite en anglais : « Louis De Graaf, né le 8 septembre 1888 à Paris, arrêté le 28 octobre 1943 et mort, membre du réseau Frédéric. » Il s'agit d'une confusion avec son fils, Antoine De Graaff qui a succédé à Daniel Cordier au secrétariat de zone Sud. Agent de change, Louis De Graaff conservait les fonds reçus d'Angleterre par Jean Moulin.

2. Pierre Lambert.

3. Claude Bouchinet-Serreulles.

(a) Descente de la Gestapo au bureau de Sophie – 24-25 septembre 1943

Le bureau était au premier étage d'un immeuble à l'angle sud-ouest de la rue de la Pompe et de la rue de Longchamp ; l'entrée principale de l'immeuble, avec concierge, était rue de Longchamp, avec une entrée latérale de service rue de la Pompe. L'équipe du secrétariat utilisait cette entrée latérale.

Cette entrée avait deux portes, la première sur la rue, la seconde ouvrant sur l'escalier menant au premier étage.

Dans la matinée du 25 septembre, la source arriva comme d'habitude vers neuf heures. Comme d'habitude, il regarda autour de lui avant d'entrer dans l'immeuble, mais ne vit rien. Il appuya sur le bouton de la porte donnant sur la rue, entra et appuya sur le second bouton. Il guetta le bruit habituel de roues en bois sur le plancher au-dessus, qui voulait dire que sa secrétaire, qui arrivait toujours avant lui, se levait de son siège pour aller lui ouvrir. Mais ce matin-là, il n'y eut aucun bruit.

Il retourna dans la rue et, cette fois, vit, à l'angle Nord-Est du carrefour, une voiture gris acier de la Gestapo, marquée « Pol ». Elle était vide, hormis le chauffeur. Peut-être la voiture était-elle déjà là à son arrivée, mais il ne l'avait pas remarquée.

Il se rendit immédiatement dans un café un peu plus haut dans la rue et téléphona au bureau pour voir si Sophie était là, mais il n'y eut pas de réponse. En quittant le café, il aperçu quelqu'un en bleu, qu'il pensa être Nard[1], poussé dans l'immeuble par un homme grand et manifestement tiré à l'intérieur par quelqu'un. Les gens, dans la rue, regardaient avec curiosité, mais la porte de l'immeuble se referma.

Pendant deux heures, la source erra dans Paris pour brouiller ses traces au cas où il aurait été suivi.

1. Pierre Pery.

En dehors de Nard, les autres membres du secrétariat arrêtés furent Mado, la secrétaire de la source, et son courrier, Germain[1]. Violaine (véritable identité : comtesse d'Alincourt) avait été arrêtée la nuit précédente.

(b) Causes de la descente et des arrestations

Sophie a écrit un rapport sur les arrestations – avec lequel la source est d'accord –, dans lequel il les attribuait à l'arrestation de Masséna (Hussard[2]). Personne n'a jamais eu d'informations certaines sur les raisons de l'arrestation de Masséna, mais la source pense qu'il était déjà démasqué à son arrivée en France, peu auparavant.

La source est tout à fait certaine que Sophie n'a jamais été suivi, ni à ce moment ni par la suite. S'il l'avait été, il y aurait certainement eu des arrestations sur une grande échelle puisque, lorsque Sophie assista à une réunion du Conseil de la Résistance, les Allemands auraient pu arrêter dix-huit personnes d'un coup.

(c) Conséquences

Les Allemands n'ont rien pris d'important dans le bureau de Sophie. Les codes étaient sous la responsabilité de Ted[3] dont le bureau était ailleurs.

Il n'y a pas eu de nouvelles de Nard qui avait été emmené à Fresnes. Beaucoup des prisonniers de Fresnes sont parvenus à faire passer des messages dans leur linge à laver, mais Nard ne l'a jamais fait.

(d) Déménagement du bureau

Dès que la source parvint à reprendre contact avec Sophie, il recruta une nouvelle secrétaire et des courriers et installa un nouveau bureau près de Convention. Ce

1. Laure Diebold et Hugues Limonti.

2. Pierre Marchal. Voir DGSS. Affaire de la rue de la Pompe. Rapport de Sophie, Londres, 14 mars 1944 (Archives nationales, 72AJ2320).

3. Georges Lecot, envoyé en France par le BCRA en mai 1943 pour prendre en charge les liaisons radio de la Délégation en zone Nord.

bureau existe toujours, mais seulement comme trésorerie, et c'est le seul bureau dont l'emplacement n'ait pas été changé par Cléante[1].

Quand la source a quitté la France, il a transmis tous ses mots de passe et tous ses contacts à Jourdain. Il ne l'avait jamais rencontré auparavant, bien qu'ils aient correspondu pendant six mois.

4. Travail du secrétariat

(a) Travail de la source

La source travaillait de quatorze à seize heures par jour, deux ou trois de ces heures étant consacrées à voyager en *métro*[2]. Le travail de la Résistance est très lent et chaque agent passe trois ou quatre heures par jour à établir ses contacts. Un saboteur n'est peut-être pas aussi occupé, car il a moins de contacts à établir.

(b) Liaisons

La liaison avec les opérateurs radio se faisait surtout par *boîtes aux lettres*[3] et par courriers avec les autres membres de l'organisation.

Les messages étaient envoyés *en clair*[4] à la section de codage, qui les codait et les transmettait aux opérateurs. La source prit un opérateur avec lui lorsqu'il passa de *zone Sud* en *zone Nord*[5], mais pendant longtemps, il n'y avait pas eu d'opérateur satisfaisant en *zone Nord*. Latin[6] était nominalement en charge des opérateurs, mais ne venait jamais en *zone Nord*. Il demanda à la source de s'y remettre. Mais la source avait déjà trop à faire et en

1. Jacques Bingen.
2. En français dans le texte.
3. En français dans le texte.
4. En français dans le texte.
5. En français dans le texte.
6. Jean Fleury.

conséquence, envoyait les messages les moins urgents en *zone Sud* qui était mieux pourvue.

(c) *Rendez-vous*[1]

La source déclare qu'ils avaient depuis longtemps cessé de faire des réunions dans des cafés, parce que c'était trop dangereux.

5. Autres personnalités

(a) Lenormand[2]

La source a entendu dire qu'il avait été tué, mais n'a pas d'information précise à ce sujet.

(b) Shelley

La source n'a pas d'information sur l'arrestation de Shelley[3] ou sur les circonstances qui l'ont amenée, parce qu'il a quitté la France le lendemain de l'arrivée de Shelley.

(c) Jacky

La source sait que Jacky[4] a été arrêté en juillet 1943 et que des éléments ont été trouvés chez lui. Des rapports circulaient qui disaient que Jacky avait été vu dans les rues de Lyon en compagnie de la Gestapo, mais personne ne pouvait dire qui l'aurait réellement vu.

À cet égard, la source déclara qu'il était très dangereux de prendre au pied de la lettre de tels rapports puisqu'ils ne peuvent être soumis à un examen plus approfondi.

1. En français dans le texte.

2. Roger Coquoin, représentant Ceux de la Libération au CNR, arrêté et tué le 29 décembre 1943.

3. Note manuscrite : « + Yeo Thomas ». Arrêté en France le 21 mars 1944.

4. André Montaut.

6. Sécurité

(a) Couverture

À son arrivée sur le terrain, la couverture de la source était voyageur de commerce. Il a cependant décidé de se présenter comme journaliste, sa vraie profession, ce qui facilitait ses déplacements et signifiait qu'il n'était pas tout le temps en train de jouer un rôle.

Pour travailler depuis un village ou un bourg, un agent doit être originaire de la région, malgré tout, il est extrêmement difficile de travailler à la campagne, puisque les opinions politiques de chacun sont connues de tous.

(b) Adresses

La source souligne l'extrême importance de posséder deux adresses. Il est impossible de ne pas détenir des documents compromettants là où on vit et, de ce fait, un agent doit avoir une deuxième adresse, où il garde seulement quelques vêtements et qu'il peut donner sans risque s'il est arrêté.

Il est très difficile de trouver à Paris un endroit pour vivre car les Allemands réquisitionnent un grand nombre d'immeubles et parce que la ville est déjà surpeuplée de réfugiés ; mais cela vaut la peine de consacrer quelques semaines, ou même deux mois, à trouver une seconde adresse. À ce sujet, il est important d'entretenir des relations amicales avec des concierges, de façon à pouvoir prendre possession d'un appartement vide à l'instant où il se libère, car tous les logements vacants doivent être déclarés aux Allemands.

Si cette règle des deux adresses avait été promue, on aurait évité beaucoup de désastres. Si un agent est pris avec des papiers compromettants, il lui est souvent possible de s'en débarrasser entre l'arrestation et l'interrogatoire et, si la Gestapo fouille son domicile et ne trouve rien que des vêtements ordinaires, il sera probablement libéré aussitôt.

(c) Tenir sur le terrain

En changeant d'apparence et de région, il est possible de tenir jusqu'à quatre ans sur le terrain sans être brûlé, mais un agent ne peut pas effectuer un travail de premier plan plus de six mois : la pression est trop forte.

La source considère que sa propre sauvegarde sur une période de presque deux ans est due plus à la chance qu'à quoi que ce soit d'autre. Ses papiers d'identité n'ont été contrôlés qu'à deux reprises durant tout ce temps passé sur le terrain ; les deux fois sur l'ancienne ligne de démarcation et la première fois fut le jour de son arrivée. D'un autre côté, tout agent, même prudent, peut être pris dans une rafle peu après son arrivée en France et c'est entièrement une question de chance.

L'incident de septembre est la seule fois où la source a eu des ennuis. Le rapport ultérieur mentionnant son arrestation n'a pas de fondement[1].

7. *Informations générales*

(a) Milice

Certains miliciens sont d'anciens criminels, mais la plupart sont de jeunes fanatiques tout à fait sincères. Ce qui, bien sûr, n'est pas le cas de Darnand.

Lyon est très dangereuse du point de vue Milice, mais jusqu'à présent, Paris en est exempte. Tôt ou tard, les miliciens sévironi aussi à Paris.

La Milice est bien plus dangereuse que la Gestapo, parce

1. Il s'agit d'un télégramme de Jean Fleury [*Latin*] expédié le 3 décembre 1943 et parvenu à la section contre-espionnage du BCRA à Londres le 6 : « [...] Arrestation BIP W je dis BIP W nous a été rapportée entre dix et un cinq [quinze] novembre en même temps que huit autres à Paris » (Archives de l'Ordre de la Libération).

que les miliciens sont français et très familiers de tous les détails de la vie en France que les Allemands, en tant qu'étrangers, ne connaissent pas.

(b) Gestapo

Un grand nombre de personnes se vantent de « connaître quelqu'un » à la Gestapo, mais si on leur demande une information précise, ils n'ont rien à dire.

Il n'est pas facile d'obtenir des informations de la Gestapo, et ses membres ne peuvent être corrompus parce qu'ils ont peur. Il est tout à fait faux que l'argent puisse acheter une libération et il n'y a qu'une évasion qui permette à un homme d'échapper aux mains des Allemands. Madame Frédéric a donné à quelqu'un 800 000 francs pour obtenir la libération du colonel Frédéric et il est toujours en prison[1]. La famille de Mme d'Alincourt a demandé à la source de l'argent pour obtenir sa libération, mais il n'en a pas donné, sachant que ce serait inutile. Il s'est produit la même chose avec Suzette[2], un courrier arrêté en même temps que Vidal[3] ; ses parents ont supplié pour avoir de l'argent, mais il savait qu'il n'y avait rien à espérer du versement de pots-de-vin.

La politique actuelle de la Gestapo n'est pas de filer les gens, mais de les arrêter. Seuls les gens très importants sont filés, parce que la Gestapo n'a pas assez d'effectifs pour surveiller tout le monde. À Paris, si vous n'utilisez que les petites stations de métro et ne sautez de la rame qu'à la dernière minute, il est assez facile de repérer si vous êtes suivi.

1. Note manuscrite dans la marge : « Frédéric Manhès, né le 9 juin 1889 ». Il s'agit d'Henri Manhès *alias* Frédéric, un des collaborateurs de Jean Moulin arrêté en mars 1943.
2. Suzanne Moret.
3. Le général Charles Delestraint.

(c) Maquis

La source pense que les maquis pourraient être extrêmement utiles pour le D-Day, si des officiers pouvaient être envoyés maintenant dans chacun d'entre eux pour les discipliner et les organiser.

(d) Trains

Aller de Paris à Lyon prend maintenant environ treize heures. Et il faut vingt-quatre heures pour aller de Paris à Nice. Sur la ligne Paris-Lyon, il n'y a qu'un train le matin et un train le soir, et ils sont tous les deux bondés.

Il y a sans cesse des sabotages sur les voies ferrées.

(e) Électricité

En raison de la pénurie de charbon (on ne peut plus en acheter, même au marché noir), toute l'électricité est coupée à Paris de neuf heures le matin à cinq heures l'après-midi. Nombre de stations de métro sont fermées pour la même raison.

(f) Conditions générales

La France n'est plus un pays en guerre et, depuis la défaite, une chose et une seule compte : la nourriture. Ceux qui étaient riches avant-guerre vivent encore sur un grand pied ; les petits rentiers vivent maintenant sur leur capital ; les paysans ont fait de l'argent au marché noir ; et seuls les ouvriers et les petits employés ont réellement souffert de la guerre et sont sous-alimentés. Une dactylo, par exemple, gagne deux ou trois mille francs par mois et, à moins d'avoir la chance d'avoir de la famille à la campagne, elle meurt de faim.

La pénurie de charbon, comme de pétrole, est sévère.

Même les personnes les plus riches, à Paris, n'ont plus de voiture. C'est une des raisons pour lesquelles on voit tant de gens élégants dans les rues de Paris : tout le monde marche. La plupart des Parisiennes portent des bas en soie et les semelles de bois sont rares. À Lyon, et dans d'autres villes de province, toutefois, elles vont jambes nues.

Il n'y a pas d'autobus dans Paris, et très peu de vélos-taxis. Il y a de nombreux taxis qui coûtent au moins 200 francs.

(g) Vin

Le champagne est à 800 francs la bouteille, et le vin à 300 francs. Le vin ordinaire a disparu, remplacé par du « vin d'appellation contrôlée[1] », qu'on dit être du vin de propriété, mais qui est en réalité l'ancien vin ordinaire déguisé.

(h) Attitude de la population française

L'attitude générale à l'égard des Britanniques et des Américains a changé depuis novembre 1943[2]. Les Français pensent être en droit d'attendre un débarquement, et le prestige de la Grande-Bretagne et de l'Amérique a chuté parce que, jusqu'ici, elles n'ont pas réussi à tenir leurs promesses. Pas tant à cause du retard qu'à cause des continuelles exhortations à la radio enjoignant aux Français de pratiquer des sabotages et de combattre les Allemands. La réponse du Français est que c'est plus facile à dire qu'à faire. Si les Alliés n'avaient pas promis un débarquement, le maquis n'aurait jamais vu le jour et n'aurait pas révélé son jeu si tôt. Beaucoup de jeunes hommes sont dorénavant découragés et vont partir pour l'Allemagne.

En ce moment, les Russes sont très populaires, suivis de De Gaulle, puis des Britanniques et des Américains, desquels, au bout du compte, la France continue à dépendre pour sa libération.

Pétain ne compte plus et, même, on n'en parle plus. Jusqu'à la fin de l'année dernière, lorsqu'il devint le ministre de l'Information de Vichy, Philippe Henriot était

1. Le rédacteur anglais a écrit « en français » : « vin appelation contrôle ».
2. Peut-être une coquille pour 1942, novembre 1942 étant la date du débarquement anglo-américain en Afrique du Nord française.

l'homme le plus populaire de France. C'est un superbe orateur et aucun public ne résiste à son esprit subtil. Durant les trois dernières années, personne, si ce n'est Schumann[1], n'a été plus populaire que lui.

(i) Libération de la France

Ce qu'il faut faire, c'est tuer les dirigeants de tous les groupes qui ont trahi la France – pas seulement les politiciens, mais les grands industriels, les trafiquants de marché noir, etc. Mais après ça, il faudra une amnistie générale ; sinon la tuerie n'aura pas de fin.

L'exécution de Pucheu a été applaudie par les mouvements de Résistance en France, la seule critique étant que le procès était superflu[2].

IMPRESSION SUR LA SOURCE[3]

Nom et nationalité de la source : *Alain, français*
Date de l'interrogatoire : *15.5.44*
Précisez vos impressions sur les points suivants :
Intelligence : *bonne*.
Franchise : *très communicatif*.
Implication dans le travail : *passionné mais naturellement un peu* [*illis.*] *après deux ans sur le terrain.*
Capacités d'observation : *bonnes*.

1. Maurice Schumann est la voix la plus régulière de l'émission radio de la France Libre à la BBC, « Honneur et patrie ».

2. Pierre Pucheu, ancien secrétaire d'État à l'Intérieur du gouvernement de Vichy a été jugé par un tribunal militaire à Alger, condamné à mort et fusillé le 20 mars 1944.

3. Toute cette dernière partie est complétée à la main sur une fiche standard.

L'appréciation est à rapprocher de celle figurant sur une fiche britannique du 21 juillet 1944 au nom du sous-lieutenant Cordier : « Né en 1920, journaliste ; aspirant. A quitté le Royaume-Uni le 25 juillet 1942, était le chef des transmissions radio en zone Nord. Travaillait en relations étroites avec les deux secrétariats ; évaluation de sécurité VO. Intellectuel et brillant. Connaît Paris et le sud-ouest de la France. Signalé à Gibraltar sur le chemin du retour en mai 1944. Arrivé au Royaume-Uni via l'Espagne le 9 mai 1944. Auparavant secrétaire de Rex, remplacé ensuite en zone Nord par Jourdain » (Archives de l'Ordre de la Libération).

Caractère / Personnalité : *très agréable ; un homme très intelligent et intéressant. J'aurais tendance à considérer ses informations comme fiables.*
Remarques complémentaires : *La source, journaliste de profession, a fait une excellente impression. J'ai remarqué qu'il prenait grand soin de ne pas donner d'informations dont il ne soit certain. Il a insisté plus d'une fois sur le fait qu'on devrait prendre avec précaution les rapports et auditions sur des agents supposés travailler pour l'ennemi, etc. Ne pose pas de problème de sécurité.*
Initiales de l'interrogateur : *J.D.*

3

INTERROGATOIRE
PAR LE CONTRE-ESPIONNAGE FRANÇAIS

DGSS
Direction technique
BCRAL
CE/SML

Londres, 18 mai 1944

INTERROGATOIRE
DE BOUYJOU-CORDIER DANY DOMINIQUE

Né : à Bordeaux le 10 août 1920. Célibataire.
1ère identité : Charles Daguerre (pendant 1 an)
2e identité : Charles Dandinier
Alias : « Bip W »
Yves,
Patrice,
Alain,
Toussaint
Michel,
Benjamin.

1. J'ai quitté l'Angleterre le 25 juillet 1942, chargé d'être radio de « Bip[1] » qui s'occupait d'un organisme d'information en France, et d'aider ce dernier dans son travail.

2. À mon arrivée, j'ai été reçu par « Kim[2] », et j'ai été acheminé sur Lyon. Au bout de quatre jours, j'ai vu « Rex ». Ma mission se trouvait inscrite sur un papier ; je lui ai remis les documents que je détenais. Lors de la première entrevue, je l'ai vu assez rapidement ; le lendemain j'ai déjeuné avec lui, et il m'a dit qu'il avait réfléchi, qu'il avait vu Bip et que ce dernier pouvait faire passer son trafic « radio » à une autre personne ; il ajouta : « J'ai besoin de quelqu'un, je vous donne l'ordre de monter mon Secrétariat. » En effet Rex était tout seul pour assurer tout le travail.

3. Je me suis installé à Lyon 7, rue Philippeville, siège du Secrétariat. Rex passait trois jours par semaine à Lyon. Je l'ai aidé dans son service, je m'occupais du courrier, je relevais les boîtes aux lettres, je codais les câbles, je déchiffrais le courrier, je portais des lettres, je prenais les rendez-vous de « Max[3] ».

Comme le travail s'amplifiait, j'ai pris un planton nommé « Gervais[4] », puis une secrétaire-dactylographe « Mado ». Son véritable nom était Mme Diebolt (nom phonétique). J'ai engagé ces deux personnes vers le mois de septembre 1942 ; toutes deux étaient appointées. J'ai pris en plus un Courrier qui ne travaillait pas uniquement pour moi, et que je ne payais pas, et une nommée « Suzette » qui faisait la liaison.

Tout cela constituait mon personnel jusqu'au mois de décembre.

Au mois de janvier Max m'a procuré un nommé « Mau-

1. Georges Bidault.
2. Paul Schmidt.
3. Jean Moulin.
4. Probablement pour « Germain », Hugues Limonti.

rice » véritable nom Graff [*sic*] (ami de « Frédéric ») afin de me décharger.

À partir de ce moment-là, Maurice a travaillé dans mon bureau, il a monté une espèce de petit « SR » appelé « TGR » (service indépendant de mon secrétariat). Il s'occupait de recueillir toutes sortes d'informations politiques et économiques. Au mois de février Maurice a préparé les courriers. Cela a duré jusqu'au 1er avril.

D[*emande*]. – Occupiez-vous des locaux indépendants du siège du Secrétariat ?

R[*éponse*]. – Au mois de décembre j'ai pris un deuxième bureau rue Victor-Hugo (je ne me souviens plus du numéro) où avaient lieu les réunions et plus tard un troisième local que je n'ai pas particulièrement utilisé. (Je ne me souviens plus de l'adresse.)

D. – Où se trouvaient vos archives ?

R. – Je brûlais tout ; j'avais convenu cela avec Max : le courrier était déchiffré, Max le lisait et faisait son rapport et ensuite tout était détruit. Les seules pièces que nous avions étaient : le courrier de Londres et les pièces de caisse.

D. – Où avaient lieu vos réunions ?

R. – Moi personnellement je n'avais pas lieu de faire des réunions. Les réunions de coordination se faisaient dans des locaux prévus. Les réunions des adjoints des mouvements ont eu lieu chez Mme Bedat-Gerbaud, rue de la République. Cette personne réside encore là ; plus tard, elle nous a servi de boîte aux lettres, mais cette boîte aux lettres n'était pas chez elle ; d'ailleurs après mon départ la Gestapo a forcé la boîte, Mme Bedat-Gerbaud est partie pendant quelque temps et est revenue chez elle.

D. – Qui connaissait l'adresse de votre Secrétariat ?

R. – Maurice et ma secrétaire.

Dans le local de la rue Victor-Hugo nous avons reçu différentes personnes : lorsque le commandant Manuel est venu à Lyon, c'est là qu'il a été reçu par Max, ainsi que M. d'Astier. Ce local était complètement vide et appartenait à la maison Badat de Lyon. Le troisième local n'était connu que par moi, j'y ai fait quelques papiers. Lorsque je suis parti, j'ai donné ces locaux à Maurice, ce dernier a pris un bureau à un autre endroit.

4. Max est allé à Londres et pendant son absence, c'est-à-dire un mois environ, je l'ai remplacé au Secrétariat. À son retour il était chargé de prendre la zone Nord et la zone Sud. Il fallait monter un Secrétariat à Paris. En cinq jours j'ai quitté Lyon. J'ai passé les consignes à Maurice.

5. Je suis parti à Paris en amenant [*sic*] avec moi Germain, Mado, Suzette (cette dernière chargée d'assurer la liaison Paris-Lyon) et Léopold[1] (courrier que j'avais engagé en janvier 1943). Léopold devait faire la liaison à pied à travers la ligne de démarcation entre Frédéric et Max. J'ai amené également un radio de la WT[2], « Fernand ».

D. – Quand vous êtes arrivés à Paris, où vous êtes-vous rendus ?

R. – À Paris je suis allé chez des amis de Suzette, Me Ribera, avocat habitant près de la station Wagram. J'ai trouvé un logement pour moi-même 12, rue des Marronniers (genre studio meublé). C'était un local déclaré ; j'ai cherché un autre endroit clandestin. Quant à ceux qui étaient arrivés avec moi, chacun s'est logé à sa guise.

En janvier 1943, Max avait un nommé « Dupin », autre alias « Brulard Henri[3] », âgé de 40 ans environ, pour la zone Sud, afin de s'occuper de questions générales. Max est parti pour Londres. Dupin s'est rendu à Paris où il est resté durant un mois et demi, il est revenu à Lyon avec

1. Joseph Van Dievort.
2. *Wireless Transmission* : Service Radio.
3. Dupin et Henri Brulard, pseudonymes de Pierre Kaan.

des informations très intéressantes que l'on a données au Courrier de Londres. Dupin est revenu à Paris avec nous. Je le voyais tous les deux jours au moins. Il avait sa secrétaire et son Courrier, que nous ne connaissions pas ; ils étaient indépendants de nous.

D. – Avec qui avez-vous pris contact au point de vue travail ?

R. – J'ai vu « Champion » et « Morlaix »[1] adjoint de Frédéric qui venait d'être arrêté. Ceci devait être le 8 ou le 10 avril.

D. – À Paris quelles consignes aviez-vous reçues ?

R. – Max avait dit : « Voyez la situation avec Champion et Morlaix, installez-vous, montez-moi un Secrétariat. J'arrive. »

Max est arrivé à Paris vers le 15, et il a rencontré Champion et Morlaix. Je lui avais procuré un appartement 7, rue Washington. Il en avait un autre que je ne connaissais pas.

Au début il n'y avait pas de siège pour le Secrétariat ; j'allais toujours voir Max chez lui rue Washington lorsque je recevais un câble ou du courrier ; il me donnait toutes les réponses et, après l'avoir quitté, j'avais rendez-vous avec Mado. Cette dernière avait deux appartements. Je ne connaissais pas le local où elle dactylographiait.

Par la suite il a été absolument nécessaire d'avoir un Secrétariat. Une dame connue sous le nom de « Régine[2] », travaillant au ministère des Travaux publics, avait un appartement situé à Paris 8 bis, rue Vavin, elle a bien voulu nous céder une pièce dont elle ne se servait pas. Régine était au courant de notre activité. Dans le bureau il y avait une machine à écrire, mon courrier de Londres et ma caisse.

D. – Quels étaient vos contacts avec l'extérieur ?

R. – Germain avait contact avec les courriers des mouvements et moi avec les chefs des mouvements et des jour-

1. Robert Chambeiron et Pierre Meunier.
2. Mlle Dourne.

naux clandestins. J'avais les mêmes contacts qu'à Lyon. Je voyais toutes les personnes connues de Max ; toutes les personnes nouvelles que rencontrait Max, il me les présentait.

D. – Où avaient lieu les réunions ?

R. – À ce moment-là, les réunions de Max avaient lieu dans un endroit que je ne connais pas. Mes contacts avec les gens avaient lieu soit dans la rue, soit dans un square, jamais dans un local.

D. – Qui connaissait l'adresse du Secrétariat ?

R. – Mado et moi.

À ce moment-là, Max passait environ la moitié du temps en zone Sud parce qu'il avait là-bas l'A[rmée] S[ecrète] qui se montait et les Comités de coordination qui s'organisaient. En plus des contacts que j'avais par l'intermédiaire de Léopold et de Suzette où Max donnait ses instructions, je descendais à Lyon deux fois par mois environ. J'y suis allé en tout trois quatre fois.

6. Je me trouvais à Lyon trois ou quatre jours avant l'arrestation de Max. J'étais également dans cette dernière ville lors de l'arrestation de « Vidal », arrestation opérée à Paris.

L'arrestation de Max a eu lieu le 25 [*sic*] juin 1943.

D. – Quelle répercussion cette arrestation a-t-elle eue sur vos fonctions ?

R. – J'ai continué mon travail à Paris sans modification. Je pense que c'est quinze jours après que « Sophie » est arrivé à Paris. J'ai pris contact avec ce dernier, qui m'a expliqué la situation en zone Sud. Maurice m'avait expliqué ce qui s'était passé, je l'ai présenté à différentes personnes, notamment à Champion et à Morlaix. À cette époque, Sophie était chargé de deux zones, il a assuré l'intérim. Pour moi, rien n'a été changé. Sophie a repris la même vie que Max.

D. – Quels étaient vos rapports avec Sophie ?

R. – Je le voyais aussi souvent que Max, c'est-à-dire deux ou trois fois par jour si c'était nécessaire.

7. À cette époque, c'est-à-dire dans le courant de juillet, notre Secrétariat s'est agrandi. Des Courriers à moi qui étaient à Lyon dans la WT, comme « Laurent », sont venus à Paris, plus un nouveau radio.

Le B[ureau des] O[pérations] A[ériennes] se chargeait de loger les gens qui arrivaient. Auparavant c'était moi-même qui m'occupais de la recherche des appartements. Pour plus de sécurité, par la suite, c'est « Violaine » qui s'en est chargée, ainsi que de trouver des lieux de réunions.

D. – Quelles facilités particulières avait-elle ?

R. – Elle connaissait pas mal de monde. De plus, elle n'avait jamais quitté la France, elle avait une vie régulière.

8. Sophie était mon chef, mais Londres n'avait encore nommé personne. Au début de juillet, « Ted » est arrivé de Londres et a vu Sophie. Au début il y a eu du flottement. Ted s'est occupé du code. Jusqu'à cette époque, les codes étaient faits par moi et Mado, mais à partir de ce moment-là, ce travail a été centralisé sur Ted. Il s'est occupé également de la section faux papiers. Il nous aidait aussi dans les questions de marché noir.

9. En fin août 1943 ou début septembre, « Phil[1] » est arrivé de Londres. Ce dernier venait pour me remplacer.

D. – Pour quelle raison ?

R. – Il avait un ordre pour que je revienne à Londres, mais je suis resté. Sophie m'a donné comme ordre de monter le « bureau des voyages ».

D. – Comment avez-vous reçu cet ordre ?

R. – J'ai lu le papier.

1. Non identifié.

Je dois vous dire que depuis que j'avais quitté l'Angleterre, on envoyait périodiquement des messages à Max pour que je redevienne radio.

Phil s'occupait de ce bureau des voyages. Cet office avait pour mission de soulager un peu le bureau des recherches d'appartement. On devait accompagner les gens sur les terrains pour les départs et les prendre à l'arrivée, leur chercher des appartements. Nous avons fonctionné comme cela jusqu'à la fin septembre 1943.

10. À cette époque, arrestation de « Masséna », par l'endroit où habitait ce dernier, arrestation de Violaine, par Violaine découverte du bureau de la rue de la Pompe, où se trouvaient les papiers et le courrier de Londres. Ma secrétaire Mado ainsi que mon Courrier ont été arrêtés.

Après ces arrestations, il restait en fonction : Red[1], Phil, mon radio, Brulard, Champion et Morlaix. Toutes les liaisons étaient coupées. Immédiatement, Sophie a repris les contacts avec les Courriers, cela a demandé quinze jours – trois semaines ; nous avons recherché un nouveau bureau pour le Secrétariat, on a remis tout sur pied. Sophie avait son bureau et, moi, j'avais le mien.

D. – Étiez-vous recherché ?

R. – Je ne pense pas que j'aie jamais été suivi, ni Sophie. Ni l'un ni l'autre n'avons été inquiétés.

J'ai remonté l'affaire et j'ai repris mon travail comme à l'ordinaire avec une nouvelle secrétaire nommée « Françoise » et de nouveaux Courriers. Yvette était partie à la section Trésorerie.

D. – Où se trouvait le Secrétariat ?

R. – Près de la Convention. Ce bureau existe encore. Au lieu d'avoir un bureau central, on en avait plusieurs.

Depuis l'arrivée de Sophie, on gardait copie du courrier qui partait et qui arrivait.

1. Non identifié.

D. – Qui était au courant de l'adresse du Secrétariat ?

R. – Ma secrétaire et moi.

D. – Est-ce que vous voyiez Sophie fréquemment ?

R. – Comme avant, suivant les besoins des choses, une ou deux fois par jour. Les autres contacts avec les chefs des mouvements et autres personnages étaient toujours à l'extérieur, sauf pour Max et Sophie.

D. – De fin octobre 1943 jusqu'à fin janvier 1944, quelle a été votre activité ?

R. – Toujours la même. Sophie a été rappelé en décembre. Étant en France, je recevais toujours des ordres pour partir, mais Sophie me donnait toujours l'ordre de rester.

D. – Quel motif Sophie donnait-il [à] votre maintien en France ?

R. – Que j'étais indispensable.

Mon activité s'est continuée normalement jusqu'au moment où j'ai cessé, puis réorganisation par « Cléante », remontée de Jourdain. Les courriers ont été organisés par l'adjoint de Jourdain qui était un nommé « Marceau ».

11. D. Quelles sont les personnes venant de Londres que vous avez rencontrées de septembre [1943] à janvier 1944 ?

R. – Quelques DMR, « Grognard », deux ou trois délégués politiques, « Shelley » et « Borselette[1] ».

12. D. Est-ce que vos rapports avec Sophie étaient cordiaux ?

R. – Sophie a toujours été pour moi depuis le premier jour un très chic type, c'est-à-dire qu'il savait qu'ici, j'étais assez combattu. Il a toujours pris ma défense et m'a toujours soutenu.

D. – Sur le plan du travail, qui vous était opposé ?

R. – Je n'ai jamais eu de discussion avec personne. J'avais avec tous les gens en France des relations cordiales.

1. DMR : délégués militaires régionaux. Louis Mangin (prévu comme délégué militaire en zone Nord), Forest Yeo-Thomas et Pierre Brossolette.

D. – Vos liaisons fonctionnaient bien ?

R. – Dans l'ensemble, tout marchait à peu près bien au point de vue liaisons, rendez-vous.

13. D. – Pour quelle raison êtes-vous parti ?

R. – J'ai reçu une lettre de Mme Dalincourt [*sic*] dans laquelle elle disait qu'elle avait vu Germain à l'interrogatoire, lors d'une confrontation, et que ce dernier me faisait dire, ainsi qu'à Sophie, que nous étions en danger. J'ai tenu à partir pour cette raison, ni Sophie ni moi ne nous sentions suivis, mais ayant reçu cet avertissement en France, et si d'autres ennuis étaient survenus, on aurait pu me les imputer.

D. – Par quel moyen avez-vous été mis au courant de la demande de Germain ?

R. – Par lettre. Tous les quinze jours, les prisonniers envoyaient leur linge à laver et, à l'intérieur des vêtements, des messages étaient placés.

14. C'est à ce moment-là que j'ai demandé à remonter à Londres. Cela se situe au mois de janvier 1944. J'ai transmis mes fonctions à Jourdain qui se trouvait à cette époque à Lyon et qui est revenu à Paris à cet effet.

Je devais partir en avion, mais il n'y a pas eu d'opération.

J'ai quitté la France le 21 mars par la filière « Charles-Henri ».

Je tiens à préciser que je réserve toutes les dates données qui ne sont peut-être pas tout à fait exactes. Je reste à votre disposition pour donner les détails complémentaires que l'on voudra.

Opinion de l'officier interrogateur : L'intéressé a de toute évidence « préparé » son interrogatoire. Il était au courant des critiques formulées contre lui et s'est volontairement retranché dans un vague peu compromettant. Ces quelques lignes font néanmoins ressortir le désordre, la prétention et le manque de franchise de cet agent qui en aucun cas ne devra retourner en France où il serait un véritable danger public.

En conséquence le visa IB de la section CE lui a été donné.

Destinataire :
« BO » via Commandant Manuel 1 ex.
Archives CE 2 ex.

4

PROPOSITION D'ATTRIBUTION DE LA CROIX DE LA LIBÉRATION À DANIEL CORDIER[1]

RÉPUBLIQUE FRANÇAISE

PRÉSIDENCE
DU
COMITÉ FRANÇAIS
DE LA
LIBÉRATION
NATIONALE

DIRECTION GÉNÉRALE
DES
SERVICES SPÉCIAUX

DIRECTION TECHNIQUE

BCRAA

Alger, le 19 avril 1944

PROPOSITION D'ATTRIBUTION DE LA CROIX DE LA LIBÉRATION

NOM : BIP W *Bouyjou Cordier*
PRÉNOMS :
GRADE : Sous-lieutenant
DÉCORATIONS ANTÉRIEURES :
UNITÉ :

1. Archives de l'Ordre de la Libération.

EXPOSÉ DES MOTIFS

TEXTE PROPOSÉ POUR LA CITATION

Secrétaire de la Délégation de mai 1942 à janvier 1944, le sous-lieutenant BIP W a manifesté dans ses fonctions des qualités de dévouement et de courage hors de pair. Toujours sur la brèche, il s'est, au cours de cette longue mission, dépensé sans compter et n'a cessé de se signaler par son énergie tenace, son abnégation, son esprit de sacrifice et son sang-froid.

5

DÉCRET PORTANT ATTRIBUTION DE LA CROIX DE LA LIBÉRATION

LE GOUVERNEMENT PROVISOIRE
DE LA RÉPUBLIQUE FRANÇAISE

Sur la proposition du ministre de la Guerre et du ministre de l'Intérieur,

Vu l'ordonnance n° 7 du 16 novembre 1940, créant l'Ordre de la Libération,
Vu l'ordonnance du 7 janvier 1944, relative à l'attribution de la Croix de la Libération,
Vu l'avis du conseil de l'Ordre de la Libération du 2 mai 1944

DÉCRÈTE :

Article 1er. – La Croix de la Libération est décernée au :
Sous-Lieutenant *Bouyjou*-CORDIER BIP W qui devient Compagnon de la Libération pour le motif suivant :

« Secrétaire de la Délégation de mai 1942 à janvier 1944, le sous-lieutenant BIP W a manifesté dans ses fonctions des qualités de dévouement et de courage hors de pair. Toujours sur la brèche, il s'est, au cours de cette longue mission, dépensé sans compter et n'a cessé de se signaler par son énergie tenace, son abnégation, son esprit de sacrifice et son sang-froid. »

Article 2. – Le ministre de la Guerre et le ministre de l'Intérieur sont chargés, chacun en ce qui le concerne, de l'exécution du présent décret qui sera enregistré et communiqué partout où besoin sera.

Paris, le 20 novembre 1944

C. DE GAULLE

Par le Gouvernement provisoire
de la République française

Le ministre de l'Intérieur

TIXIER

Le ministre de la Guerre

A. DIETHELM

Index

LA VICTOIRE EN PLEURANT

DU MÊME AUTEUR

Aux Éditions Gallimard

JEAN MOULIN. LA RÉPUBLIQUE DES CATACOMBES, « La Suite des temps », 1999 (Folio histoire n°s 184 et 185, édition revue et augmentée). Prix Philippe-Viannay / Défense de la France 2000.

ALIAS CARACALLA, « Témoins », 2009 (Folio n° 5206). Prix Renaudot essai 2009.

DE L'HISTOIRE À L'HISTOIRE, « Témoins », 2013.

LES FEUX DE SAINT-ELME, *récit*, 2014 (Folio n° 6071).

LA VICTOIRE EN PLEURANT. ALIAS CARACALLA 1943-1946, « Témoins », 2021 (Folio n° 7235). Mention spéciale du prix André-Malraux 2021.

Chez d'autres éditeurs

JEAN MOULIN ET LE CONSEIL NATIONAL DE LA RÉSISTANCE, Éditions du CNRS, 1983.

JEAN MOULIN. L'INCONNU DU PANTHÉON, 3 vol., Éditions Jean-Claude Lattès, 1989-1993.

COLLECTION FOLIO

Dernières parutions

6801.	Sophie Chauveau	*Picasso, le Minotaure. 1881-1973*
6802.	Abubakar Adam Ibrahim	*La saison des fleurs de flamme*
6803.	Pierre Jourde	*Le voyage du canapé-lit*
6804.	Karl Ove Knausgaard	*Comme il pleut sur la ville. Mon combat - Livre V*
6805.	Sarah Marty	*Soixante jours*
6806.	Guillaume Meurice	*Cosme*
6807.	Mona Ozouf	*L'autre George. À la rencontre de l'autre George Eliot*
6808.	Laurine Roux	*Une immense sensation de calme*
6809.	Roberto Saviano	*Piranhas*
6810.	Roberto Saviano	*Baiser féroce*
6811.	Patti Smith	*Dévotion*
6812.	Ray Bradbury	*La fusée* et autres nouvelles
6813.	Albert Cossery	*Les affamés ne rêvent que de pain*
6814.	Georges Rodenbach	*Bruges-la-Morte*
6815.	Margaret Mitchell	*Autant en emporte le vent I*
6816.	Margaret Mitchell	*Autant en emporte le vent II*
6817.	George Eliot	*Felix Holt, le radical.*
6818.	Goethe	*Les Années de voyage de Wilhelm Meister*
6819.	Meryem Alaoui	*La vérité sort de la bouche du cheval*
6820.	Unamuno	*Contes*
6821.	Leïla Bouherrafa	*La dédicace.*
6822.	Philippe Djian	*Les inéquitables*

6823. Carlos Fuentes — *La frontière de verre.* Roman en neuf récits
6824. Carlos Fuentes — *Les années avec Laura Díaz.* Nouvelle édition augmentée
6825. Paula Jacques — *Plutôt la fin du monde qu'une écorchure à mon doigt.*
6826. Pascal Quignard — *L'enfant d'Ingolstadt. Dernier royaume X*
6827. Raphaël Rupert — *Anatomie de l'amant de ma femme*
6828. Bernhard Schlink — *Olga*
6829. Marie Sizun — *Les sœurs aux yeux bleus*
6830. Graham Swift — *De l'Angleterre et des Anglais*
6831. Alexandre Dumas — *Le Comte de Monte-Cristo*
6832. Villon — *Œuvres complètes*
6833. Vénus Khoury-Ghata — *Marina Tsvétaïéva, mourir à Elabouga*
6834. Élisa Shua Dusapin — *Les billes du Pachinko*
6835. Yannick Haenel — *La solitude Caravage*
6836. Alexis Jenni — *Féroces infirmes*
6837. Isabelle Mayault — *Une longue nuit mexicaine*
6838. Scholastique Mukasonga — *Un si beau diplôme !*
6839. Jean d'Ormesson — *Et moi, je vis toujours*
6840. Orhan Pamuk — *La femme aux cheveux roux*
6841. Joseph Ponthus — *À la ligne. Feuillets d'usine*
6842. Ron Rash — *Un silence brutal*
6843. Ron Rash — *Serena*
6844. Bénédicte Belpois — *Suiza*
6845. Erri De Luca — *Le tour de l'oie*
6846. Arthur H — *Fugues*
6847. Francesca Melandri — *Tous, sauf moi*
6848. Eshkol Nevo — *Trois étages*
6849. Daniel Pennac — *Mon frère*
6850. Maria Pourchet — *Les impatients*
6851. Atiq Rahimi — *Les porteurs d'eau*
6852. Jean Rolin — *Crac*
6853. Dai Sijie — *L'Évangile selon Yong Sheng*
6854. Sawako Ariyoshi — *Le crépuscule de Shigezo*

6855. Alexandre Dumas	*Les Compagnons de Jéhu*
6856. Bertrand Belin	*Grands carnivores*
6857. Christian Bobin	*La nuit du cœur*
6858. Dave Eggers	*Les héros de la Frontière*
6859. Dave Eggers	*Le Capitaine et la Gloire*
6860. Emmanuelle Lambert	*Giono, furioso*
6861. Danièle Sallenave	*L'églantine et le muguet*
6862. Martin Winckler	*L'École des soignantes*
6863. Zéno Bianu	*Petit éloge du bleu*
6864. Collectif	*Anthologie de la littérature grecque. De Troie à Byzance*
6865. Italo Calvino	*Monsieur Palomar*
6866. Auguste de Villiers de l'Isle-Adam	*Histoires insolites*
6867. Tahar Ben Jelloun	*L'insomniaque*
6868. Dominique Bona	*Mes vies secrètes*
6869. Arnaud Cathrine	*J'entends des regards que vous croyez muets*
6870. Élisabeth Filhol	*Doggerland*
6871. Lisa Halliday	*Asymétrie*
6872. Bruno Le Maire	*Paul. Une amitié*
6873. Nathalie Léger	*La robe blanche*
6874. Gilles Leroy	*Le diable emporte le fils rebelle*
6875. Jacques Ferrandez / Jean Giono	*Le chant du monde*
6876. Kazuo Ishiguro	*2 nouvelles musicales*
6877. Collectif	*Fioretti. Légendes de saint François d'Assise*
6878. Herta Müller	*La convocation*
6879. Giosuè Calaciura	*Borgo Vecchio*
6880. Marc Dugain	*Intérieur jour*
6881. Marc Dugain	*Transparence*
6882. Elena Ferrante	*Frantumaglia. L'écriture et ma vie*
6883. Lilia Hassaine	*L'œil du paon*
6884. Jon McGregor	*Réservoir 13*
6885. Caroline Lamarche	*Nous sommes à la lisière*
6886. Isabelle Sorente	*Le complexe de la sorcière*

6887. Karine Tuil — *Les choses humaines*
6888. Ovide — *Pénélope à Ulysse* et autres lettres d'amour de grandes héroïnes antiques
6889. Louis Pergaud — *La tragique aventure de Goupil* et autres contes animaliers
6890. Rainer Maria Rilke — *Notes sur la mélodie des choses* et autres textes
6891. George Orwell — *Mil neuf cent quatre-vingt-quatre*
6892. Jacques Casanova — *Histoire de ma vie*
6893. Santiago H. Amigorena — *Le ghetto intérieur*
6894. Dominique Barbéris — *Un dimanche à Ville-d'Avray*
6895. Alessandro Baricco — *The Game*
6896. Joffrine Donnadieu — *Une histoire de France*
6897. Marie Nimier — *Les confidences*
6898. Sylvain Ouillon — *Les jours*
6899. Ludmila Oulitskaïa — *Médée et ses enfants*
6900. Antoine Wauters — *Pense aux pierres sous tes pas*
6901. Franz-Olivier Giesbert — *Le schmock*
6902. Élisée Reclus — *La source* et autres histoires d'un ruisseau
6903. Simone Weil — *Étude pour une déclaration des obligations envers l'être humain* et autres textes
6904. Aurélien Bellanger — *Le continent de la douceur*
6905. Jean-Philippe Blondel — *La grande escapade*
6906. Astrid Éliard — *La dernière fois que j'ai vu Adèle*
6907. Lian Hearn — *Shikanoko, livres I et II*
6908. Lian Hearn — *Shikanoko, livres III et IV*
6909. Roy Jacobsen — *Mer blanche*
6910. Luc Lang — *La tentation*
6911. Jean-Baptiste Naudet — *La blessure*
6912. Erik Orsenna — *Briser en nous la mer gelée*
6913. Sylvain Prudhomme — *Par les routes*
6914. Vincent Raynaud — *Au tournant de la nuit*
6915. Kazuki Sakuraba — *La légende des filles rouges*

6946. Rabindranath Tagore — *À quatre voix*
6947. Jean de La Fontaine — *Les Amours de Psyché et de Cupidon* précédé d'*Adonis* et du *Songe de Vaux*
6948. Bartabas — *D'un cheval l'autre*
6949. Tonino Benacquista — *Toutes les histoires d'amour ont été racontées, sauf une*
6950. François Cavanna — *Crève, Ducon !*
6951. René Frégni — *Dernier arrêt avant l'automne*
6952. Violaine Huisman — *Rose désert*
6953. Alexandre Labruffe — *Chroniques d'une station-service*
6954. Franck Maubert — *Avec Bacon*
6955. Claire Messud — *Avant le bouleversement du monde*
6956. Olivier Rolin — *Extérieur monde*
6957. Karina Sainz Borgo — *La fille de l'Espagnole*
6958. Julie Wolkenstein — *Et toujours en été*
6959. James Fenimore Cooper — *Le Corsaire Rouge*
6960. Jean-Baptiste Andrea — *Cent millions d'années et un jour*
6961. Nino Haratischwili — *La huitième vie*
6962. Fabrice Humbert — *Le monde n'existe pas*
6963. Karl Ove Knausgaard — *Fin de combat. Mon combat - Livre VI*
6964. Rebecca Lighieri — *Il est des hommes qui se perdront toujours*
6965. Ian McEwan — *Une machine comme moi*
6966. Alexandre Postel — *Un automne de Flaubert*
6967. Anne Serre — *Au cœur d'un été tout en or*
6968. Sylvain Tesson — *La panthère des neiges*
6969. Maurice Leblanc — *Arsène Lupin, gentleman-cambrioleur*
6970. Nathacha Appanah — *Le ciel par-dessus le toit*
6971. Pierre Assouline — *Tu seras un homme, mon fils*
6972. Maylis Besserie — *Le tiers temps*
6973. Marie Darrieussecq — *La mer à l'envers*
6974. Marie Gauthier — *Court vêtue*
6975. Iegor Gran — *Les services compétents*

6976.	Patrick Modiano	*Encre sympathique*
6977.	Christophe Ono-dit-Biot et Adel Abdessemed	*Nuit espagnole*
6978.	Regina Porter	*Ce que l'on sème*
6979.	Yasmina Reza	*Anne-Marie la beauté*
6980.	Anne Sinclair	*La rafle des notables*
6981.	Maurice Leblanc	*Arsène Lupin contre Herlock Sholmès*
6982.	George Orwell	*La Ferme des animaux*
6983.	Jean-Pierre Siméon	*Petit éloge de la poésie*
6984.	Amos Oz	*Ne dis pas la nuit*
6985.	Belinda Cannone	*Petit éloge de l'embrassement*
6986.	Christian Bobin	*Pierre,*
6987.	Claire Castillon	*Marche blanche*
6988.	Christelle Dabos	*La Passe-miroir, Livre IV. La tempête des échos*
6989.	Hans Fallada	*Le cauchemar*
6990.	Pauline Guéna	*18.3. Une année à la PJ*
6991.	Anna Hope	*Nos espérances*
6992.	Elizabeth Jane Howard	*Étés anglais. La saga des Cazalet I*
6993.	J.M.G. Le Clézio	*Alma*
6994.	Irène Némirovsky	*L'ennemie*
6995.	Marc Pautrel	*L'éternel printemps*
6996.	Lucie Rico	*Le chant du poulet sous vide*
6997.	Abdourahman A. Waberi	*Pourquoi tu danses quand tu marches ?*
6998.	Sei Shônagon	*Choses qui rendent heureux* et autres notes de chevet
6999.	Paul Valéry	*L'homme et la coquille* et autres textes
7000.	Tracy Chevalier	*La brodeuse de Winchester*
7001.	Collectif	*Contes du Chat noir*
7002.	Edmond et Jules de Goncourt	*Journal*
7003.	Collectif	*À nous la Terre !*
7004.	Dave Eggers	*Le moine de Moka*
7005.	Alain Finkielkraut	*À la première personne*

7007. C. E. Morgan — *Tous les vivants*
7008. Jean d'Ormesson — *Un hosanna sans fin*
7009. Amos Oz — *Connaître une femme*
7010. Olivia Rosenthal — *Éloge des bâtards*
7011. Collectif — *Écrire Marseille.* 15 grands auteurs célèbrent la cité phocéenne
7012. Fédor Dostoïevski — *Les Nuits blanches*
7013. Marguerite Abouet et Clément Oubrerie — *Aya de Yopougon 5*
7014. Marguerite Abouet et Clément Oubrerie — *Aya de Yopougon 6*
7015. Élisa Shua Dusapin — *Vladivostok Circus*
7016. David Foenkinos — *La famille Martin*
7017. Pierre Jourde — *Pays perdu*
7018. Patrick Lapeyre — *Paula ou personne*
7019. Albane Linÿer — *J'ai des idées pour détruire ton ego*
7020. Marie Nimier — *Le Palais des Orties*
7021. Daniel Pennac — *La loi du rêveur*
7022. Philip Pullman — *La Communauté des esprits. La trilogie de la Poussière II*
7023. Robert Seethaler — *Le Champ*
7024. Jón Kalman Stefánsson — *Lumière d'été, puis vient la nuit*
7025. Gabrielle Filteau-Chiba — *Encabanée*
7026. George Orwell — *Pourquoi j'écris* et autres textes politiques
7027. Ivan Tourguéniev — *Le Journal d'un homme de trop*
7028. Henry Céard — *Une belle journée*
7029. Mohammed Aïssaoui — *Les funambules*
7030. Julian Barnes — *L'homme en rouge*
7031. Gaëlle Bélem — *Un monstre est là, derrière la porte*
7032. Olivier Chantraine — *De beaux restes*
7033. Elena Ferrante — *La vie mensongère des adultes*
7034. Marie-Hélène Lafon — *Histoire du fils*

7035. Marie-Hélène Lafon — *Mo*
7036. Carole Martinez — *Les roses fauves*
7037. Laurine Roux — *Le Sanctuaire*
7038. Dai Sijie — *Les caves du Potala*
7039. Adèle Van Reeth — *La vie ordinaire*
7040. Antoine Wauters — *Nos mères*
7041. Alain — *Connais-toi* et autres fragments
7042. Françoise de Graffigny — *Lettres d'une Péruvienne*
7043. Antoine de Saint-Exupéry — *Lettres à l'inconnue* suivi de *Choix de lettres dessinées*
7044. Pauline Baer de Perignon — *La collection disparue*
7045. Collectif — *Le Cantique des cantiques. L'Ecclésiaste*
7046. Jessie Burton — *Les secrets de ma mère*
7047. Stéphanie Coste — *Le passeur*
7048. Carole Fives — *Térébenthine*
7049. Luc-Michel Fouassier — *Les pantoufles*
7050. Franz-Olivier Giesbert — *Dernier été*
7051. Julia Kerninon — *Liv Maria*
7052. Bruno Le Maire — *L'ange et la bête. Mémoires provisoires*
7053. Philippe Sollers — *Légende*
7054. Mamen Sánchez — *La gitane aux yeux bleus*
7055. Jean-Marie Rouart — *La construction d'un coupable.* À paraître
7056. Laurence Sterne — *Voyage sentimental en France et en Italie*
7057. Nicolas de Condorcet — *Conseils à sa fille* et autres textes
7058. Jack Kerouac — *La grande traversée de l'Ouest en bus* et autres textes beat
7059. Albert Camus — *« Cher Monsieur Germain,... »* Lettres et extraits
7060. Philippe Sollers — *Agent secret*
7061. Jacky Durand — *Marguerite*
7062. Gianfranco Calligarich — *Le dernier été en ville*

7063.	Iliana Holguín Teodorescu	*Aller avec la chance*
7064.	Tommaso Melilli	*L'écume des pâtes*
7065.	John Muir	*Un été dans la Sierra*
7066.	Patrice Jean	*La poursuite de l'idéal*
7067.	Laura Kasischke	*Un oiseau blanc dans le blizzard*
7068.	Scholastique Mukasonga	*Kibogo est monté au ciel*
7069.	Éric Reinhardt	*Comédies françaises*
7070.	Jean Rolin	*Le pont de Bezons*
7071.	Jean-Christophe Rufin	*Le flambeur de la Caspienne. Les énigmes d'Aurel le Consul*
7072.	Agathe Saint-Maur	*De sel et de fumée*
7073.	Leïla Slimani	*Le parfum des fleurs la nuit*
7074.	Bénédicte Belpois	*Saint Jacques*
7075.	Jean-Philippe Blondel	*Un si petit monde*
7076.	Caterina Bonvicini	*Les femmes de*
7077.	Olivier Bourdeaut	*Florida*
7078.	Anna Burns	*Milkman*
7079.	Fabrice Caro	*Broadway*
7080.	Cecil Scott Forester	*Le seigneur de la mer. Capitaine Hornblower*
7081.	Cecil Scott Forester	*Lord Hornblower. Capitaine Hornblower*
7082.	Camille Laurens	*Fille*
7083.	Étienne de Montety	*La grande épreuve*
7084.	Thomas Snégaroff	*Putzi. Le pianiste d'Hitler*
7085.	Gilbert Sinoué	*L'île du Couchant*
7086.	Federico García Lorca	*Aube d'été* et autres impressions et paysages
7087.	Franz Kafka	*Blumfeld, un célibataire plus très jeune* et autres textes
7088.	Georges Navel	*En faisant les foins* et autres travaux
7089.	Robert Louis Stevenson	*Voyage avec un âne dans les Cévennes*

7090. H. G. Wells — *L'Homme invisible*
7091. Simone de Beauvoir — *La longue marche*
7092. Tahar Ben Jelloun — *Le miel et l'amertume*
7093. Shane Haddad — *Toni tout court*
7094. Jean Hatzfeld — *Là où tout se tait*
7095. Nathalie Kuperman — *On était des poissons*
7096. Hervé Le Tellier — *L'anomalie*
7097. Pascal Quignard — *L'homme aux trois lettres*
7098. Marie Sizun — *La maison de Bretagne*
7099. Bruno de Stabenrath — *L'ami impossible. Une jeunesse avec Xavier Dupont de Ligonnès*
7100. Pajtim Statovci — *La traversée*
7101. Graham Swift — *Le grand jeu*
7102. Charles Dickens — *L'Ami commun*
7103. Pierric Bailly — *Le roman de Jim*
7104. François Bégaudeau — *Un enlèvement*
7105. Rachel Cusk — *Contour. Contour – Transit – Kudos*
7106. Éric Fottorino — *Marina A*
7107. Roy Jacobsen — *Les yeux du Rigel*
7108. Maria Pourchet — *Avancer*
7109. Sylvain Prudhomme — *Les orages*
7110. Ruta Sepetys — *Hôtel Castellana*
7111. Delphine de Vigan — *Les enfants sont rois*
7112. Ocean Vuong — *Un bref instant de splendeur*
7113. Huysmans — *À Rebours*
7114. Abigail Assor — *Aussi riche que le roi*
7115. Aurélien Bellanger — *Téléréalité*
7116. Emmanuel Carrère — *Yoga*
7117. Thierry Laget — *Proust, prix Goncourt. Une émeute littéraire*
7118. Marie NDiaye — *La vengeance m'appartient*
7119. Pierre Nora — *Jeunesse*
7120. Julie Otsuka — *Certaines n'avaient jamais vu la mer*
7121. Yasmina Reza — *Serge*

Tous les papiers utilisés pour les ouvrages
des collections Folio sont certifiés
et proviennent de forêts gérées durablement.

Composition Nord Compo
Impression Maury Imprimeur
45330 Malesherbes
le 20 mai 2023
Dépôt légal : mai 2023
N° d' impression : 270486

ISBN 978-2-07-300386-7 / Imprimé en France

550591